Óscar Serrano Peña

El Principio de Autonomía Regional en el Tratado de la Unión Europea

Óscar Serrano Peña

El Principio de Autonomía Regional en el Tratado de la Unión Europea

Autonomía Regional, Autodeterminación y Derecho a decidir en el marco legal europeo

PUBLICIA

Imprint
Any brand names and product names mentioned in this book are subject to trademark, brand or patent protection and are trademarks or registered trademarks of their respective holders. The use of brand names, product names, common names, trade names, product descriptions etc. even without a particular marking in this work is in no way to be construed to mean that such names may be regarded as unrestricted in respect of trademark and brand protection legislation and could thus be used by anyone.

Cover image: www.ingimage.com

Publisher:
PUBLICIA
is a trademark of
International Book Market Service Ltd., member of OmniScriptum Publishing Group
17 Meldrum Street, Beau Bassin 71504, Mauritius

Printed at: see last page
ISBN: 978-620-2-43020-3

Zugl. / Aprobado por: Barcelona, Universidad Autónoma de Barcelona, 2015.

Agradecimientos:

Quiero agradecer especialmente a la Señora Susana Beltrán García, Profesora Agregada de Derecho Internacional Público en la Facultad de Derecho de la Universitat Autónoma de Barcelona, Ilustre Diputada al Parlament de Cataluña, y directora de esta tesis, su dedicación, su paciencia, su aliento constante y, ante todo, la confianza que depositó en mí desde el primer momento y sin fisuras. Gracias por guiarme hasta Ítaca.

Asimismo, importante aportación a esta investigación ha resultado la contribución del Institut Universitari d'Estudis Europeus de la Universitat Autónoma de Barcelona, y en especial la inestimable colaboración del Centre de Documentació Europea de la Universitat Autónoma de Barcelona a través de su documentalista, Conxi Muñoz. Gracias de nuevo.

Agradezco a la Facultat de Dret de la Universitat Autónoma de Barcelona, la cálida acogida que me han dispensado, a su Decana Dra. Esther Zapater Duque, y al personal de administración del Departamento de Derecho Público y Ciencias Histórico-jurídicas, en especial a Miquel Anguera Lasheras.

Quiero recordar y agradecer a Mari Carmen Atalaya Pérez (contigo empezó todo) y Gisela Serrano Atalaya su amor y compresión, y declarar la promesa de recompensa por los ratos hurtados a la familia. Igualmente agradezco el apoyo incondicional recibido de mis padres Juan Serrano y Pilar Peña, que tampoco dudaron ni un instante del éxito de esta empresa, y de mis hermanos, J. Ramón, Miquel y Sergi. Un recuerdo emocionado para María Luisa Peña García, tu ayuda y tu consejo fueron siempre muy importantes para mí y siempre me acompañarán. A Elvira Pérez y a Manel Gil, siempre en mi corazón. Agradezco a Gemma Martín su aliento y su sonrisa en momentos muy delicados. A mis sobrinos Paula S., Arnau S., Marina C., Natalia C. y Álvaro C. y a Nieves G.. A Núria Atalaya y a Tomás P. Castro, a Alberto Blanco, Ana Blanco, Alicia Blanco y Almudena Blanco. A Maite Alonso Moreno, mi primera profesora. Y por último, a José Antonio Turiella Gómez, enorme Letrado, socio y amigo.

Esta tesis doctoral va dedicada a todos ellos.

INDICE

INTRODUCCIÓN

El artículo 4.2 del Tratado de la Unión Europea menciona de forma expresa la "autonomía regional". Y lo hace nada menos en sus artículos iniciales, en donde se establecen los principios rectores de la Unión. No sólo la mención expresa, sino su colocación sistemática y los esfuerzos negociadores para su inclusión en ese artículo precisamente plantean la posibilidad de hallarnos por primera vez ante el reconocimiento de la autonomía regional en el derecho europeo, con todos los efectos legales inherentes a dicha declaración.

El presente trabajo a lo largo de cinco capítulos responde a la siguiente pregunta de investigación: El artículo 4.2 del Tratado de la Unión Europea que introduce la referencia a la autonomía regional ¿es un principio jurídico? y si esto es así ¿qué efectos conlleva?

En particular, el artículo 4.2 establece:

> 4.2. La Unión respetará la igualdad de los Estados miembros ante los Tratados, así como su identidad nacional, inherente a las estructuras políticas fundamentales y constitucionales de éstos, también en lo referente a la autonomía local y regional. Respetará las funciones esenciales del Estado, especialmente las que tienen que ver con garantizar su integridad territorial, mantener el orden público y salvaguardar la seguridad nacional. En particular, la seguridad nacional será competencia exclusiva de cada Estado miembro".

En este trabajo se sostiene la hipótesis de que el principio de autonomía regional es un principio jurídico que, a través de su plasmación del artículo 4.2 del Tratado de la Unión Europea (Tratado de Lisboa) ha logrado alcanzar, además del reconocimiento explícito en el derecho originario europeo por vez primera, plenos efectos normativos, con obligaciones dirigidas tanto a las instituciones europeas como a los estados miembros de la Unión. En este sentido debe recordarse que a partir de la letra del artículo 4.3 del Tratado de la Unión, se deduce que las normas de la Unión pueden crear derechos y obligaciones, los cuales son exigibles a todos y por todos los poderes públicos (Mangas Martín, A.- Liñán N., D: 2012: 431).

De esta forma, a partir de este reconocimiento internacional del principio de autonomía regional que se hace en el Tratado de Lisboa (Morata Tierra, F.: 2011: 34) las regiones logran trascender su capacidad de autogobierno tradicional, hasta entonces limitado al ámbito nacional interno, para proyectarse con toda nitidez en el ámbito exterior europeo. Se trata por tanto de un paso importante y decisivo que marca un nuevo hito en el Derecho Internacional Público y en las relaciones internacionales por cuanto supone la irrupción normativa de nuevos actores con capacidad autónoma en la escena internacional, ni que sea a nivel regional europeo. En el marco europeo de actuación, por tanto, el estado de base nacional dejará de ser el único actor institucional en liza -instituciones europeas aparte- y deberá compartir espacio institucional con las regiones.

No obstante, como igualmente se analizará, la autonomía que alcanzan las regiones es solamente eso, autonomía política, no es equivalente ni da pie a ningún otro derecho que se acerque o se equipare a la autodeterminación. La autonomía regional parte de la base de que la región requiere la existencia previa de un Estado, al que pertenece y se limita por su ordenamiento interno, por su constitución y con el que se relaciona a través de los principios de legalidad y de lealtad institucional.

El fundamento de la participación de las regiones en la escena exterior europea descansa primero en el tratamiento normativo, en el nivel europeo, de ciertos temas que conectan directamente con sus competencias o simplemente les afectan (Arce Janáriz, A.: 2002: 4), y en segundo lugar, en la cesión legislativa de competencias que desde el nivel regional -que también estatal- se traslada al nivel supranacional, cesión que en cierta forma obliga a una "contraprestación" que re-equilibre esa sustracción -el también llamado "doble efecto centralizador" (Albertí Rovira, E.: 2008: 1)- de poder normativo que determinadas regiones, como los *länder* alemanes, denunciaron en su momento en el ámbito de la Unión Europea (Mangas Martín, A.: 2008: 1).

Así pues, el sentido que cobra el fenómeno de la autonomía regional en el ámbito europeo, y especialmente en la Unión Europea, tiene su base en la creciente participación de las regiones en el espacio institucional europeo, en la indudable cuota de representatividad que acogen las regiones a través de elecciones representativas y en que, habida cuenta la incidencia normativa cotidiana en el orden interno - la recepción directa- del derecho europeo, éste ha dejado de ser materia de asuntos exteriores para pasar a ser materia doméstica, tal y como nuestro Tribunal Constitucional reconoció ya en su Sentencia 165/1994. Es menester y parece justo, por tanto, ya que las regiones se responsabilizan de ejecutar políticas y gestionar recursos procedentes de Europa, que de forma simétrica accedan a cierta capacidad de incidir en los ámbitos de decisión, en el plano normativo, e incluso tengan oportunidad de defender sus intereses particulares ante los tribunales europeos sin la intermediación del Estado, con respecto del cual podrían abrigar y de hecho abrigan, intereses diferenciados.

En este sentido, la investigación se centra en delimitar la naturaleza jurídica de la autonomía regional a partir de su introducción en la letra de los tratados, es decir, qué es y qué efectos conlleva la inclusión de la autonomía regional en el tratado fundacional. ¿Se trata de un principio general del derecho, de un principio estructural, u otros? Una vez delimitada su naturaleza jurídica, trataremos de establecer los efectos que dimanan de la misma, a qué sujetos afecta principalmente y de qué forma.

Para poder responder a estos interrogantes que se ciernen sobre la autonomía regional, la tesis se divide en cinco grandes capítulos que tratarán de ir respondiendo de forma conveniente a cada una de esas cuestiones.

En el Capítulo I se estudia y analiza el desarrollo de la autonomía regional en el ámbito del Consejo de Europa. Tratamos de razonar por qué surge en ese organismo internacional la necesidad de configurar un concepto legal, de alcance europeo, de la autonomía regional. Nos detendremos a analizar las dificultades para que surja en ese ámbito un acuerdo general que dé forma definitiva al concepto buscado y estudiaremos los sucesivos intentos en positivizar dicho concepto de autonomía regional en proyectos de cartas y tratados.

En el capítulo II se reflexiona sobre los perfiles del concepto tal y como se presenta en el Tratado de la Unión Europea. De esta forma se observará la introducción del concepto de autonomía regional en la Unión Europea, desde su puntual mención en tratados precedentes hasta su mención expresa en el artículo 4.2 del Tratado de la Unión Europea. Comprobaremos cómo se reproducen los problemas para su reconocimiento ya analizados en el ámbito del Consejo de Europa y acudiremos a los debates de la Convención (para el establecimiento de una Constitución para Europa), en los cuales, aprovechando la renovación de la discusión del papel regional en el proceso de integración, se gestó el actual reconocimiento normativo del concepto de autonomía regional en el artículo 4.2 del Tratado de la Unión Europea.

En el capítulo III nos disponemos a establecer, una vez delimitado el contenido y los perfiles del concepto, su naturaleza jurídica y su funcionamiento en el sistema normativo de la Unión. Nos preguntaremos si cuando hablamos de autonomía regional estamos ante una norma, un derecho o un principio jurídico, y en este caso, qué tipo de principio, un principio general o principio estructural.

En el capítulo IV se analiza, todavía en el terreno de los efectos, las consecuencias no sólo estrictamente jurídicas sino también políticas que la nueva situación generará para las regiones tras la inclusión de la autonomía regional en el derecho europeo.

Se trata de establecer los efectos diversos que se despliegan de la naturaleza jurídica que adquiere la autonomía regional con su introducción en la letra del Tratado. En primer término se observarán los efectos en el nivel institucional, principalmente con respecto a las obligaciones que contraen las instituciones europeas a través del reconocimiento de la autonomía regional, sus principales órganos, y se analizará especialmente el papel que adquirirá el Comité con este nuevo reconocimiento. También se establece en el terreno de las obligaciones qué deberes se adquieren en el escenario actual respecto de los Estados miembros, los ejecutivos regionales y sus asambleas parlamentarias.

Finalmente, en el último capítulo se delimita autonomía regional a través de ponerla en relación con otros principios que pueden parecer cercanos, pero no lo son. Primero se contrastará la autonomía regional con tres principios de eminentes raíces europeas: el principio de subsidiariedad, el principio de solidaridad territorial y el principio de cohesión territorial. Seguidamente se hará lo propio con un principio de Derecho Internacional plenamente consagrado: el principio de igualdad de derechos y libre determinación de los pueblos. Y por último, se contrastará la relación con el denominado "derecho a decidir". El objetivo es determinar en qué medida son conceptos afines o claramente distintos a la autonomía regional, en qué medida el derecho de autodeterminación y el derecho a decidir pueden derivar de la autonomía regional.

CAPÍTULO I

LA AUTONOMÍA REGIONAL EN LOS TRABAJOS DEL CONSEJO DE EUROPA

En el presente capítulo se realiza un recorrido histórico a través de las diversas etapas que han llevado a conformar una noción primera de la autonomía regional, sus diversas materializaciones en los proyectos y cartas del Consejo de Europa y finalmente dilucidar si, tras esos pasos previos, es posible referirse a un concepto europeo de autonomía regional, o si por el contrario, se trata de un ideal que está todavía por llegar.

Así las cosas, el reconocimiento y posterior establecimiento en norma positiva de un principio jurídico[1], ya sea de carácter individual-subjetivo, ya se trate de un interés colectivo, viene generalmente precedido de una evolución histórica en la que deben ser superadas diversas fases, caracterizadas habitualmente por los obstáculos a la hora de su definición e identificación, pasando luego por su reconocimiento político y social, y culminando al fin en su positivización como precepto legal y aplicable a la vida diaria del ciudadano[2].

Este también es el caso de la autonomía regional, que como se comprobará

1. *"Los principios jurídicos son normas que ordenan que se realice algo en la mayor medida de lo posible, en relación con las posibilidades jurídicas o fácticas. Los principios son, por consiguiente, mandatos de optimización que se caracterizan porque pueden ser cumplidos en diversos grados y porque la medida ordenada de su cumplimiento no sólo depende de las posibilidades fácticas sino también de las posibilidades jurídicas. El campo de las posibilidades jurídicas está determinado a través de principios y reglas que juegan en sentido contrario. En cambio, las reglas son normas que exigen un cumplimiento pleno, y en esa medida, pueden ser solo cumplidas o no cumplidas (Alexy, R.: 1988:143)".*

2. *Esto sucede toda vez que los principios jurídicos son expresiones de referentes o axiomas que informan el sistema jurídico y que dada su importancia el Estado les acaba dando un reflejo legal-constitucional, pasando a formar parte como una norma más del ordenamiento jurídico al que completa y ayuda a interpretar.*

en el presente capítulo, está dedicado al análisis de su desarrollo en el marco institucional del Consejo de Europa. El motivo de iniciar este estudio en la esfera institucional del Consejo de Europa se debe no solo porque ha sido el primer organismo internacional que ha abordado el concepto de autonomía regional, sino que porque también esta organización se ha mostrado tradicionalmente sensible por todo aquello que tuviera que ver con la democracia y los derechos humanos en el continente europeo. Los documentos públicos de esta organización internacional, ya sean proyectos, tratados o convenciones, y demás publicaciones y comunicaciones impresas o divulgadas en la red, dentro del capítulo genéricamente denominado "Democracia", el Consejo de Europa guarda siempre un terreno fijo para las regiones y los poderes locales, consciente sin duda de que el valor "democracia" se construye más sólidamente desde la legitimidad que concede la proximidad del poder político al ciudadano[3]. Como el mismo Consejo de Europa señala en la presentación digital de uno de sus documentos de referencia, la Carta Europea de Autonomía Local de 1985, se trata del conocido "principio de subsidiariedad", por el cual se opera el necesario proceso de descentralización política y financiera, que aproxima debidamente los niveles de gobierno y sus decisiones a los electores.[4]

En segundo término, y no menos importante, era menester acudir al acervo originado desde esta organización por la razón de que, a diferencia de otras organizaciones de ámbito paneuropeo, el Consejo de Europa sí que acoge en su seno a la práctica totalidad de estados europeos (47) a través de sus autoridades representantes - y en los tres niveles de gobierno-, por lo que sus documentos, textos y convenciones resultan mayormente característicos de lo que es el pensamiento político europeo más amplia y realmente considerado. Si bien es cierto que en el ámbito de la Unión también se tienen en cuenta las razones de cohesión económica y social entre los territorios europeos, lo cierto

3. "*The Congress of Local and Regional Authorities of the Council of Europe is a pan-European political assembly, the 636 members of which hold elective office (they may be regional or municipal councillors, mayors or presidents of regional authorities) representing over 200,000 authorities in 47 European states. Its role is to promote local and regional democracy, improve local and regional governance and strengthen authorities' self-government. It pays particular attention to application of the principles laid down in the European Charter of Local Self-Government. It encourages the devolution and regionalisation processes, as well as transfrontier co-operation between cities and regions*". (http://www.coe.int/t/congress/presentation) *Congress of Local and Regional Authorities of the Council of Europe.*

4. *http://www.coe.int/t/congress/Texts/conventions/charte_autonomie_en.asp*

es que los objetivos políticos en el Consejo de Europa, más dirigidos a una buena gobernanza desde el punto de vista del ciudadano y a una completa aplicación práctica de la democracia en nuestro continente, priman muy por encima de la cohesión social basada en argumentos económicos, que sí caracterizan a la Unión Europea y que restringe por ello su ámbito de aplicación y el número de sus estados miembros. Y dicho más concretamente, "el fortalecimiento de la democracia local y regional" es uno de los objetivos del Consejo de Europa, y particularmente de su Congreso (de Poderes Locales y Regionales), entre cuyas actividades se encuentra el "apoyo a las entidades locales y regionales de sus países miembros"[5]. Desde el punto de vista del Consejo de Europa, profundizar en democracia es hacerlo también desde la perspectiva de la administración, y más concretamente desde el punto de vista de la descentralización administrativa. Y el hecho de acercar la administración al ciudadano es algo que se ajusta perfectamente con el establecimiento y el fortalecimiento de la autonomía regional.

Por tanto, el punto de partida es el Consejo de Europa. En particular, el Proyecto de Carta Europea de Autonomía regional de 1997, documento elaborado por el Congreso de Poderes Locales y Regionales, órgano consultivo del Consejo de Europa, que en su artículo 3.1 define autonomía regional de la siguiente forma:

> "autonomía regional denota el derecho y la capacidad de las autoridades territoriales superiores dentro de un Estado, contando con órganos electos, estando administrativamente situadas entre el gobierno central y las autoridades locales y gozando de prerrogativas de auto-organizarse con respecto a la autoridad central, de gestionar, bajo su responsabilidad y en interés de sus pueblos, una parte sustancial de asuntos públicos, de acuerdo con el principio de subsidiariedad".

En primer lugar cabe destacar de esta definición el reconocimiento de la autonomía regional como un "derecho" de las entidades sub-estatales. Una afirmación, de partida tan contundente, generó lógicamente importantes desacuerdos para que esa fórmula se aceptara de forma generalizada por

5. *CDLR Opinion on Congress Recommendation 240(2008) on a Draft European Charter of Regional Democracy. European Committee on Local and Regional Democracy (CDLR). CDLR (2008)32. Item 4.2 of the Agenda. Strasbourg, 14Novembre 2008. Appendix 1. Pg. 4.* https://wcd.coe.int/com.instranet.InstraServlet?command=com.instranet.CmdBlobGet&InstranetImage=1116514&SecMode=1&DocId=1354426&Usage=2

todos los países miembros de la organización. Una organización internacional, no lo olvidemos, que se extiende mucho más allá del simple territorio de la Unión -claramente más homogéneo, al menos en sus valores políticos- en la que se integran muy diversas tradiciones político-administrativas y no todas necesariamente abiertas a la descentralización como organización político-territorial. En esa definición se entiende la autonomía regional como una capacidad que cabe exigirle al Estado, por parte una administración regional, la cual goza de una prerrogativa inmanente de autogobierno por encima de los planes territoriales que el Estado pueda albergar e incluso por encima de su propia soberanía.

Pero para hablar propiamente de derecho subjetivo por parte de los entes regionales al autogobierno, habría que añadir en todo caso que dicha facultad debería ser otorgada por el ordenamiento jurídico, cosa que no acaba de aclarar la propia definición sin entenderse muy bien por qué se trata de un derecho desde esa definición. Cabe suponer, así visto, que el concepto cuenta con que de forma previa el ordenamiento jurídico estatal otorga esa facultad al autogobierno desde su constitución, para que más tarde se pueda hablar de derecho. En ese caso, aún siendo un derecho, lo sería entonces porque el Estado de forma previa así lo ha otorgado a través de su sistema normativo y no como un derecho anterior al mismo.

En segundo lugar, entre los elementos de esta definición se desprende que el concepto de autonomía regional se deriva de las entidades situadas en el nivel intermedio, es decir, entre el estado y las entidades locales. Asimismo deben contar con órganos electos, lo que asegura su carácter representativo y democrático. Gozar de un listado de competencias que configuren su autogobierno ("prerrogativas de auto-organizarse") con respecto al nivel superior central y de acuerdo con el principio de subsidiariedad.

De todas formas, un aspecto fundamental en cualquier definición de autonomía regional, y casi por encima del listado de competencias, debería contemplar la vertiente económica y financiera de la autonomía, un aspecto que en esta definición no aparece. Como suele decirse "no hay autonomía política si no hay autonomía económica y financiera"; la autonomía política, como expresión limitada y concreta de la libertad, exige también una autonomía financiera suficiente (Caño Moreno, Javier: 2003: 205). En efecto, para la consecución material de una capacidad de gestión autónoma resulta indispensable una dotación de recursos económicos suficientes, de tal forma que si no se cuenta con dicha dotación, difícilmente se podrá hablar de capacidad autónoma de gestionar. En este caso, la nota de la dependencia será la preponderante por encima de cualquier autonomía de gestión, simplemente la autonomía política desaparece.

En cualquier caso, queda claro a la vista de los elementos expuestos que entender lo que es la autonomía regional no resulta fácil en absoluto. O mejor dicho, lo que no resulta fácil en realidad es dar con una definición que reuniendo todos los elementos necesarios, sea aceptada genéricamente y se pueda acomodar a cualquier sistema político-administrativo. Y esto es así en gran parte porque en realidad no todas las regiones en los diferentes estados ejercen de igual forma su derecho al autogobierno. Así, la autonomía regional sería un concepto fuertemente sometido a la modulación del caso concreto. Dependerá del sistema político considerado, de su carta constitucional especialmente y del grado de autogobierno conferido, lo que se entienda en ese caso por autonomía regional. A veces, incluso, la propia forma de entender el Estado en su conjunto determina el papel reservado a las regiones, pudiendo quedar un rol residual en tanto que aquéllas apenas cuentan desde un punto de vista político-administrativo.

Pero en ocasiones, ni siquiera las regiones dentro de un mismo Estado gozan del mismo listado de funciones. Algunas, como expresión máxima de su capacidad política autónoma, además de asamblea parlamentaria tienen una total capacidad de legislar de forma exclusiva sobre un amplio número de materias, de tal manera que sus leyes pasan a formar parte del ordenamiento jurídico interno. Son las regiones que algunos autores han dado en llamar "regiones con poder de auto-configuración", que normalmente alcanza la "ordenación de las instituciones de la región con competencias legislativas, aunque en ciertos casos también puede incluir la regulación del ordenamiento y las fuentes del derecho regionales, e incluso el establecimiento de derechos y deberes para los ciudadanos" (Domínguez García, F.: 2005: 178).

Pero aunque los descritos anteriormente parecen elementos no especialmente difíciles de identificar a la hora de construir un concepto- competencias, nivel de gobierno, órganos electos e incluso recursos económico-financieros-, sorprende que ningún texto normativo en vigor de rango superior, a nivel nacional o internacional (tratado, carta constitucional,...) haya logrado hasta la fecha reflejar normativamente un concepto de autonomía regional más o menos válido. Da la sensación de que aquello que desde un punto de vista doctrinal parece relativamente accesible, a la hora de su plasmación legal resulta extremadamente complejo. La opinión general es que semejante laguna en el derecho europeo tiene su origen en las reservas que oponen los Estados al reconocimiento internacional de un derecho que faculta a las regiones a reclamar la autonomía suficiente que les permita gozar pacíficamente de la gestión de sus competencias, incluso en el ámbito internacional. Parece evidente que desde las esferas estatales se trata todavía de controlar en exclusiva la mayor parte de los asuntos públicos, y el reconocimiento de la autonomía regional entorpecería dicha voluntad. De todo esto se infiere que la irrupción de las regiones en el proceso de integración europeo ha supuesto un "impacto evidente en la distribución interna del poder".[6]

El resultado de todo ello es que de momento no existe ningún texto de ámbito europeo que defina la autonomía regional, su naturaleza y límites. A lo sumo, como hace el artículo 4,2 del Tratado de la Unión Europea, lo menciona ; con evidentes consecuencias, sí, pero sin entrar a considerar su contenido. Este silencio invita a una cierta cautela sobre el objeto de estudio, es cierto, pero al mismo tiempo nos lleva a la necesidad de proceder a su análisis.

De hecho, el Congreso de Poderes Locales y Regionales (CLRA), o el Comité Europeo para la Democracia Local y Regional (CDLR) del Consejo de Europa, por ejemplo, estuvieron durante mucho tiempo solicitando la elaboración definitiva de un marco general en el que al menos situar de forma concreta,

---

6. *En estos términos se manifestó Francesc Morata, Catedrático de Ciencia Política de la UAB, el 25 de octubre de 2010, en su conferencia de conclusión al Seminario "La participación de las Comunidades Autónomas en el diseño de las políticas europeas", organizado por el Institut Universitari d'Estudis Europeus, con la colaboración de la Escola d'Administració Pública de Catalunya (Generalitat de Catalunya), el Ministerio de Ciencia e Innovación, la representación en Barcelona de la Comisión Europea, la Oficina Europea y la Oficina en Barcelona del Parlamento Europeo. La jornada de seminario se organizó como parte de las actividades del Proyecto de Investigación EUREGES (Ref. CS02008-05628), del Ministerio de Ciencia e Innovación.*

normativamente hablando, el principio de autonomía regional.[7] Y aunque no se ha logrado ese marco normativo vinculante, sí que se ha logrado un documento que sirve de referencia para aquellos estados que, o no están dotados de un marco territorial adecuado a las necesidades de descentralización, o simplemente quieren profundizar el modelo que ya tienen. Estamos hablando del llamado "*Council of Europe Reference Framework for Regional Democracy*", aprobado a finales del 2009, que más adelante analizaremos de forma más detallada. El hecho de que se trate de una referencia, oficial y consensuada, pero referencia al fin y al cabo, nos indica con claridad qué nivel de compromiso con la democracia regional prefieren mantener los estados miembros del Consejo de Europa hasta la fecha.

Pero, ¿cómo o por qué se ha llegado a esta situación de indefinición -y falta de compromiso- respecto de la autonomía regional? Desde una perspectiva histórica podemos situar el origen de la autonomía regional en los primeros años de posguerra europea, en la década de los cincuenta del siglo pasado. Es durante esos años en los que el Estado de base nacional se expande y pasa de ser un Estado-policía, que simplemente vela por el normal funcionamiento de las normas del mercado, a un "Estado del Bienestar" (*The Welfare State*)[8]. En este nuevo contexto histórico, en el que el estado contempla la complejización y extensión de sus competencias, dirigirá sus objetivos a refundar las bases de la economía –con intervención directa allí donde sea necesario- y a velar por que las necesidades básicas de sus ciudadanos –sanidad, educación,...- se desarrollen de una forma digna a lo largo de su vida y en el marco de un estado democrático de derecho. Para todo ello el estado requerirá de órganos administrativos sub-centrales, lo suficientemente dotados de competencias y financiación, que sean capaces de

---

7. *"6. An European legal instrument aimed at guiding institutional reform at regional level towards strengthening of regional democracy does not exist to date. The Congress is still firmly convinced that, in spite of major legal and institutional differences on the subject, is still desirable and feasible to provide a common general framework for regional democracy and to co-ordinate current or future processes relating to it." CDLR Opinion on Congress Recommendation 240(2008) on a Draft European Charter of Regional Democracy. European Committee on Local and Regional Democracy (CDLR). CDLR (2008)32. Item 4.2 of the Agenda. Strasbourg, 14Novembre 2008. Appendix 1. Pg.4.* https://wcd.coe.int/com.instranet.InstraServlet?command=com.instranet.CmdBlobGet&InstranetImage=1116514&SecMode=1&DocId=1354426&Usage=2

8. *Estado del Bienestar es un concepto cuyo origen está en las ciencias políticas y económicas. Para el sociólogo inglés TH. Marshall (Ciudadanía y Clase Social, 1950) vendría a ser una combinación de democracia, bienestar social y capitalismo. De forma resumida se podría hablar como aquel modelo de Estado que provee de ciertos servicios o garantías sociales a los habitantes de un país.*

alcanzar con un mínimo de eficacia, hasta llegar a la esfera individual, la tarea de gestionar ese conjunto de competencias. Estos órganos sub-estatales fueron generalmente organizados sobre la base territorial de regiones, más o menos históricas, culturales, económicas o simplemente geográficas.

En principio, el esquema bajo el que descansaba el Estado en esta etapa de posguerra era el de una fuerte organización y planificación central que proyectaba los planes de ejecución sobre las administraciones regionales (Moncayo Jiménez, E.: 2002: 33)[9]. Sin embargo éstas, posteriormente y dependiendo de su propia evolución, y siguiendo un esquema de construcción de legitimidad política semejante al de un Estado-nación previo, adquirieron de éste o, en su caso, ampliaron el elenco de facultades legislativas alrededor de su órbita competencial, hasta que por fin identifican la necesidad perentoria de defender su abanico de funciones, principalmente de injerencias procedentes de instituciones estatales. Fenómenos sociológicos y políticos aparejados a la "sociedad de la información" y a la "globalización"[10], provocan que estas nuevas administraciones sub-estatales todavía adquieran mayor conciencia de representatividad con respecto a su territorio, y que sus ciudadanos se identifiquen mayormente con sus administraciones regionales (Moncayo Jiménez, E.: 2002: 9).[11] Al hilo de ello, no podemos por otra parte soslayar el

---

9. "*El rasgo más característico de las políticas de este período era el acento en la intervención activa del Estado central, con miras a reducir las disparidades interregionales, tanto por razones de eficiencia macro-económica (pleno empleo e impulso a la demanda agregada) como de equidad territorial. Los instrumentos utilizados comprenden una amplia batería: los incentivos fiscales a la inversión privada y extranjera; la inversión directa del Estado en infraestructura; la promoción de polos de industrialización a través de empresas públicas. En Europa, Francia puso en marcha la práctica del aménagement du territoire130 bajo la batuta de DATAR (Delegation a L'Amènagement du Territoire et à L'Action Regionale) creada en 1963; el Reino Unido promulgó la Town and Country Planning Act en 1947, que dio origen a un largo ciclo de intervenciones regionales que se prolongó hasta el advenimiento de la era Thatcher en 1979; Italia creó en 1950 la Cassa per il Mezzogiorno, para promover el desarrollo socio-económico del sur, con base en la estrategia de polos de desarrollo; y España incorporó el desarrollo regional como uno de sus objetivos prioritarios en el Primer Plan de Desarrollo (1964-1967), que tuvo también los polos de desarrollo como su principal instrumento de política*" (Moncayo Jiménez, E: 2002 : 33-34).

10. *Para una mayor comprensión de la influencia de los profundos cambios sociológicos de fin de siglo, a partir de la irrupción de las tecnologías de la información y de la globalización, tanto en la política en general y en el regionalismo en particular, resulta imprescindible la trilogía del Profesor Manuel Castells "La era de la Información". En particular en su segundo tomo, El poder de la Identidad, muestra la importancia que para el ser humano adquiere como fuente de significado cuestiones como la identidad cultural, religiosa y nacional y las implicaciones de este hecho para los movimientos políticos y sociales. Del mismo autor, es igualmente de gran interés, para mayor comprensión de la crisis del Estado nación, su ponencia "¿Hacia el Estado Red? Globalización Económica e Instituciones Políticas en la era de la información".* http://cdi.mecon.gov.ar/biblio/docelec/MM1129.pdf

11. *La insurgencia de lo territorial se interpreta como una consecuencia de la crisis o vaciamiento del Estado-nación, piedra angular de la organización política del mundo desde la suscripción del Tratado de Westphalia en 1648. Uno de los primeros en divulgar esta visión fue Paul Kennedy: "Estos cambios globales también ponen en cuestión la utilidad del propio Estado-nación. Al parecer, el actor autónomo clave... parece estar no sólo perdiendo control e integridad... en algunos problemas es demasiado grande para operar con eficacia; en otros es demasiado pequeño. Por consiguiente, se producen presiones para una <redistribución de la autoridad> tanto hacia arriba como hacia abajo, creando estructuras que podrían ser capaces de responder de modo más efectivo..." (Moncayo Jiménez, E: 2002: 9). En parecidos términos se expresa Damian Bell, para quien el "estado se ha hecho demasiado grande para los pequeños problemas, y demasiado pequeño para los grandes problemas".*

hecho de que cada vez más nuestras sociedades reclaman un mayor grado de participación ciudadana en los asuntos públicos y rechazan los centros de poder más alejados de sus problemas cotidianos, "los ciudadanos anhelan además otras formas de legitimidad democrática que apuntan al fortalecimiento de la sociedad civil organizada y los mecanismos abiertos y transparentes de participación política, claramente incompatibles con un proyecto político liderado por la élites" (Moreiro González, C. J: 2013: 27). En este sentido es evidente que la mayor cercanía de los entes sub-estatales a los ciudadanos - característica que no puede abrigar el Estado central-, les concede más posibilidades de colmar las pretensiones de participación, control y reclamación de transparencia que hoy día la ciudadanía demanda cada vez con más fuerza.

Aquí precisamente radica la importancia del estudio de la autonomía regional y el análisis de su reconocimiento normativo, por tratarse del fenómeno jurídico y político que ha permitido ampliar los horizontes de la democracia moderna por el lado de la participación y el acercamiento de la administración a los ciudadanos. Pero qué duda cabe, que aparte de la necesidad política y de gestión, tanto de administración como de administrados, en el nacimiento de la autonomía regional coadyuvaron elementos culturales e históricos, propios de los territorios considerados, que reforzaron la conciencia o la necesidad de contar con una esquema propio de gestión de los asuntos públicos, formándose alrededor de esa conciencia regional diferentes grupos sociales y élites políticas que aspiraban a la administración de esos intereses regionales.

Dicha conciencia se ha ido recogiendo no en vano por las diferentes cartas constitucionales, las cuales, dentro de las posibilidades que los sistemas de partidos políticos de cada estado han ido ofreciendo, así como de su respectiva tradición administrativa, se ha ido otorgando mayores o menores competencias a las regiones. En el caso español, por poner el ejemplo más cercano, a pesar de partir de una "herencia histórica secular de Estado centralista, con un peso notable en nuestro sistema democrático y pluralista" (Ballbé Mallol, M.: 1990: 114) se ha terminado en un Estado descentralizado con un notable grado de autonomía regional, por mucho que la actualidad dicho sistema se halle en franco estado de revisión, al menos en una significativa parte de la clase política y la opinión pública. En el otro extremo podríamos encontrar al Reino Unido, el que, paradójicamente, a pesar de preferir un sistema federal nítido para todos aquellos territorios a los que fue concediendo la independencia[12], en su propio territorio y tras el cierre definitivo de su periplo colonial siempre prefirió un esquema administrativo rígido y más bien poco descentralizado (Cullen, R.: 1990: 229) . En definitiva, y esto es muy importante subrayarlo, hasta tal punto el fenómeno de la autonomía regional adquiere tamaña importancia en nuestra sociedad actual que no hay quien dude, desde el propio Consejo de Europa, en afirmar que "el espectacular avance de la democracia local y regional ha sido la principal innovación en la democracia del siglo XX"[13].

Efectivamente, si repasamos el mapa europeo y revisamos los diferentes sistemas normativos que se desarrollan en cada uno de los estados, dejando aparte el nivel competencial particular de cada región, sí que encontramos que el concepto administrativo de región, como elemento de gobernación que deviene del Estado central, aparece, en mayor o menor grado, en la práctica totalidad de los países europeos. Así es, aún dependiendo de la cultura socio-política de cada Estado-nación y de su régimen político en un momento dado, puede afirmarse en términos generales que el principio de autonomía regional ha acabado por implantarse, a nivel europeo, y por la razones más arriba esgrimidas, con un éxito más que razonable. Cosa distinta, claro está, son las pretensiones o el techo competencial que esas regiones deseen alcanzar como aspiración última, algo que en algunos territorios europeos tiene que ver con anhelos de identidad nacional, y en otros con una aspiración funcional más bien básica, digamos que como una labor administrativa que complementa el mapa burocrático central[14]. En este sentido, viendo el actual

12. *El caso australiano es buen ejemplo de ello. Su constitución delimita clara y radicalmente las competencias de Estado y regiones federales. Ni estado ni regiones pueden hacer desaparecer unilateralmente ala otra administración, y el ejecutivo de ambas son elegidos mediante sufragio universal (Cullen, R.: 1990: 227).*

13. *"European Charter of Local Self Government, the international recognition to the right to autonomy". Congress of Local and Regional Authorities. Council of Europe.*
http://www.coe.int/t/congress/Texts/conventions/charte_autonomie_en.asp

14. *El caso español es ilustrativo del éxito de las administraciones regionales en el proceso de "devolución", teniendo en cuenta que buena parte de ellas son capaces de gestionar el núcleo duro de competencias del estado del bienestar: sanidad, educación, bienestar social y, últimamente, organización de la administración de justicia, e incluso seguridad interior y policía. Desde medios conservadores, sin embargo, se culpa a las autonomías de ser una de las causas de la crisis económica, apelando a su excesivo gasto. En ABC, 12 del enero de 2011, se muestra un titular "Fortalecer España", que se apoya en una encuesta realizada por el Instituto DYM, según el cual "una mayoría de españoles (que se cifra en un 46%) cree que el Estado debería recuperar competencias frente a las autonomías", pues éstas le han sumido en una debilidad financiera a causa del excesivo gasto que comportan. Su editorial*

panorama regional europeo y a pesar de su heterogeneidad, difícilmente se podrá negar el hecho de que la existencia de las administraciones regionales coincide plenamente con el desarrollo más intenso del proceso integrador europeo desde todos los puntos de vista, principalmente económico y social, y que su gestión, aparte de tratar de los temas más esenciales para la ciudadanía con una eficacia más que razonable, su cercanía al administrado y su mayor adaptación al territorio han coadyuvado a dotar de mayor legitimidad al sistema político en su conjunto. En este sentido, recordaremos las palabras de García Pelayo, quien sostiene que de acuerdo con el principio democrático, la *auctoritas* de un representante "es tanto mayor cuanto más inmediata es su elección" (García Pelayo, M.: 1984: 180).

Por tanto, de todo lo anterior se desprende que con luces y sombras, la autonomía regional, aunque sea por simples razones de gestión administrativa básica se ha ido implantando de forma exitosa, a nivel interno, allí donde se ha implantado. El resultado de la evolución desde su nacimiento, cuando la autonomía regional empezó siendo una herramienta a disposición del Estado para mayor control de su gestión del territorio, ha sido finalmente el conjunto de funciones y competencias de una administración en el nivel intermedio del organigrama del estado, constitucionalmente garantizadas, que por haber sido elegida democráticamente es depositaria de una pequeña parte de la soberanía y es por tanto objeto de respeto por parte de los poderes públicos en su integridad.

Sin embargo, cuando la autonomía regional salta del ámbito nacional al plano internacional, y más concretamente a la hora de incluir la referencia a la autonomía regional en textos del Consejo de Europa y posteriormente en el Tratado de la Unión Europea, se plantean serios problemas de índole político-jurídica, especialmente en lo que concierne a su reconocimiento y a sus

---

reclamaba una vuelta al "Estado Unitario" para "corregir los excesos nacionalistas y federalistas en aras de un erróneo concepto de autonomía política territorial". El día 11 de enero, en el rotativo El Mundo, Luís María Ansón, en la misma línea de pensamiento considera que "el café para todos" fue un "tremendo error" y que "la crisis nos aboca al dilema de Estado de Bienestar o al Estado de las Autonomías". En sentido contrario, Xavier Campreciós, en El Periódico de Catalunya, el 13 de enero de ese mismo año, se hace eco de estos comentarios y los señala como "campaña de la derecha contras las autonomías que arraiga en terreno abonado", considerándola un "tóxico y sistemático cuestionamiento de la Constitución de 1978 que nos permitió transformar la dictadura en una democracia y un Estado de las Autonomías". Concluye Campreciós que "el objetivo de la derecha política y mediática es cargarse el actual Estado autonómico, al que se culpa de casi todo". Los anteriores comentarios demuestran la tensión que, debido a la crisis, se proyectan sobre el derecho de las regiones a administrar sus propios asuntos.

efectos. Y el hecho no deja de resultar curioso por cuanto primero, de su existencia no puede caber duda en cuanto que es evidente su materialización, por ejemplo y sin más lejos, en la ejecución de ciertas políticas europeas, donde el recurso a la administración regional es necesario, constante, eficaz y, por tanto, lógico. En los siguientes apartados se comprobarán las vicisitudes que el concepto de autonomía regional ha pasado a través de los diferentes textos del Consejo de Europa que lo han abordado.

I.1.- Génesis del concepto de autonomía regional en la Carta Europea de la Autonomía Local.

En efecto, el Consejo de Europa ha sido tradicionalmente desde hace muchas décadas una organización sensible al fenómeno de la autonomía regional, consciente del importante papel de las regiones en el gobierno de las democracias europeas. Y ese especial sentir se detecta ya en la Carta Europea de Autonomía Local en la que, a pesar de tratarse de un texto dirigido a los entes locales, se guarda una sintomática mención a los entes regionales.

Se trata de un tratado internacional adoptado en el seno del Consejo de Europa que ha servido de inspiración directa a la hora de elaborar otras cartas de referencia más concreta y firme sobre la autonomía regional. La Carta inspiró, años más tarde, a la adopción en 1997 por el Congreso de Poderes Locales y Regionales el proyecto de Carta Europea de la Autonomía Regional con la intención que se convirtiera en un texto equivalente a la Carta Europea de la Autonomía Local, pero aplicado a los entes regionales" (Beltrán García, S.: 2009: 5). Es decir, la intención del Congreso de Poderes Locales y Regionales ha sido durante mucho tiempo de partir de dos conceptos diferentes: autonomía local predicable de las entidades locales y autonomía regional en relación a las entidades intermedias. En este sentido la idea inicial fue extrapolar el proceso seguido para los poderes locales y su autonomía, que empezó antes, a la autonomía regional.

Pero lo primero que debe anotarse, antes incluso que su ámbito de aplicación, es que la presente Carta Europea de Autonomía Local es "el primer tratado internacional vinculante que garantiza el derecho de las comunidades y sus autoridades electas", a la autonomía o autogobierno local[15]. Esto solo ya nos habla de su real importancia, toda vez que no ha dejado hasta la fecha de ser el único documento verdaderamente aplicable a todo cuanto tenga que ver con la autonomía local o regional. Y se puede añadir que esta Carta "es la culminación de una serie de iniciativas y de años de deliberaciones en el seno del Consejo de Europa", tal y como se señala en su Exposición de Motivos[16], que a través del Congreso de Poderes Locales y Regionales (CLRA)[17], ya en el lejano 1968 y en su Resolución 64, propuso al Comité de Ministros una "Declaración sobre los Principios de la Autonomía Local". Esta iniciativa fue posteriormente apoyada por la Asamblea Consultiva en su Recomendación 615 (1970), y se presentó al Comité de Ministros, pero finalmente fue rechazada por tratarse de una "declaración bastante general y de carácter excesivamente amplio para poder tomar acciones en firme"[18].

Así, bajo la experiencia frustrada de este precedente, la Carta Europea de Autonomía Local se diseñó con una aproximación más flexible y realista, que fuera capaz, a la vez, de ser realmente vinculante para todos los estados miembros en la medida que estos así lo desearan, en consonancia con la verdadera importancia del derecho al autogobierno local, y, por otra parte, de ser un instrumento capaz de respetar las tradiciones administrativas de cada país y sus tratados constitucionales, dejando un cierto grado de maniobra a cada estado firmante para elegir hasta qué punto deseaba comprometerse con las disposiciones del tratado. De esta forma, cada estado miembro ha elegido aquellos preceptos de la Carta que le vinculan, pudiendo incluso, en el instrumento de ratificación, señalar esos preceptos a los que queda adherido. De hecho, es realmente significativa la variedad de gradaciones sobre la vinculación de cada estado con respecto al articulado de la Carta. Mientras en

---

15.- *CDLR. European Charter of Local Self-Government.* *http://www.coe.int/t/congress/Texts/conventions/charte_autonomie_en.asp*

16. *CDLR. European Charter of Local Self-Government. Explanatory Report.* http://www.coe.int/t/congress/Texts/conventions/charte_autonomie_en.asp

17. *El CLRA, es el acrónimo en ingles utilizado para el Congreso de Poderes Locales y Regionales (CPLR).*

18. "*The proposed declaration was, however, rather too general and sweeping character for any firm action to be taken on it". CDLR. European Charter of Local Self-Government. Explanatory Report.* http://www.coe.int/t/congress/Texts/conventions/charte_autonomie_en.asp

algunos pocos casos se reconocen vinculados por todo el articulado (Armenia, Bulgaria, Croacia, España, Suiza, Ucrania), en otros muchos, sin embargo, apenas se ligan a dos o tres artículos, incluso reclamando a través de la declaración pertinente una interpretación propia sobre la letra del precepto (Alemania, Chipre, Dinamarca Azerbaiyán, Países Bajos, Malta, Noruega, Reino Unido).

En efecto, el secreto del éxito de esta convención en un escenario tan complejo y heterogéneo como es el panorama administrativo del continente europeo fue, bajo la experiencia de situaciones pasadas, saberse adaptar a las diferencias y necesidades de sus firmantes. Como dice parte de la doctrina europea, "no es un tratado dirigido a imponer a los Estados determinadas soluciones organizativas (recuérdese la resistencia a la Carta Europea de Autonomía Regional), sino, a lo sumo, "reconocer derechos en favor de los entes locales"" (Merloni, F.: 2010: 506).

En este sentido, desde la vocación de diversidad que encierra el texto, es interesante destacar ante todo la definición de autonomía local que hace su artículo 3.1:

> " Por autonomía local se entiende, el derecho y la capacidad efectiva de las entidades locales de ordenar y gestionar una parte importante de los asuntos públicos, en el marco de la Ley, bajo su propia responsabilidad y en beneficio de su habitantes".

No cabe duda de que se consagra a todos los efectos la capacidad "efectiva" de los entes locales para realizar una gestión completamente autónoma y diferenciada del poder del Estado. Es la culminación, a nivel internacional, de un proceso secular en el que los municipios pasan a tener un reconocimiento expreso y legal de su derecho a la gestión completamente autónoma, aunque siempre complementaria, de una "parte importante de los asuntos públicos". Pero resulta todavía más trascendente por cuanto este reconocimiento expreso, en un texto positivo de ámbito internacional, da a entender que estamos ante un derecho que no emana directamente del poder o de la soberanía del Estado, sino que en cierta forma es autónoma ya que trasciende del ámbito estatal al ser reconocido por un texto jurídico internacional.

El fundamento lógico a este derecho autónomo de los entes locales a la gestión de "una parte importante de los asuntos públicos", aparece en la misma Carta en su artículo 4.3, de providencial importancia por cuanto subraya un argumento capital sobre la legitimidad del poder político, sometido a la Ley y a los principios generales del derecho. "El ejercicio de las competencias públicas debe incumbir preferentemente, de modo general, a las autoridades más cercanas a los ciudadanos".

Se trata, en concreto, de la formulación del principio de subsidiariedad en el que, según la Carta, descansa la principal legitimidad de los entes territoriales para relacionarse con los ciudadanos dada su proximidad (entre otros, Boixareu Carrera, A.: 1994: 774; Mangas Martín, A.: 1992: 40-48; Carmona Contreras, A.: 2012: 146;)[19]. Sobre este principio se volverá a insistir posteriormente en este trabajo, si bien cabe decir que dicho principio ha adquirido especial relevancia en el ámbito de la Unión Europea, introducido por el Tratado de Maastricht, siendo que en esta organización viene basado en una doble motivación: por una parte, la que viene claramente de los propios Estados miembros -principalmente del Reino Unido- que de alguna forma buscaban la limitación de la expansión competencial de la Unión; por otro lado, desde el lobby regionalista y sobre todo desde los *länders* alemanes -y su jurisprudencia- al objeto de "neutralizar el fenómeno de desapoderación competencial que experimentan por mor de la integración estatal en la estructura europea" (Ares Castro- Conde, C.: 2010: 88). Sin embargo, cabe afirmar que la subsidiariedad que se desarrolla en el ámbito de la Unión Europea se trata más de salvaguardar la centralidad de los Estados (Merloni, F.: 2010: 498; Carmona Contreras, A.: 2010: 146) que no la de un verdadero principio de distribución competencial como sí lo tiene en la Carta Europea de Autonomía Local (Merloni, F.: 2010: 498).

Pero volviendo sobre la Carta europea de Autonomía Local y su modo de entender la subsidiariedad -en la práctica de mayor alcance, pues no sólo afecta a unión y Estados sino que también al resto de niveles de poder- ha de

19. *Son varios los autores a los que, a través de la historia del pensamiento político y filosófico, se cita como precursores y constructores del concepto, entre ellos a Aristóteles, Santo Tomás de Aquino, Stuart Mill, Locke, Proudchon y Mournier. La iglesia católica alude a dicho principio en sus encíclicas "Quadragésimo Anno" (1931), y "Pacem in Terris" (1963), en las que se cataloga a dicho principio como un principio de organización social y de delimitación entre las eferas de actuación entre la célula familiar y los podres públicos (Boixareu Carreras, A.: 1994: 774).*

señalarse que ésta establece en su artículo 4.3 que "el ejercicio de las competencias públicas debe, de modo general, incumbir preferentemente a las autoridades más cercanas a los ciudadanos". Dicha forma de atribución competencial - de modo general"- se lleva a cabo sin hacer mención expresa y exclusiva a las competencias que tienen que ver sólo con el nivel local, regional o estatal. Por lo tanto, al no referirse de modo concreto y preciso a ninguna competencia ni a ningún nivel de gobierno de forma previa, dicho criterio en el reparto de funciones puede ser también aplicable al nivel regional, y por lo tanto, invocable jurídicamente en cuanto dicho tratado sea firmado y ratificado en el Estado en el que se considere. En otras palabras, se trata de un principio de atribución de competencias que también comprende y protege el nivel regional, y no solo las competencias que le sean asignadas, sino también aquellas que por lógica o por cercanía a los ciudadanos le pertenezca.

Es decir, de modo objetivo, sin distinciones de nivel jerárquico administrativo y como principio rector, en dicho artículo de la Carta Europea de Autonomía Local se establece un principio general de reparto de competencias que afecta también al nivel regional en cuanto habla solo de "autoridades" sin distinción de niveles. Dichas competencias deben seguir el criterio de la conveniencia y la cercanía al ciudadano, y no simplemente el criterio de un mandato jerárquico. Para efectuar dicho reparto no basta con que la asignación provenga de un mandato o delegación realizada desde el nivel estatal, porque de forma previa ya hay un criterio de asignación que es la cercanía al administrado, la amplitud de la tarea, o las necesidades de eficacia y la economía. Entonces, para un mejor reparto de funciones "hay que partir de abajo, de los niveles más próximos a los ciudadanos, para verificar qué funciones pueden permanecer en dicho nivel. Es preciso realizar la "comprobación" de todas las competencias, independientemente del nivel en que se desarrollen las funciones hoy en día, y al margen del sujeto llamado a aplicar el criterio. Se trata de una comprobación objetiva vinculada a las características propias de las distintas competencias" (Merloni, F.: 2010: 499).

Además, al respecto debe añadirse que ni tan siquiera en el segundo tramo del artículo 4.3 de la Carta se alude a la concreción sobre la naturaleza "local" del mandato legal que se expresa, al contrario, el artículo prosigue en su formulación general que le da categoría de principio, en cuanto continúa diciendo que "la atribución de una competencia a otra autoridad debe tener en cuenta la amplitud o naturaleza de la tarea o las necesidades de eficacia o economía". En definitiva, con la invocación del artículo 4.3 de esta Carta, la autonomía regional encuentra ya su primer fundamento jurídico sólido y objetivo para la defensa de sus competencias frente a cualquier otro nivel de gobierno.

En este sentido, la Carta de la Autonomía Local es principalmente un instrumento jurídico diseñado para proteger, desde el ámbito europeo, el ejercicio autónomo de las competencias propias de los entes locales, así como el mecanismo legal que les permitiría el derecho a reclamar por la vía jurisdiccional esas funciones.

A pesar de que la Carta se refiere a la autonomía local, como hemos comprobado ya algunos de sus artículos permiten la aplicación de sus principios también al nivel regional. En concreto, en el artículo 13 se prevé que sus principios y preceptos se apliquen también a las regiones (entidades intermedias), en aquellos estados firmantes que así lo decidan:

> "cada parte contratante puede, en el momento de depositar los instrumentos de ratificación, aceptación o aprobación de la presente Carta, designar las categorías de Entidades locales y regionales a las que se quiere limitar el campo de aplicación o que quiere excluir del campo de aplicación de la presente Carta. Puede igualmente incluir otras categorías de Entidades Locales o regionales en el campo de aplicación de la Carta por vía de comunicación escrita al Secretario General del Consejo de Europa".

En el caso de España, por ejemplo, se prefirió una aplicación general en todo el territorio nacional para a aquellas entidades -locales- significadas en los artículos 141 y 142 de la Constitución, a tenor de lo establecido en la declaración solemne anexa al documento de aprobación y ratificación de la Carta de fecha 20 de enero de 1988 (B.O.E. nº 47, de 24 de febrero de 1989, páginas 5396 a 5398), pareciendo, en principio y sin mencionarlo expresamente, querer dejar fuera de su aplicación a las comunidades autónomas. Pero no obstante, acudiendo sin embargo a la aplicación directa del artículo 4.3 de la Carta podemos afirmar que, siquiera a través de una vía indirecta la autonomía regional puede ser perfectamente defendida.

En España los preceptos de la Carta disponen de aplicación directa, es decir, sus preceptos son fuente de derecho interno, directa o indirectamente aplicables por parte de las Administraciones Públicas o jueces (Merloni, F.: 2010: 502) y producen obligaciones jurídicas para administraciones y ciudadanos. Es decir, contempla la posibilidad de reclamar jurisdiccionalmente los derechos tutelados en la Carta (al igual que Suiza, Grecia, Francia, Estonia, Serbia, entre otros) y la no aplicación de las normas internas que vayan en contra de los principios reconocidos en dicho texto. En otros países como en Italia, sin embargo, la Carta y por decisión soberana no es de aplicación directa y para ninguna entidad, lo que no quita que también se contemple como posible una futura protección para las competencias que vayan alcanzando tanto entes locales como regiones: "regiones y entes locales podrán en el futuro actuar con mayor sistematicidad en procedimientos judiciales para atraer la atención de forma adecuada de los jueces, ordinarios o administrativos, sobre la contradicción existente entre la lay estatal o regional y las disposiciones de la Carta" (Merloni, F.: 2010: 519).

Así, el artículo 13 no faculta para que se establezca qué es o no una entidad local, sino que expresamente se da pie para que, aquellos que lo consideren conveniente, puedan aplicar los mismos principios para las regiones, señal inequívoca de que el legislador piensa, efectivamente, que tales principios son válidos para el caso de las regiones u otro tipo de entes sub-estatales que pueda existir en un Estado parte. De hecho, si acudimos al cuadro de países firmantes del convenio observaremos que hasta la fecha son cuarenta y cuatro los estados que han firmado la Carta[20], pero según allí se indica, sólo cuatro estados firmantes (Alemania, España, Holanda y Dinamarca) se comprometieron a hacer valer los principios de la Carta para otros entes territoriales menores diferentes a los municipios. En el caso de España, además de municipios, según su declaración realizada en el instrumento de ratificación ya señalado, se deberá aplicar a los entes mencionados en los artículos 142 y 143 de la Constitución, es decir, diputaciones y otras agrupaciones de municipios (comarcas, consejos comarcales,áreas metropolitanas,etc.).

20. *Por falta de necesidades administrativas y territoriales, no la han firmado San Marino ni Mónaco. Andorra lo firmó y ratificó en octubre de 2010.*

Por lo tanto, puede comprobarse que la vocación del texto de 1985 trasciende al estricto ámbito local, entendiendo que sus mandatos pueden bien transferirse a las entidades regionales a falta de otro texto más adecuado. La mención es expresa y no da lugar a dudas: "Entidades locales o regionales" . Es decir, de alguna forma el legislador del Consejo de Europa era consciente de que las entidades sub-estatales intermedias debían tener algún tipo de cobertura jurídica.

Es menester subrayar, por otra parte, que entre los últimos países en ratificar el Convenio se encuentra Francia -2007-, Bélgica - 2004-, Suiza -2005-, y Montenegro -2008-. En el caso de Suiza su demora a la hora de ratificar el convenio se debe a la notable particularidad de su sistema local. Su Tribunal Constitucional entiende que la municipalidad es la base de la democracia y su punto de arranque, "la unidad básica" del Estado democrático y nivel o pieza de la administración susceptible de protección especial (Piguet, J.M.: 1992: 150) y cuya autonomía o capacidad de gestión no procede del poder del Estado federal sino de los Cantones -regiones-. En el caso de Francia las reticencias a la firma del convenio vienen de su tradicional tendencia a la centralización, como demuestra su declaración –objeción- al artículo 3, párrafo 2, por el cual se debe dar a los estados la posibilidad de componer o nombrar directamente órganos ejecutivos como respuesta a las asambleas consultivas elegidas en el seno de un órgano territorial. Por último Bélgica, no ratificó el Tratado hasta que no se aseguró que dicho convenio, en su caso, limitaba su ámbito de aplicación a "municipios y provincias", dejando muy claro de esta forma que el derecho a autonomía local, no era predicable ni para regiones ni para otro tipo de agrupaciones administrativas[21]. Parece ser, en este último caso, que la ratificación del convenio no pudo sustraerse de la considerable tensión originada a partir del diverso concepto que sobre su propio estado mantienen las comunidades de Valonia y Flandes, principalmente, a la que se ha ido sumando luego la Región de Bruselas. Y es que desde 1970 el mapa político y territorial belga se halla en continua discusión y transformación, "aunque Bélgica se fundó como un estado unitario, el país ha vivido un

21. *List of declarations made with respect of treaty nº 122.Status as of 27/11/2012.* http://conventions.coe.int/Treaty/Commun/ListeDeclarations.asp?NT=122&CM=7&DF=23/08/2010&CL=ENG&VL=1.

proceso federalista desde 1970, y ahora es un estado federal formado por regiones y comunidades autónomas. El proceso federalista sigue en marcha pero modificar la Constitución no va ser tan fácil. Puntos de vista políticos conflictivos y diferencias culturales, entre, principalmente los gobiernos flamencos y valón han llevado, en los últimos años, a un punto muerto. En los últimos años la Región de Bruselas también ha emprendido pasos hacia una mayor autonomía" (Cardoen, M.: 2011:1). La creciente complejidad competencial en la distribución del poder en Bélgica pues, no ha ayudado a que sobre este tema, la autonomía local y regional, o sobre otros relacionados, se pueda llegar a ningún acuerdo con facilidad. El contenido de la autonomía regional resulta en este contexto un tema demasiado sensible como para manifestarse de forma categórica y unitaria.

En definitiva, la Carta Europea de Autonomía Local y en cuanto a la autonomía regional se refiere, constituye el primer instrumento jurídico en vigor que mejor podría representar el concepto europeo de la autonomía regional en cuanto que es el primer texto normativo del que podría emanar y porque se ha firmado por la práctica totalidad de los países del continente europeo. La autonomía regional queda amparada a partir del artículo 4.3 en cuanto que establece un principio de atribución de competencias, a cualquier autoridad dentro de un estado, basado en la cercanía al ciudadano, siempre que se tenga en cuenta la amplitud de la tarea y la necesidad o la economía de la medida a tomar. Por tanto, dicho principio se extiende al nivel regional. Por otro lado, la Carta es perfectamente aplicable a otras entidades sub-estatales siempre y cuando el Estado firmante lo declare de esta forma. En los estados que de esa forma lo han decidido sus normas son de aplicación directas y reclamables ante los tribunales ordinarios, por lo que, al menos en esos países, la autonomía regional en su vertiente competencial es perfectamente defendible desde el articulado de la Carta.

No obstante, debe reconocerse que la aplicabilidad a las regiones a través de su artículo 13 no deja de ser una posibilidad, que si bien es del todo válida a la vista del texto, si viene algo forzada desde su espíritu. Y es que "la autonomía regional es un poco más amplia que la local y se justifica en función de sus destinatarios. "Recolocar" una región en el marco de la autonomía local puede llegar a ser artificioso e ir en contra del sentido de la autonomía regional que emerge con muchas dificultades" (Beltrán García, S.: 2009: 5).

De todos modos, al hilo de la coexistencia entre autonomía local y regional en un solo texto como la Carta Europea de Autonomía Local, cabe preguntarse sobre la notoria diferencia a la hora de verlos formalmente reconocidos en el ámbito jurídico internacional. Resulta curioso que el reconocimiento del derecho a la autonomía local, no haya tenido problemas excesivos a la hora aceptarse su existencia, mientras que en el caso de la autonomía regional todavía hoy en día se cuestiona su reconocimiento a nivel europeo. La razón de esto último puede deberse a dos factores: primero, por cuanto el municipio es la comunidad política básica y primigenia, de raíces históricas muy profundas en la historia[22] y, desde luego parece que bien anteriores a las del Estado-nación, con lo que no tendría mucho sentido negar su existencia y sus derechos básicos, los cuales pueden verse remontados a muchos siglos atrás sin necesidad de nuevas formulaciones. En segundo lugar, al contrario de lo que sucede con las entidades regionales, no puede hablarse de que exista excesiva rivalidad a la hora de repartirse competencias entre municipios y estados, en cuanto es obvio que sus objetivos y terrenos funcionales son ciertamente distintos y poca discusión se admite al respecto. Y todavía una tercera razón de peso cabría añadir a las dos anteriores: estado y municipio se complementan y no se discuten. Es decir, resulta –casi- imposible que un municipio aspire, por decirlo así, a ser un Estado, ni sus dimensiones ni su historia le permiten semejante formulación política, cosa que no sucede con una región, cuya superficie territorial y, en algunos casos, su trayectoria histórica y su complejidad, sí le podrían colocar en una situación muy proclive a un reconocimiento internacional de su existencia como comunidad política diferenciada a la de un estado previo del que se separa, como de hecho ya ha ocurrido en algunos casos por razones diversas.

Con ello, el reconocimiento de la autonomía local a nivel europeo, no era un asunto que encerrase especial dificultad en términos políticos. Al contrario, dentro del proceso político de construcción europea, resultaba un paso casi

22 *En cuanto al caso español, "debe estarse de acuerdo con el autor –Orduña Rebollo- en el origen medieval, al hilo de la reconquista del territorio ocupado por los árabes, de nuestro municipio, sin perjuicio de la actuación en su formación de elementos heredados de la cultura greco-romana"(Parejo Luciano, A: 2003: 22).*

justo y necesario sin consecuencias de especial relevancia, especialmente para los estados. No resulta inquietante en absoluto para el Estado central una nómina más o menos extensa de competencias para un municipio dada su escala de influencia ni la extensión de su territorio por muy amplio que éste sea. Al contrario, el nivel de detalle en la prestación de servicios que presta un ayuntamiento es inalcanzable para el estado central y tampoco tendría mucho sentido que éste persiguiera acceder a ese nivel de detalle en la gestión. Pero no ocurre exactamente lo mismo cuando hablamos de región y de la implantación del principio de autonomía regional, de cuyo reconocimiento expreso sí que pueden derivarse consecuencias políticas cuyo control podrían escapar al ámbito de decisión de un estado, y en algunos casos, podría conducir una delicada sensación de bilateralidad que muy pocos de estos estados quieren afrontar a nivel interno e internacional. Es decir, en principio, para los estados no es tanto el problema de un hipotético reconocimiento del principio de autonomía regional –que está ahí y no se puede negar, dados los continuos intentos de configurarlo a nivel europeo como se va a observar en las siguientes páginas-. El verdadero problema es que, una vez fijado ese principio y luego -hipotéticamente- convertido ya en norma positiva internacional, el estado dejaría de ser de inmediato el único intérprete de lo qué es y de lo qué no es materia de autonomía regional, lo que no deja de ser una delicada concesión política en términos de soberanía nacional.

Hasta ahora, ése era terreno vedado para nadie por ser parte de la "estructura política fundamental de cada estado" -utilizando los términos leídos en el artículo 4.2-, el estado podía controlar así el ritmo del proceso de devolución de competencias hacia las regiones -si es que deseaba iniciarlo- sin necesidad de normas externas que lo cuestionasen o incluso, supervisaran, como de hecho ya sucede en otros terrenos como el presupuestario, el financiero, el comercial, el de seguridad interior o el fiscal. Una vez que la autonomía pasa a ser un principio general reconocido por el derecho público europeo, ese monopolio estatal sobre la interpretación del proceso devolutivo se acaba de inmediato, las regiones se convierten en sujetos de derecho con competencias cuyo respeto es absolutamente obligatorio por parte de los estados y demás agentes de derecho internacional.

La diferencia entre uno y otro tratamiento en el ámbito jurídico internacional se hace todavía más palpable si tenemos en cuenta que, a partir de la Carta Europea de Autonomía Local e inspirado en ella, se está trabajando ya desde hace más de quince[23] años por un texto que reconozca jurídicamente el principio de autonomía local más allá de Europa, a nivel mundial. Se trata del "Initial Draft Text of a World Charter of Local Self-Government" dentro del Programa de de Naciones Unidas "Agenda 21" y el Programa "Hábitat 21". En la actualidad, aunque el proyecto sigue en fase de desarrollo, no ha dado todavía ningún paso importante recientemente.

I.2.- Aproximación al contenido de la autonomía regional según el Proyecto de Carta Europea de la autonomía regional

Tras la Carta de la Autonomía Local, desde el Congreso de Poderes Locales y Regionales se insistió en la necesidad de ver un texto jurídico vinculante que recogiera el contenido y reconociera de forma expresa la autonomía regional. La necesidad resultaba clamorosa pues cuanto mayor era el grado de integración de las políticas europeas, tanto en terrenos políticos como en económicos y sociales, más patente se hacía el vacío que se daba al respecto. Las regiones se venían revelando desde hacía décadas como agentes responsables de primer orden en la ejecución de las políticas públicas, tanto nacionales como ahora europeas, sin que por el contrario pudieran contar con un estatuto jurídico internacional que reconociera ese papel fundamental, así como la legitimidad y representatividad democrática de que venían investidas y que justificaban el alcance de sus competencias.

Fue el Congreso de Poderes Locales y Regionales (CLRA) el que, en mitad de este contexto y con la obligación de conceder visibilidad a las necesidades del regionalismo europeo, adoptó a la postre el proyecto de Carta Europea sobre Autonomía Regional de 1997. Dicho proyecto fue el resultado de una resolución impulsada por los Jefes de Estado en su 1ª cumbre de Jefes de Estado y de Gobierno del Consejo de Europa, celebrada en Viena en 1993 (Rabe, P.: 1997:1).

23. http://www.gdrc.org/uem/mea/local-charter/charter.html.

Unos meses antes, y respondiendo a una invitación que provenía del Cantón de Ginebra, el Congreso de Poderes Locales y Regionales[24] celebró una conferencia que llevaba por título: "Regionalización en Europa: evolución y perspectivas de futuro". La conferencia pretendía erigirse en una mesa de reflexión conjunta y en el nuevo impulso que requería el regionalismo para mejor afrontar los nuevos retos de la Europa de fin de siglo. Las conclusiones de esta conferencia devendrían a la postre en el germen del nuevo proyecto sobre autonomía regional. Es decir, que el proyecto señalado y que clama por el reconocimiento de la autonomía regional, impulsado por dicho Congreso ya en una de sus primeras resoluciones, la número 8, en su sesión inaugural de enero de 1994, tiene su primer gran aval en una cumbre de jefes de Estado, lo que no era en absoluto un mal comienzo si atendemos al nivel superior de sus garantes. Y el apoyo inicial de los estados a la institución regional no resultaba en absoluto una extraña paradoja, porque si se analiza detenidamente, en el Proyecto subyace en todo momento, por debajo de su marcado regionalismo, el espíritu de respeto hacia el poder que irradia la integridad territorial del estado.

Desde este punto de vista, es algo así como dos extremos de una tira elástica, región y estado, dos fuerzas que caminan en direcciones opuestas pero que no pueden, a la vez, dejar de mirarse constantemente. Ya en 1980, incluso en países de fuerte tradición centralista y centralizadora se reconocía la necesidad de que el principio de autonomía partiese lógica y principalmente del impulso normativo del Estado y no al revés. François Mitterrand describía esta necesidad con una rotunda expresión: "Francia requirió para construirse un gobierno centralizado. Ahora, necesita de poderes descentralizados para evitar su desintegración" (Rabe, P: 1997: 1). Y es que el Proyecto viene alumbrado por la necesidad que desde los Estados se observa, de reconocer, de forma progresiva, el papel de las regiones, no sólo como elemento integrador de la construcción europea o como aplicación lógica del principio de subsidiariedad, sino también y principalmente como germen de posibles conflictos que pueden amenazar hasta la misma existencia del estado y que merecen ser atentamente vigilados. De tal manera que, si como en su día

24.*Que hasta entonces respondía al nombre de Conferencia Permanente de Autoridades Locales y Regionales de Europa.*

apuntó Mitterrand de forma profética, es el Estado el que toma la iniciativa en el proceso devolutivo del poder, siempre tendrá más garantías de controlar y fiscalizar un desarrollo de la descentralización que si por el contrario deja que el proceso fluya desde sus propios impulsos.

A la luz de los comentarios del dirigente francés no deberíamos perder de vista el contexto histórico en el que este Proyecto toma forma. Si bien se gesta a la luz del Tratado de Maastricht y la consagración del principio de subsidiariedad como uno de los ejes centrales del derecho originario europeo, recogido también en este texto, el Proyecto se elabora entre mediados de 1994 y el 22 de marzo de 1996, fecha en la que se presenta en público un primer borrador, ya muy acabado, en Hannover (Alemania), habiendo sido gestado por tanto en medio de la grave inquietud que en toda Europa -y el resto del mundo- causó la conflagración entre Serbia y el resto de las repúblicas que formaban la antigua Yugoslavia. Es decir, bajo la sombra de las consecuencias más nefastas y radicales del los conflictos independentistas[25].

Bajo estos parámetros de tiempo y lugar no es extraño que se elaborara una Carta que buscara con esfuerzo un punto equidistante entre las aspiraciones de las regiones y el respeto a la soberanía del estado. Se trataba, a fin de cuentas, de acceder a uno de las anhelos que mantenían las regiones, que ya venía siendo lógico y necesario desde la aparición de la Carta Europea de Autonomía Local de 1985, pero con limitaciones adecuadas a la propia morfología de cada uno de los sistemas regionales. Queremos decir con ello, que era – de hecho todavía lo es- difícilmente sostenible que, tratándose de entidades de gobierno autónomo, tal y como lo son a su nivel las municipalidades, no pudieran disponer al igual que éstas de un derecho a ver reconocida su capacidad de gobierno sin que se vean alteradas sus competencias de forma artificiosa. Se trataba de un paso obligado, si se me permite decir, casi de justicia material. En pocas palabras, ¿por qué reconocer el derecho a la autonomía de los entes locales y no el de las regiones?

25. *Aparte de estas conflagraciones, desde un punto de vista más estrictamente político, tres procesos de regionalización, en estados europeos de gran dimensión e importancia política, estaban en pleno debate y desarrollo en la hora de elaboración del Proyecto: Italia, Rusia y Polonia. Sobre todo en el caso de Rusia, se esperaba que la elaboración y aprobación del proyecto fuera una influyente "contribución y un factor de estabilización" al proyecto de regionalización, habida cuenta el enorme peso específico del estado ruso y la vital importancia que el equilibrio político y paz social en el conglomerado regional ruso suponía para el futuro de esa nación y de Europa en su conjunto. Informe Peter Rabe. Draft Explanatory Report on the draft European charter of regional self – government. CPR (4) 4 II Part II.* https://wcd.coe.int/ViewDoc.jsp?Ref=CPR(4)4.

No tenía ningún sentido en aquel contexto no mirar a las entidades regionales como tributarias de idénticos mecanismos de protección, con igual libertad de acción, que el resto de niveles de gobierno, máxime cuando el protagonismo de las entidades regionales en los esquemas contemporáneos de gobernanza iba incrementándose en la misma proporción en que evolucionaba en el proceso de integración europeo. Se trataba, pues, de completar de forma racional y adecuada la arquitectura de las estructuras de poder existentes, de imprimir cierto criterio jurídico a una clamorosa omisión que de hecho, al día de hoy, sigue sorprendentemente vigente. Los parámetros históricos señalados modularon y frenaron, en nuestra opinión, un definitivo reconocimiento que los legisladores del proyecto entonces vieron necesario que viera la luz. Se trataba de que el proyecto reconociera la necesidad de consagrar el principio de autonomía regional en medio de ese contexto de obligada observancia, pero que se vinculara convenientemente a la existencia de un estado previo. De hecho, respondiendo a este criterio, en el punto ocho del preámbulo del Proyecto se subraya sin ambages:

> "8. Affirming that recognition of regional self-government entails loyalty towards the State to which the regions belong, with due regard to its sovereignty and territorial integrity".

El precepto no puede ser más claro. Cualquier reconocimiento de la autonomía regional pasará primero por "lealtad" previa de la región "hacia el Estado al que pertenece", y "la debida observancia de su soberanía y su integridad territorial". Una lealtad institucional, cuyo concepto, digamos de paso, ya venía contemplado en diversas cartas constitucionales como la alemana, la belga o la española. Y más adelante, para acabar de encerrar el principio de autonomía regional en dirección contraria a las aspiraciones soberanistas de aquellas regiones que quieran ver en el Proyecto un instrumento en el que consumar su objetivo nacionalista[26], se añade un segundo principio, siempre

---

26. *Por nacionalismo se entiende el "movimiento político que, considerando a la nación como centro en torno al que debe girar la vida política, defiende la necesidad de una correlación entre la unidad nacional y la entidad que organiza la política. Esto se consigue dotando a la nación de un Estado propio e inspirando a éste los supuestos valores compartidos por la población, que suelen consistir en una mezcla de elementos románticos y racionales" (Molina, Ignacio: 1998:81). Como apuntaba ya Ortega, "el nacionalismo puede ser de características muy dispares". Se distingue, por ejemplo el nacionalismo étnico, que alude a los "comportamientos que definen a esa comunidad", junto a otro tipo de "rasgos específicos de personalidad empíricamente identificables, como el arte, la música, la literatura, el derecho civil, la cocina, la medicina,..." (Olmedo G.- Parrado, S. (I):2000: 196). También podemos distinguir un nacionalismo liberal, "menos preocupado por el organicismo y acentuando el sentimiento de sociedad, no pretende*

bien esgrimido cuando se habla de regiones, la solidaridad interregional y el desarrollo equilibrado entre las mismas:

> "9. Affirming that recognition of regional self-government should be accompanied by measures to implement solidarity between regions so as to foster balanced development;"

La irrupción del principio general de la solidaridad entre regiones en el preámbulo del texto nos invita a reconocer a través del proyecto de Carta un modelo determinado, no ya solo de autonomía regional, sino de marco superior en el que este principio debe desarrollarse. El estado ya no es sólo garante y origen de cualquier capacidad de autogobierno, sino que además, es el escenario común en el que las diversas regiones comparten área geográfica (económica, sociológica, etc....) y conviven, y sobre el cual ha de verificarse un esquema equilibrado de desarrollo, basado en el principio de solidaridad entre las diversas partes del territorio estatal.

La solidaridad interterritorial -o regional-, no obstante, no deja de ser un concepto jurídico indeterminado (Vega García, A.: 2014: 218) cuyo contenido ha derivado en múltiples debates debido a su carácter claramente económico y muy interpretable según los intereses en juego. Sin embargo, por solidaridad ha de entenderse, si nos atenemos a su visión constitucional desarrollada en el artículo 138.1 de nuestra Constitución, por el "establecimiento de un equilibrio económico adecuado y justo entre las diversas partes del territorio español, y atendiendo en particular a las circunstancias del hecho insular". Es efectivamente por tanto, un concepto claramente económico que de entrada descarta concepciones más amplias como el de la "lealtad federal" entre las instituciones -o *Bundestreue*- que sí viene inmerso en el concepto de solidaridad descrito en la constitución alemana, por ejemplo (Vega García, A.: 2014: 218). El papel que se reserva a nuestro Estado en la constitución es el

fundar la legitimidad del Estado sobre la coherencia con el legado cultural previo del territorio sobre el que se proyecta. Se orienta hacia la regeneración de la nación con un programa político guiado por reformas de futuro y donde la nacionalidad se justifica permanentemente, de acuerdo con Renan, por la implicación en ese proyecto y no por la pertenencia a ningún grupo étnico predeterminado" (Molina, Ignacio: 1998: 81). El independentismo será la consecuencia política última del nacionalismo político llevado a su máxima expresión –si bien no todos los independentistas se definen como nacionalistas-, toda vez que propugna la separación del territorio al que consideran su nación del Estado al que se circunscribe. Por su parte, Andrés de Blas Guerrero considera que, "la nación que sirve de soporte a los movimientos nacionalistas se caracteriza por unos rasgos mínimos indispensables: la memoria de un pasado común, la existencia de unos lazos lingüísticos y culturales que facilitan un grado de comunicación aceptables entre los connacionales y la conciencia de una igualdad básica entre todos los integrantes del grupo nacional, que se ven a sí mismos como miembros de una misma realidad social" (De Blas Guerrero, A.: 1995: 26).

de velar y garantizar que dicho equilibrio económico entre los diversos territorios se lleve a efecto, lo cual sugiere que en realidad la solidaridad es por tanto entre administración central y comunidades autónomas, dado que es el Estado el que recauda y reparte los recursos y no una solidaridad que se verifique directamente entre comunidades autónomas (Vega García, A.: 2014: 216). Esto supone una nueva diferencia con el modelo alemán, en donde los *länders,* e incluso los municipios, disponen de capacidad compartida con la federación a la hora de recaudar impuestos y asignar recursos, sin duda un sistema que parece ajustarse mayormente a lo que es solidaridad interterritorial e institucional.

Pero en este proyecto de Carta no se define qué se entiende concretamente por solidaridad interterritorial, dejando su contenido para las legislaciones nacionales. Lo prioritario era, pues, que figurara dicho principio y que después se desarrollara de la forma más conveniente para cada uno de los estados miembros. Es por ello por lo que aparece esta fórmula general del principio de solidaridad.

Y en cierto modo parece lógico que, sea del modo que sea, aparezca como fundamental el principio de solidaridad en el proyecto de Carta, puesto que teniendo como telón de fondo el proceso integrador europeo, cuyo uno de sus fines básicos es asegurar un desarrollo territorial equilibrado entre los estados miembros como método eficaz de asegurar la estabilidad económica y la paz social en su territorio, lo normal es que esa solidaridad se irradie a su vez por todos los espacios políticos intermedios que configuran las diversas regiones. Y es que difícilmente puede haber un desarrollo equilibrado a nivel europeo, entre estados, si primero no lo hay entre sus múltiples regiones a nivel interno.

De hecho, un análisis pormenorizado de cualquier tipo nos dará como resultado que las diferencias de desarrollo a nivel europeo son todavía en algunos casos muy ostensibles[27], aún reconociendo las mejoras notables que se han verificado en las últimas décadas. Y esto es todavía más válido si el

---

27. *En el año 2008, según EUROSTAT, el PIB por habitante, expresado en términos de capacidad de compra estándar, fluctuaba entre los 343 % de la región Inner London - siendo la media EU 27 de 100-, y el 28 % de la región Severozapaden, en Bulgaria, o el 29 % la región Nord- East de Rumanía.* http://epp.eurostat.ec.europa.eu/cache/ITY_PUBLIC/1-24022011-AP/EN/1-24022011-AP-EN.PDF

área escogida se amplia a los países miembros del Consejo de Europa, en el que las diferencias, no ya norte-sur, sino este-oeste, son todavía más notables. El hecho, por otra parte, de que las regiones actúen en red de cara a la consecución de sus objetivos comunes, frente a los estados y la propia Unión Europea (o Consejo de Europa), aconseja que las regiones –con o sin competencias legislativas- se coloquen y cooperen, en medio de un entorno presidido por el principio de solidaridad, en reclamación de sus intereses compartidos.

El principio de subsidiariedad, concepto cuya primera formulación y más sólida aparece ya en el artículo 4.3 de la Carta Europea de Autonomía Local – del que ya se ha hablado con anterioridad-, se convierte desde entonces en una de las piedras angulares y vértice comprensivo de lo que puede significar el proceso de integración europea, especialmente si hablamos de regiones. La importancia de su significado para el proceso de integración la podemos comprobar si acudimos a la letra del Preámbulo, así como de los artículos 1 y 5.3 del Tratado de la Unión Europea. Pero por su parte, en esta Carta "no nata" del 97, dicho principio se encuentra destacado principalmente en el preámbulo, en su punto cuarto:

> "4. Convinced that the principle of Subsidiarity is a major contribution to the development of democracy in Europe on the basis of the equal legitimacy of the different levels of authority: local, regional, national and European;"

Y es menester señalar cómo este artículo basa la subsidiariedad en la idéntica ("*equal*") legitimidad de la que disponen los diferentes niveles de gobierno: local, regional, nacional y europeo, lo que no deja de resultar chocante si enfrentamos esta afirmación con la categórica y generalizada convicción de que la soberanía estatal está por encima de cualquier otra legitimidad. Por tanto, el principio de subsidiariedad y el principio del respeto a la soberanía de los estados, junto con el principio marco de solidaridad interterritorial, son los márgenes entre los que se va a mover el desarrollo legislativo del Proyecto en todos sus aspectos. De esa forma, el Proyecto se fundamenta en principios sólidos, que hace a su vez principios constructores para el desarrollo de la integración europea: la democracia, la solidaridad, la subsidiariedad, el respeto a la ley y la lealtad al estado y la construcción europea[28].

Mención aparte merece la definición de entidades regionales que hace el texto ahora analizado. De su lectura queda claro que el concepto que ofrece el artículo 3.1 de la Carta se ocupa especialmente de que quede bien delimitada la posición, dentro de la jerarquía de poder, de las entidades regionales, es decir, situadas entre el gobierno central y las autoridades.

Hasta ahí no parece haber reserva alguna. La añadidura es lo que podría suscitar resquemores entre ciertas cancillerías de tradición más centralista, "el derecho y la capacidad", "disfrutar de la prerrogativa de administrar en interés de sus pueblos de una sustancial participación en los asuntos públicos –nuevamente- de acuerdo con el principio de subsidiariedad", y sobre todo, la reserva hacia una posible definición de "región" que el redactor del texto decide aparcar para una mejor ocasión. Ciertamente ha de admitirse en descargo del legislador que no era tarea fácil dar con una definición de región o de entidad regional que pudiese satisfacer a todas las delegaciones -recordemos que ya en el principio de este trabajo pudimos apreciar la dificultad de esta operación conceptual y que en buena parte sigue aquí sin resolverse-, y el ponente de la exposición de motivos del texto preliminar -o borrador- del proyecto así lo deja claro en varias ocasiones, prefiriendo en el mejor de los casos introducirse en el concepto a través de las funciones del ente regional[29].

La definición pues, lejos de contar con una cláusula de cierre, en sus parágrafos finales admite varias interpretaciones, lo cual ya era el objetivo del legislador. Pero a la vez y sin poder evitarlo admite el reconocimiento de parcelas de poder realmente importantes para las regiones, y desliza hacia la esfera de éstas unas cuotas de legitimidad, basadas en la subsidiariedad, que cuando menos invitan a la reflexión, en tanto que desde esa óptica, la mayor

---

28. "*La filosofía de este proyecto es que las regiones deben jugar un papel relevante en el proceso de construcción europea*" (*Deop M., X.: 1998: 435*).

29. "*We should welcome the authors not to define a region – a task which would moreover have been very difficult since theorists can not agree on the subject- and so leave accession to the charter open both to states which already have regions and to states where regionalisation is in progress. A precise definition would in a way have been tantamount to imposing a given form of region, which would have been undesirable and, in any case, would certainly be unacceptable for certain states". Explanatory Memorandum by the Rapporteur. Preliminary Draft of European Charter of Regional Self -government. 7 de marzo de 1997. Doc. 771. Parliamentary Assembly of Council of Europe. http://assembly.coe.int/ASP/Doc/XrefViewHTML.asp?FileID=7689&Language=EN*.

parte de las tareas de gobierno podrán acabar descansando en una legitimidad creciente que se desplaza sin contemplaciones hacia la esfera de poder de las entidades regionales. Parece ser que así fue, el artículo 3.1 debió ser el precepto que sin duda pudo levantar mayores reticencias, y puede que todavía impida en gran parte la aceptación de muchos de los estados al texto:

> "Article3.1.
>
> Principle. Regional self-government denotes the right and the ability of the largest territorial authorities within each State, having elected bodies, being administratively placed between central government and local authorities and enjoying prerogatives either of self-organization or a type normally associated with the central authority, to manage, on their own responsibility and in the interest of their populations, a substantial share of public-affairs, in accordance with the principle of subsidiarity."

Efectivamente, estamos ante una definición acaso demasiado abierta en su formulación en la que caben todo tipo de entes regionales, desde aquellas regiones que se manifiestan como meros entes delegados del aparato administrativo central, con competencias casi residuales, hasta las regiones con cámara legislativa propia y serias aspiraciones soberanistas. Esta difusa expresión del concepto, que sus redactores juzgaron en principio como ventajosa por su vocación de inclusión y consenso, luego resultó ir en contra del reconocimiento de la autonomía regional, ya que tal indeterminación devino en una traba definitiva. Y es que un planteamiento tan genérico era obvio que podría dar cobijo, tanto a las propuestas más extremas desde el punto de vista nacionalista, como a los defensores del centralismo a ultranza, sin dejar a nadie realmente satisfecho. Sin embargo, debemos señalar que para otros autores no es así, para ellos la definición expuesta es prueba de una máxima flexibilidad, vista ésta solo como una ventaja, por cuanto en el precepto "no se define el término región, aunque sí se indican algunos elementos necesarios" (Deop Madinabeitia, X: 1998: 431)[30]. En el párrafo segundo del artículo

30 *El citado autor observa otras muestras de la flexibilidad del texto: A) las remisiones constantes al derecho interno de los Estados para la regulación de cuestiones importantes de la autonomía regional, tales como el ámbito competencial, la cooperación transfronteriza, la financiación, la responsabilidad del ejecutivo regional ante la asamblea,...B) La existencia de artículos "a la carta", ofreciéndose a los gobiernos la posibilidad de elegir en algunas materias los medios que considere más oportunos. C) la posibilidad de interponer reservas a determinados artículos. (Deop M., X.:1998:432). Sin embargo, no estamos de acuerdo con esta consideración, ya que, como bien se dice, el mismo exceso de asuntos a incorporar (o no) por parte de los estados contratantes del pacto, es decir, el nivel de detalle del texto, sin duda un amplio abanico de asuntos reclamables en el futuro por parte de las regiones, es lo que mueve a los estados al escaso apego por el proyecto. En segundo lugar, el artículo 20 indica los únicos artículos a los que los estados pueden oponer reservas: a) artículo 4.4 la ejecución de las regiones de materias que son*

señalado, se añade una cláusula que pretende delimitar a los parámetros legales convencionales la capacidad de auto-organización de las regiones. Lo hace a través de su remisión al artículo 2 párrafo 2:

> "Article 2. Foundation of regional self-government
>
> 1. The principle of regional self-government shall be recognised as far as possible in the constitution.
>
> 2. The scope of regional self-government shall be determined only by the constitution, the statutes of the region, national law or international law".

La Constitución nacional ("tanto como sea posible"), los Estatutos regionales, la ley nacional y el derecho internacional serán los límites que delimitarán la extensión del autogobierno de las regiones. Es probable que la mención a la posibilidad de que sean también los tratados internacionales los que puedan coadyuvar a completar el contenido de la autonomía haya contribuido en buena medida a recelar un poco más del proyecto de Carta. La mera y remota posibilidad de que escape al control de las leyes nacionales los perfiles del autogobierno es una cuestión siempre muy espinosa. Sin embargo, gran parte de estas reservas deberían cesar si tenemos en cuenta que resultaría ciertamente extraño contemplar un tratado internacional, que a la postre debe ser ratificado siempre por el estado, que dejara de lado una remisión al respeto a la soberanía nacional y a la integridad territorial nacional, como lo hacen sin ir más lejos esta propia Carta y los tratados de la Unión, entre ellos el mismo tratado de la Unión Europea.

Así es, resulta algo descabellado considerar, en principio y a la vista de los textos más cercanos, que el Derecho Internacional Público vaya a modificarse en sus planteamientos básicos, como son el principio de igualdad jurídica de los estados y el de la no intervención en asuntos internos, lo que entraña un respeto a la integridad territorial de los mismos y a su forma de organización política, elementos todos ellos irrenunciables para el estado actual. Pero, no obstante, también es verdad que el nacimiento –frustrado- de esta propia

competencia del gobierno central, b) artículo 8.2, órganos transfronterizos capaces de tomar decisiones; c) artículo 10.3, la inclusión de representantes regionales en las delegaciones estatales en las instituciones europeas; artículo13.3, la potestad de las regiones de determinar las condiciones de servicio de su personal. Puede comprobarse, entonces, como, al final, el elenco de posibles reservas por parte de los estados en el presente proyecto es menos amplio de lo que sería deseable para la necesidad supervisora de un estado sobre sus regiones.

Carta, y en gran parte el de la Carta Europea de Autonomía Local –en lo que al derecho a la autonomía de las regiones se refiere-, demuestran que siempre puede haber una posibilidad cierta para las aspiraciones de las regiones, hacia un reconocimiento internacional.

Por otro lado, es lógico que el texto se refiriera, tanto en virtud del principio de subsidiariedad como por el mismo desarrollo competencial del ente administrativo considerado a la posibilidad, la capacidad y el derecho de las regiones a su desarrollo funcional en todo aquello que tenga ver con su interés, en tanto en cuanto no se trate de competencias expresamente atribuidas a otros niveles de gobierno, según el artículo 6.1 (recuérdese que este derecho ya pudimos verlo concretado en la Carta Europea de Autonomía Local). Y es desde esta consideración normativa, la del derecho a que su autonomía se proyecte en todos aquellos asuntos de interés regional, desde donde debe observarse la capacidad de las regiones a ser no ya simplemente informadas, sino objeto de delegación e incluso participantes activos en los procesos de decisión que les incumba, a tenor del artículo 9 de este texto:

> "Article 9.Participation in State affairs.
>
> 1.-In so far as rules adopted at central government level may alter the scope of regional self-government or affect the interests of regions, regions shall be able to participate in the decision-making process."

Ese derecho a la participación se ve naturalmente modulado por los límites que marque la constitución del Estado, pero no deja de llamar la atención lo profundo del alcance propuesto, concretamente: en todo aquel conjunto normativo que provenga del nivel central de gobierno y "que pudiera alterar el ámbito del autogobierno o que pudiera afectar al interés de las regiones". En sintonía con este avanzado propósito se incardina la propuesta de las regiones en los asuntos internacionales, siempre en la esfera de decisión que pueda afectarles. Dice así, su artículo 10:

> "Article10. Participation in European and international affairs
>
> 1. Regions shall have the right to participate or be represented, through

> bodies designed for this specific purpose, in the activities of the European institutions.
>
> 2. Regions shall at least have the right to be consulted by their national government whenever their State is negotiating the conclusion of an international treaty or the adoption of some other instrument within the framework of a European organisation which may directly affect their powers or their fundamental interests. The same shall apply whenever the implementation of rules adopted at European level may be their responsibility.
>
> 3. National governments may involve regions in the negotiating process, notably by including regional representatives in the national delegations.
>
> 4. In order to promote or defend their interests, regions shall have the right to set up, either individually or collectively with other regions or local authorities, liaison offices vis-à-vis other regions or local authorities or vis-à-vis international organisations – in particular European organisations – which are active in their spheres of competence".

Como puede bien comprobarse, el precepto trata de reconocer la participación de los entes regionales en asuntos e instituciones europeos, tanto en procesos ascendentes como descendentes, es decir, en procesos decisorios de formación de voluntad, a través de su presencia directa o, en el peor de los casos, a través de su representación en los órganos diseñados al efecto y siempre, entendemos, con derecho a consulta, como asimismo llevando a efecto la implantación de las políticas generadas desde Bruselas[31]. Es por tanto, también un precepto ambicioso en cuanto introduce de lleno a las regiones en los procesos decisorios que les incumbe, casi en plano de igualdad con los estados, lo que constituye una formulación que casi con toda seguridad debía ser recibida con las mayores reservas.

Acaso la expresión de esta atrevida enunciación sea contemplada en el párrafo segundo, en el que lindando con la capacidad máxima, colocando a las regiones en un estado de práctica bilateralidad con respecto a los estados, exige a éstos el deber de consultar a las regiones en la negociación o la

---

31. *"Colaboración que se impuso tras la aprobación por la Comisión de la Gobernanza Europea. Un libro Blanco, de 25 de julio de 2001, COM (2001) 428 Final, en el que se comprometía a establecer un diálogo con los representantes de los organismos regionales en una fase previa de la elaboración de las políticas" (Beltrán, S: 2009: 8).*

conclusión de tratados internacionales y en la adopción de cualquier otro tipo de instrumentos en el marco de las organizaciones europeas que les pueda afectar a sus competencias a sus intereses más sensibles y fundamentales[32].

Pues bien, esto viene a ser lo mismo que decirle a los estados que verán seriamente limitada su capacidad de obrar, su poder autónomo de decisión, casi nada menos que el núcleo duro de lo que representa su soberanía allí donde mayormente ha de manifestarse, a la hora de negociar y firmar tratados internacionales, lo que es decir, limitar su capacidad de acción en el marco natural donde más debe expresarse la esencia de un estado, que es en el ámbito internacional y en el terreno de sus tratados. No puede extrañar que por este planteamiento sea igualmente rechazado el texto en su conjunto. En definitiva, el Proyecto de Carta Europea de Autonomía Regional de 1997 debe catalogarse como un ambicioso intento de formular el contenido de la autonomía regional. No obstante se trató de una propuesta valerosa que de forma paradójica cerró casi definitivamente el reconocimiento de la autonomía regional predicable de las regiones dado que invadió en exceso el terreno decisorio de los estados, cuyas cancillerías reaccionaron cerrando la puerta a su entrada en vigor.

Entendemos que es muy posible que, pese a la gran valía de sus previsiones –asumiendo sus defectos- se trata de un texto que quizá acudiera al terreno de la negociación en un estadio histórico un tanto prematuro; los estados, muchos de ellos todavía en pleno proceso devolutivo de competencias a las regiones, no se hallaron ni "psicológica" ni políticamente preparados para su adopción. Un marco de relaciones más estrechas y francas, en estadios históricos posteriores, entre estados y regiones, en los que ambos se vean definitiva y mayoritariamente realizados en su esfera competencial y política podría facilitar la adopción de un texto de esta naturaleza.

32. *En este punto Deop M., X. apunta a la necesidad de que para darse una auténtica autonomía regional, los entes sub-estatales requieren de la capacidad necesaria y real de participar en este tipo de decisiones y hacer oír su voz (Deop Madinabeitia, X.: 1998: 441).*

AUTONOMÍA REGIONAL en el **PROYECTO CARTA E. AUTONOMÍA REGIONAL, 1997. CdE.**
Entidades sujeto del proyecto: Regiones. Región: Territorio administrativamente situado entre el Estado central y los entes locales, que contando con cuerpos de representación democráticamente elegidos y prerrogativa de auto-organización, gestionan, asociados al Estado central, y bajo su responsabilidad, determinados asuntos públicos que en interés de sus administrados y bajo el principio de subsidiariedad.
Contenido autonomía regional: - Orden interno. Autogobierno regional. Competencias propias (art.4). Establecidas por la Constitución, Estatuto, ley nacional o el Derecho Internacional. Competencias delegadas (art. 5). Pertenecen al Estado y son transferidas. Competencias residuales (art. 6.1). No específicamente asignadas a ninguna administración. - Orden externo (arts. 8 y 10). Cooperación inter-regional. Cooperación transfronteriza. Gestión y ejecución asuntos europeos. - Orden interno/externo. Participación en procesos toma de decisiones en materia de su interés, y/o consulta 8art.9). -Principios competenciales: Autonomía Financiera (art. 14.3) y Autonomía Institucional. (art. 11) principio de auto-organización regional.
Principios informadores de la autonomía regional. - Principio de democracia (Preámb. Pfo.2º). - Principio de subsidiariedad (Preámb. Pfo.2º). - Principio de solidaridad (art. 14.4, 7.4 y 6.2). Carácter económico y político. Solidaridad interna y europea. -Respeto a la Ley y lealtad al Estado (Preám. Pfo. 8º). - Construcción europea. Preám. Pfos. 10 y 11.

Elaboración propia

Hay que añadir, como ya indicamos en su momento, que tampoco la fórmula excesivamente abierta de sus conceptos nucleares, especialmente el de entidades regionales y de autogobierno coadyuvaron a la aprobación del

Proyecto. Es muy probable, en este caso, que enunciados más precisos sobre el objeto de la regulación y su ámbito de actuación hubieran allanado el camino en mucho para la proclamación definitiva de la Carta. La tensión permanente competencial verificada entre estados y regiones requiere sin duda de dictados claros y detallados, que tengan la virtud de sembrar confianza mutua, tanto a nivel interno como en el ámbito internacional, este último especialmente reacio a someterse a espinosos procesos de afirmación nacionalista. En este sentido, es posible que al redactor del Proyecto le faltara cierta perspectiva sobre su realidad histórica y algo más de pragmatismo. Los estados son todavía demasiado proclives al realismo como norma fundamental de conducta; rara vez se ve violentado el mantenimiento del *statu quo* y menos en pro de causas de escaso rendimiento en el corto plazo y que contienen un riesgo muy alto, vistos algunos casos tristemente célebres, de convertirse en conflictos abiertos con los estados matriz de donde pertenecen las regiones.

Merecen una atención especial las observaciones del Informe de J. C. Van Cauwenberghe, de 15 de mayo de 2007, "Un estudio sobre el estado de la regionalización y la prospección del desarrollo del autogobierno regional entre los estados del Consejo de Europa", al hablar del fracaso de este proyecto de Carta detalló (punto 156) cuál fue el abanico de razones por las cuales se dieron numerosas reservas entre los estados contratantes a la hora de adoptar el proyecto, las cuales pueden ser agrupadas en los siguientes puntos:

> -Oposición por entender que la determinación del contenido de la autonomía regional es materia que pertenece a su soberanía nacional.
>
> -Reservas por acumular en algunos casos experiencias negativas, de carácter político o de eficiencia económica o administrativa, en torno a la regionalización.
>
> - Algunos estados defienden como idea una nación fuerte y centralizada con un mercado único en su territorio y no fragmentado.
>
> - En muchos casos las élites políticas centrales intentan mantener bajo su control el poder político, económico y financiero de la nación sin desear ceder terreno a otros grupos o élites periféricas. Las élites centrales temen perder peso específico y capacidad de influencia también en la esfera internacional, sin desear compartir la última palabra en fuentes de financiación y la delimitación de los contenidos de los acuerdos a ese nivel.

Con la importancia creciente de los niveles regionales y la consecuente pérdida de competencias, las élites centrales temen que sus salarios bajen a niveles salariales del personal de las administraciones regionales.

-Temor a los riesgos para la integridad territorial por causa de un desarrollo exacerbado de las regiones autónomas y el posible fomento de tendencias separatistas.

-Riesgo de ver en el proyecto de carta un antecedente en el que basar futuras propuestas que excedan de los intereses nacionales.

-Como podemos comprobar, pues, el informe, basado en el análisis directo de las reservas ofrecidas por los estados miembros en los grupos de trabajo y en entrevistas realizadas con los representantes nacionales en la asamblea parlamentaria, presenta un cúmulo de razones relacionadas, en su mayor parte, con el afán de proteger (o sobreproteger) la soberanía nacional, la integridad nacional, y la capacidad del estado central -y de sus élites políticas y burocráticas centrales- de controlar a las regiones, vigilando siempre de no perder cuotas de poder, ni económico ni político, en ninguno de los terrenos. Pocas veces o ninguna las razones presentadas por parte de los estados miembros, a través de sus ministros en las conferencias respectivas, o de sus representantes en la asamblea parlamentaria, tienen que ver verdaderamente con cuestiones de eficacia o de criterios de gestión administrativa, ni siquiera con motivos que se relacionen con la mejor adecuación del proyecto estatal a objetivos generales. La lucha por conservar el monopolio del poder, o al menos mantener el mayor control e influencia posibles en el territorio nacional, por encima de criterios relacionados con una correcta gobernanza, son las razones principales que abrigaron en su momento los estados para dar la espalda al proyecto de Carta de autonomía regional.

Frente al texto, basándose en esos motivos, las posturas de los Estados miembros cabe agruparlas en cinco aproximaciones, según el mismo autor:

- Los estados miembros que son partidarios de elaborar un instrumento legal europeo de reconocimiento y protección de la autonomía regional en forma de Convención Europea.

- Los partidarios de dicho reconocimiento y protección a nivel europeo, pero a través de una recomendación.

- Los partidarios de dicha protección y reconocimiento pero a nivel nacional.

-Los partidarios de formalizar una simple declaración solemne, sin textos jurídicamente vinculantes[33].

33. *Esta sería la posición del Reino Unido, "que se opone a que la Carta Europea de Autonomía Regional sea un texto jurídicamente vinculante, por considerar que la democracia regional no es un pre-requisito para una democracia moderna".(Beltrán: 2009: 9).*

- Los estados que tienden a ser "neutrales" o a no decidir nada al respecto (Van Cauwenberghe, J. C.: 2007 -1-: 28)[34].

Pese a las profundas discrepancias que transmite la diversidad de posturas alrededor de este proyecto, debe apuntarse al menos que su importancia en el proceso de reconocimiento del principio de autonomía regional es realmente notable. El espíritu de este texto, a caballo entre el deseo de avanzar notablemente en el reconocimiento de la autonomía regional y la necesidad de que dicho reconocimiento sea abrigado por el mayor número de estados posible, se sigue transmitiendo a través de otros instrumentos legales en fase todavía por desarrollar, "se inscribe en la tendencia existente en las instituciones europeas a otorgar un papel más relevante a las entidades regionales y asociarlas al proceso de construcción europea, tanto por su cercanía al ciudadano como por la contribución que pueden prestar al acercamiento a los pueblos europeos, objetivo marcado tanto por el Consejo de Europa como por la Unión Europea (Deop M., X.: 1998: 445)". En ese sentido, la contribución de este Proyecto de Carta Europea de Autonomía Regional al reconocimiento y protección del principio de autonomía regional debe catalogarse como de fundamental por la aportación notable a la profunda reflexión que procuró de cara a la necesidad de ver nacer, definitivamente, un texto legal europeo que reconociera dicho principio.

Finalmente, apuntaremos una reflexión sobre el problema de fondo que subyace en la extrema dificultad afrontada por este ambicioso proyecto para poner de acuerdo si quiera una minoría de países, y que a la postre ha provocado su definitivo fracaso. Y es que debemos pensar que, en ciertos aspectos, los fundamentos teóricos y el espíritu que informó el Derecho Internacional Público apenas han cambiado desde sus inicios, un surgimiento histórico paralelo al que conocieron los estados-nación, orden internacional basado en el concepto de soberanía nacional y el de integridad territorial que se alumbró en la lejana Paz de Westafallia, en 1648, tratado que es considerado como el resultado del primer gran congreso diplomático moderno. Fue entonces cuando "se reforzó la libertad de los estados" (Tusell Gómez, J: 1997: 111) y se implantó el criterio francés de un orden internacional basado

34. *En esta situación se coloca la postura de Noruega, que considera que "la autonomía del conjunto de sus entidades territoriales queda cubierta por la Carta europea de la autonomía local" (Beltrán García, S.: 2009:9).*

en la equidad legal de los estados sin importar su tamaño o su poder, y en la no injerencia en los asuntos internos de cada nación.

Desde entonces hasta bien entrado el siglo XX el estado ha sido el único actor en la escena internacional, sin dejar en ningún momento que los nuevos agentes que se incorporaban a la sociedad global –organizaciones no gubernamentales, organizaciones internacionales, corporaciones multinacionales, administraciones sub-estatales, etc.-, en el marco de un progresivo proceso de mundialización, pudieran participar en la construcción de un sistema normativo mayormente representativo de la nueva realidad sociológica y política planetaria. Con la aceleración de los fenómenos aparejados a la globalización y la complejización de las funciones del Estado del bienestar en la segunda mitad del siglo XX, la irrupción de las regiones -especialmente en el ámbito europeo- en la escena internacional se ha incrementado notablemente, como actores que de facto se relacionan con otros sujetos gubernamentales y no gubernamentales. Sin embargo, esta presencia ya cotidiana no ha tenido reflejo normativo en del derecho de los tratados, y además, basándose en la no injerencia en los asuntos internos de cada estado, el Derecho Internacional, cuya producción sigue monopolizada por los estados, sigue reacio a reconocer derechos a las regiones, por mucho que el ámbito interno esas entidades gocen de autonomía reconocida en sus constituciones.

Este criterio conservador del Derecho Internacional no acaba de casar bien con un concepto de democracia moderna –en el que se incluye el concepto de democracia regional-, en el que todos los niveles de gobierno son depositarios de una porción de legitimidad democrática y representantes políticos de una ciudadanía que les vota regularmente. Tampoco acaba de reflejar la realidad de las cosas si miramos al escenario europeo en el que las regiones tienen una incidencia y un protagonismo crecientes. Por tanto, en consonancia con esa realidad, las entidades sub-estatales deberían ser consideradas de modo progresivo y con las limitaciones lógicas debidas –lealtad al estado y respeto a la soberanía y la integridad territorial-, como sujetos de Derecho Internacional, y por tanto, más tarde o más temprano deberán ver reflejado ese *status* con un estatuto jurídico que les proporcione la autonomía que verdaderamente precisan para conducirse con garantías en el ámbito internacional. Esa clarificación normativa iría también en beneficio de los estados, que al fin contarían con un territorio normativo delimitado, más allá de los principios generales aludidos. Y es que, el temor de algunos estados que supone relacionar, como así sucedió en el caso del Proyecto de Carta de Autonomía Regional, autonomía con secesión, ha paralizado cualquier avance en la dirección señalada, tal y como pone de manifiesto del informe de Van Cauwenberghe. Hemos de añadir, por ello, que el Derecho Internacional Público no se verá completamente acabado hasta que no reconozca los derechos de los nuevos sujetos que se mueven en la escena internacional desde hace ya algún tiempo, entre otros, las regiones.

Desde nuestro punto de vista, no reconocer de alguna forma esa necesaria presencia de las regiones en la esfera internacional, sería por otra parte desconocer la nueva realidad social que nos envuelve. Para comprender el fenómeno de la globalización desde este punto de vista es necesario entender cómo está funcionando el mecanismo de las nuevas sociedades, fuera ya del estricto campo jurídico y político, por el que la ciudadanía siente verdaderamente la necesidad de plegarse a su comunidad política más básica, rechazando mayoritariamente vehículos superiores. "Dado que las culturas nacionales se han ocupado principalmente de la consolidación de las relaciones entre identidad política, autodeterminación y poderes del Estado, son y continuarán siendo fuentes extraordinariamente importantes de motivación ética y política. Además las nuevas redes electrónicas de la información que ahora enlazan el mundo contribuyen a intensificar y reavivar las formas y fuentes tradicionales de vida nacional, reforzando su influencia e impacto. Estas redes posibilitan una interacción más densa e intensa entre los miembros de las comunidades que comparten características culturales comunes, especialmente el lenguaje, y esto proporciona un impulso renovado al resurgimiento de comunidades étnicas y de sus nacionalismos" (Held : 2003: 41; Smith: 1990: 175).

Desde este punto de vista, el Derecho Internacional, protagonizado esencialmente por estados, debería ser capaz, en aras de adecuarse de forma conveniente al momento histórico y evitar así mayores conflictos de toda clase, de reformar sus estructuras y canalizar con racionalidad e inteligencia el nuevo sentimiento de comunidad étnica y básica que muchos de los regionalismos realmente sienten, por encima del sentimiento de pertenencia al Estado-nación, ofreciendo mecanismos adecuados que satisfagan la necesidad de diferenciación que estas comunidades abrazan, máxime si como es patente nos hallamos en un marco histórico en el que "los estados ya no tienen ni la capacidad ni los instrumentos políticos que necesitarían para contrarrestar los imperativos del cambio económico –y sociológico- global" (Held, D.: 2003: 111).

En suma, se puede concluir que a diferencia de tiempos pasados los movimientos regionalistas disponen de una enorme incidencia en el desarrollo de las sociedades actuales y que de su correcta articulación jurídica y política en el engranaje de poder depende en gran parte la estabilidad de los propios estados y de su entorno geográfico regional. No es extraño por eso que desde el Consejo de Europa se haya puesto especial empeño en que la autonomía regional quedase convenientemente perfilada desde el Derecho Internacional. No son pues solo razones de orden democrático las que conducen esa determinación, sino también y a la postre, razones de paz y seguridad internacional. Desde esta doble motivación hay que contemplar el nuevo intento que el Consejo de Europa realizó con tal de ver que la autonomía regional contara con un marco regulador internacional que satisficiera la mayor parte de todos los estados-miembros. En este caso, a fin de lograr ese nivel de aceptación, se intentarán cambios en el enfoque y en la propia presentación del concepto de autonomía regional.

I.3.- Sin mencionar la autonomía regional pero intentando salvarla: el Proyecto de Carta Europea sobre la democracia regional.

Todavía con la experiencia del Proyecto sobre Autonomía Regional del 97 en la mente de sus redactores, nació el texto sobre Democracia Regional, el cual debía rebajar forzosamente sus expectativas para que su letra tratara de ver la luz con mayor fortuna, a la vista de las razones que malograron su predecesor.

El propio Congreso de Podres Locales y Regionales reconoce que "siguiendo el fracaso de 1997 y analizadas las reservas presentadas por un grupo de estados junto a ciertos sucesos recientes, el Congreso buscó otras aproximaciones legales y políticas más adecuadas para alcanzar un resultado aceptable" (Van Cauwenberghe, J.C.: 2007 -2-: VI). Habían varias alternativas en manos de los expertos de la organización sobre la fórmula legal que debería adoptar el proyecto para mejor ser recibido y adoptado por los estados contratantes. Podía tratarse de una Recomendación dirigida a los estados miembros exhortándoles a tomar determinadas medidas con respecto a la profundización en el autogobierno regional, también podría presentarse una breve Declaración que contuviera los objetivos del autogobierno regional y algunos criterios prácticos aplicables. Se llegó a proponer preparar una especie de Código de subsidiariedad, e incluso, se valoró la opción de adoptar un Protocolo Adicional a la Carta Europea de Autonomía Local de 1985. También estuvo sobre la mesa de los expertos elaborar un Tratado internacional sobre la base del derecho internacional, que tuviera un alcance más allá de los estados adheridos al Consejo de Europa, si bien esta opción se descartó, pese a su gran interés, toda vez que por su carácter tan ambicioso se limitaría a apenas un "puñado de estados", viendo su eficacia limitada.

Por último, se valoró la posibilidad de elaborar una nueva Carta de democracia regional dirigida a los países miembros de la organización, adaptándose en lo posible a los criterios ya conocidos de anteriores experiencias. Y así se hizo finalmente, se redactó una nueva Carta en 2007, acaso de pretensiones y objetivos más modestos y reconocibles para los estados miembros, y se sometió a la opinión de los estados miembros por parte del Congreso de Poderes Locales y Regionales en mayo de 2008[35], buscando siempre el mayor número de adhesiones al nuevo proyecto. Como prueba de ello, resaltaremos dos artículos que especialmente se diseñaron para someter los procesos

35. *Esto se llevó a cabo a través de la Recomendación 240 (2008) del CDLR, y el 18 de junio de ese año, los representantes gubernamentales, en su reunión 1030, acordaron trasladar la Recomendación, junto con el Proyecto de Carta, a sus respectivos gobiernos para que aportaran su opinión.* https://wcd.coe.int/com.instranet.InstraServlet?command=com.instranet.CmdBlobGet&InstranetImage=1116514&SecMode=1&DocId=1354426&Usage=2.

devolutivos regionales a los ritmos que marcaran los estados. El primero de ellos, el artículo 9, dice así:

> "Article 9: Principle of loyalty and respect for territorial integrity
>
> 9.1. The relationship between regional authorities and central government shall be based on the principle of mutual loyalty and equal dignity and shall entail respect for the unity, sovereignty and territorial integrity of the state.
>
> 9.2. Regional self-government necessarily entails compliance with the rule of law and the respect of the territorial organisation of every state whether in relations between central government and regional authorities, relations between regional authorities and other territorial authorities or relations between regional authorities and citizens.
>
> 9.3. Regional authorities shall take all appropriate measures to ensure fulfilment of the obligations arising from the Constitution or the law".

El precepto es taxativo: las relaciones entre regiones y estado central se verán presididas por el respeto a la "unidad, la soberanía y la integridad territorial del estado". El segundo párrafo prosigue en esa misma dirección y añade que el "autogobierno implica el cumplimiento con el estado de derecho –imperio de la ley- y el respeto a la organización territorial de cada estado". Por tanto, desde este enunciado la capacidad de propuesta de las regiones hacia la organización territorial del Estado, incluso dentro de los límites de la propia región, quedarían en la práctica anulados.

Pero es interesante comprobar, como si de una reacción pendular se tratara, como del Proyecto del 97, un texto muy abierto y profundo, más tendente a las tesis regionalistas, pasamos a un texto cuyos mínimos sobrepasan incluso las expectativas más conservadoras de los estados. Este cambio de rumbo supone que el principio de soberanía nacional y el de integridad territorial serán a partir de ahora los fundamentos motrices que presidirán todo el texto y que podemos nuevamente encontrar en el siguiente artículo:

> "Article10: Principle of cohesion:
>
> The exercise of regional self-government shall contribute to the central government's economic and social cohesion objectives and to central government activities aimed at achieving comparable living conditions and

balanced development throughout the national territory, in a spirit of solidarity between regional authorities".

De esta forma, las regiones no sólo deberán respetar el principio de solidaridad inter-pares, como frontispicio de su marco de relaciones en el seno del Estado, sino que además se le demandará una mayor contribución si cabe: tomar parte activa (*"the exercise of regional self-government shall contribute... to central government activities aimed...*") en el desarrollo e implantación de los objetivos de cohesión social nacionales. Lo que es decir, y esto es importante, se les está pidiendo a las regiones no sólo que respeten el principio de solidaridad, sino que bastante más allá, se les exige que definitivamente ejerzan de forma activa su pertenencia al Estado y trabajen positivamente con acciones concretas en los objetivos superiores auspiciados por éste. De alguna manera, con este pronunciamiento el texto rechaza que pueda haber regiones que pretendan algo así como llevar una trayectoria diferenciada de los procedimientos estatales y de los objetivos establecidos en ese marco general; su gestión debe dirigirse obligatoriamente, no sólo a los intereses de los ciudadanos que residen en el ámbito geográfico estrictamente considerado de la región, sino que deberá tener en cuenta el cumplimiento de los objetivos de cohesión que marque la administración central.

Desde luego, huelga decir que este no será un precepto bienvenido por aquellas visiones más autonomistas -no digamos ya nacionalistas- de lo que debe significar una región, tanto en términos políticos como administrativos, puesto que este mandato así formulado podría significar en la práctica poner en peligro el mismo ejercicio de autonomía de las regiones. Porque, si no, ¿dónde empieza el principio de autonomía y dónde empieza el principio de solidaridad, así reforzado con el cumplimiento de los objetivos estatales de cohesión social?

Una vez analizado, más allá de una norma de conducta en la gestión de los gobiernos regionales, algo más que un principio genérico dirigido a promover hábitos conectados con la buena gobernanza, hacia lo que más o menos conscientemente apunta el precepto es al afianzamiento por la vía normativa de todo un modelo de estructura regional, lo que es decir, de paso, una única forma de entender las relaciones intra-estatales. Nos habla de regiones, no sólo solidarias y respetuosas con todos los mecanismos de salvaguarda que se diseñan para proteger la soberanía del estado y el equilibrio inter-territorial, sino que, además, impone un modelo de región que obligatoriamente debe compartir sin disentir los objetivos de cohesión social, e incluso tenerlos bien presentes en su gestión cotidiana. Se trata de la introducción de un matiz que podría acabar derivando en un exceso, ya que a nuestro modo de ver ese poderoso detalle termina por configurar un modelo de región determinado, en su conjunto y en su esquema.

Y esto es así desde el mismo momento en que por la vía de la limitación, añadiendo pautas concretas de conducta, dibuja hasta el detalle cuál ha de ser la ruta única que debe seguir el nivel intermedio de gobierno en su gestión cotidiana. Entendemos pues, que a través de este artículo se manifiesta un exceso de celo a la hora de preservar la tranquilidad institucional que exigen los estados desde los gobiernos regionales que acaba, seguramente sin pretenderlo, invadiendo un terreno pantanoso. Porque imponer de forma tan categórica las relaciones intra-estatales es lo mismo que subvertir el principio de autonomía regional a base de vaciar su contenido real, sustituyéndolo por una forma determinada de entender ese principio, lo que desde la redacción de ese precepto y en el caso de algunos estados en concreto puede suponer no respetar de forma adecuada la organización institucional interna del estado, su arquitectura institucional, algo que se halla íntimamente conectado, precisamente, a su soberanía.[36].

Y es que las regiones, como uno de pilares más significativos de su derecho a la autonomía regional –normativamente aún no reconocido a nivel internacional-, deben gozar de su capacidad -"autónoma"- de ejercer libremente su gestión, con los imperativos legales que se marquen desde su constitución y dentro de los límites de sus competencias, sin que quepa determinarlas desde entornos exteriores, ni aunque pertenezcan al nivel central de gobierno. Dicho de otra forma, no cabe ceder libertad de gestión,

36. *Y es precisamente esto lo que trata de salvaguardar, aunque los temores vengan en sentido inverso, en el artículo 4.2 del Tratado de la Unión como más adelante veremos con detalle: "La Unión respetará la igualdad de los Estados miembros en los Tratados, así como su identidad nacional, inherente a las estructuras fundamentales políticas y constitucionales de éstos, también en lo referente a la autonomía local y regional...". Es decir, mucho se cuidará, nos dice la letra de Lisboa, en este caso la Unión, de interferir, ni siquiera tangencialmente, sobre la estructura fundamental política de los Estados miembros en lo que a autonomía regional y local se refiera, pues se trataría de lo mismo que a atreverse a trastocar una parte nuclear de su identidad nacional.*

reconocer autonomía funcional, para luego ahogarla a base de excesivas cortapisas[37].

Por otra parte, tengamos en cuenta que, aún dentro del respeto a las variables lógicas de solidaridad interterritorial, debería respetarse la posibilidad de que los estados pudieran construir su particular estructura funcional y realizar procesos devolutivos de mayor intensidad competencial en determinados territorios, si así lo determinaran las circunstancias, dentro de un marco superior de entendimiento. Y aunque sobre el papel sea factible, el que se sugiere no es un recorrido nada sencillo, pero esa diversidad de tratamiento territorial destinada a solventar singularidades territoriales, puede servir bien a los objetivos de integridad territorial e incluso al propio aseguramiento de la solidaridad. En realidad, aquí no se defiende un modelo determinado de estado compuesto, y tampoco es ésta la misión de este trabajo. Pero lo que sí tenemos que poner de manifiesto es que, en cuanto a autonomía regional se refiere, la noción de "igualdad" no se debe confundir con la de "uniformidad", ni deben ser necesariamente más eficaces las soluciones excesivamente homogeneizadoras que no tengan en cuenta la diversidad territorial del Estado.

Retornado sobre la letra del Proyecto de Carta de Democracia Regional, parece que éste se oriente hacia la remisión de la definición y sus límites en el territorio normativo del propio Estado y en los consensos regionales internos, en lugar de trasladarlo a un texto normativo internacional que pretenda dotar a la autonomía regional de un marco normativo general de referencia. Si ya es complicado alcanzar un acuerdo en algo tan genérico como es la autonomía regional en sí, qué no será hacerlo en el alcance que esa autonomía debe desplegar en las diferentes partes de un mismo Estado y la relación que a su vez debe establecerse entre esas diferentes partes. En este sentido, pues, tratar de precisar desde el punto normativo en el ámbito de la cohesión regional interna parece destinado a convertirse en un nuevo callejón sin salida,

37 *Cabría preguntarse en este punto, si una región podría respetar los principios generales de solidaridad con sus iguales, en el marco de un estado compuesto, y disentir de la ejecución positiva de normas de cohesión social diseñadas desde un nivel central superior. Entiendo que sí, y no sólo por el valor intrínseco que encierra la siempre saludable posibilidad de la discrepancia, si no porque quien debe procurar políticas concretas de cohesión interterritorial es precisamente el gobierno central y no las regiones, que constreñidas por las limitaciones de su ámbito geográfico y de su menor presupuesto, bastante tienen con llevar a cabo contribuciones de carácter impositivo a las arcas solidarias del Estado.*

siendo como es conocido, además, el rechazo de los estados a cualquier intento de injerencia externa en un terreno que todavía identifican como algo propio de su identidad nacional, desde el punto de vista de su estructura fundamental interna, en términos del artículo 4.2 del Tratado de la Unión Europea. Desde esta perspectiva, entendemos que la redacción del artículo 10 del proyecto de Carta europea de Democracia Regional abre nuevas controversias que resultan del todo innecesarias a nuestro modo de ver. Quizá hubiera sido más procedente una invocación algo más genérica al principio de solidaridad, tal y como de hecho llevan a cabo otros textos aquí analizados con anterioridad y otros tantos de objetivos similares. Y entre otras razones, porque resulta harto difícil que regiones y estado central coincidan en lo que deben representar objetivos de cohesión social a nivel nacional, lo que resulta, así de este modo, someter una relación, ya compleja de por sí entre ambos niveles de gobierno, a nuevas tensiones innecesarias -aún cuando coincidan ideológicamente ambas administraciones-, teniendo en cuenta que en la práctica el diálogo, el espíritu de cooperación y los principios de solidaridad y lealtad institucional son herramientas más que suficientes, y que de hecho suelen funcionar en la práctica, para que al fin y al cabo Estado y regiones coincidan en sus objetivos.

Parece un poco excesivo solicitar a las regiones, más allá de una alusión general, una participación activa en el desarrollo de los objetivos de cohesión social del estado, teniendo en cuenta que es función inalienable de la administración central velar por materializar ese equilibrio territorial, además de explicarse ésta como una de sus razones de existir como administración central. Pero, insistimos, este es un texto que parece pensado para agradar al nivel central, que pueden ver a través de enunciados de este tipo como se pone en cuestión el propio ejercicio de la autonomía regional.

Esta propuesta de rebajar las expectativas de las regiones a la mínima expresión, la encontramos también al hablar de su actividad exterior en la escena europea. Sin duda, como ya se ha puesto de manifiesto en más de una ocasión, uno de los aspectos más relevantes de la autonomía regional en el proceso de integración europeo es el incremento de la participación regional en la implantación y ejecución de las políticas públicas europeas (O'Leary,

Siofra – Fernández Martín, José Mª: 1995: 320; Alli Aranguren, J.C.: 2001: 38; Albertí i Rovira, E.: 2008: 1; Alexandra Popartán, .L – Solorio Sandoval, I.: 2012: 12). Definir adecuadamente ese alcance es otro reto al que los legisladores europeos -y particularmente el redactor de este proyecto-, se enfrentan desde hace tiempo. Por un lado, tratar de reflejar de forma conveniente esa necesidad de mayor presencia de las regiones ante las instituciones europeas a la que sería deseable dirigirse como consecuencia lógica del espíritu democrático que preside la Unión Europea (O'Leary, Siofra – Fernández Martín, José Mª : 1995: 321), y por otro, hacerlo de tal modo que los estados no sientan violentados el núcleo de su soberanía.

En este sentido, el fundamento de la participación de las regiones en la escena exterior europea ha de descansa primero en el tratamiento normativo, en el nivel europeo, de ciertos temas que conectan directamente con sus competencias o simplemente les afectan (Arce Janáriz, A.: 2002: 4), y en segundo lugar, en la cesión legislativa de competencias que desde el nivel regional -que también estatal- se traslada al nivel supranacional, cesión que en cierta forma obliga a una "contraprestación" que re-equilibre esa sustracción -el también llamado "doble efecto centralizador" (Albertí Rovira, E.: 2008: 1)- de poder normativo que determinadas regiones, como los *länder* alemanes, denunciaron en su momento en el ámbito de la Unión Europea (Mangas Martín, A.: 2008: 1). Finalmente, el difícil equilibrio acaba por decantarse hacia el lado estatal, rebajando las necesidades regionales en su proyección exterior. Lo vemos a través de la letra del artículo 43 del texto:

> "Article 43: Participation in European and international affairs
>
> 43.1. In so far as the Constitution and/or law allows it, regional authorities shall be consulted, through appropriate procedures or bodies, about international negotiations by the State and the implementation of international treaties in which their competences, their essential interests or the scope of regional self-government are at stake. The same shall apply when they are responsible for implementing provisions adopted at European level.
>
> 43.2. In order to promote or defend their interests, the regions shall have the right to set up, either individually or in cooperation with other regional or local

authorities, offices abroad responsible for liaising with European organisations active in their spheres of competence".

Se puede comprobar sin dificultad que se omite la referencia expresa al derecho de las regiones de participar o ser representadas en las actividades de las instituciones europeas. Bajo el título "participación" sólo se contempla la consulta, lo que de entrada es menos de lo que actualmente se permite a través de la representación de las entidades regionales mediante el Congreso de Poderes Locales y Regionales de Europa y el Comité de las Regiones" (Beltrán García, S.: 2010: 10). Esta rebaja de objetivos que manifiesta el texto en cuanto a la participación de las regiones en asuntos europeos guarda una total coherencia con el espíritu del texto, es cierto, pero agrede claramente a los fundamentos mismos de la autonomía regional en cuanto trata a los entes regionales de sujetos no capacitados para realizarse jurídicamente en la arena internacional. Esta posición a la baja, claramente dirigida a tranquilizar el ánimo de los gobiernos centrales, se reafirma en otro artículo, más adelante:

"18.3. Where the need arises regional authorities shall be involved in the activities of European and international institutions or be represented therein by bodies established for this purpose".

El problema de este artículo es la deliberada falta de concreción de su enunciado: "cuando resulte necesario las autoridades regionales deberán ser involucradas en las actividades...". El verdadero inconveniente, pues, vendría en la exigencia, primero, de establecer cuándo se da la "necesidad" de que las regiones se personalicen en las actividades de las instituciones europeas, y sobre todo quién será el que determine la necesidad de su participación. Es evidente que esa ausencia de claridad se pergeña con el objetivo de que no sean las regiones las que establezcan su propias necesidades, lo que atenta nuevamente al mismo principio de autonomía regional, señal de que no se pretende que quede definitivamente consagrado en sus justos términos. Además, bien mirado, la letra de este artículo no deja de entrar en contradicción con el siguiente:

"Article 19: Right to be consulted

Regional authorities shall be involved in all decision-making that affects their competences and essential interests".

Es decir, una vez que se coloca a las regiones en el terreno de las competencias propias, sí se les da un derecho a participar que en otros campos se les niega. Esta contradicción sólo se explica a través de la intransigente intención de hacer de las instituciones europeas, siempre que sea posible y como norma, un foro de estados y no de regiones o municipios, que quedarían relegados en su presencia a los foros y materias que le son propias *strictu sensu*, pero alejándolos de la posibilidad de posicionarse en otros temas, que aunque les puedan afectar directamente o no, son susceptibles de ser tratados en foros de política general.

El enfoque que se ofrece en este precepto sobre este tema podría suponer un error. Buscar otros mecanismos de participación y expresión de la voluntad para las regiones, fuera de lo que son estrictamente sus competencias, ayudaría mucho a mitigar la necesidad que se sienten en muchos de estos territorios de colocarse en el mapa de la comunidad internacional como sujetos de derecho y colaboraría bastante a que sintieran su identidad realmente reconocida, de esta forma, también dentro de los límites del estado. El miedo a que disientan en esos foros de la línea que marca un Estado central no parece razonable. Es hora pues, de ir comenzando a diferenciar conceptos que tradicionalmente han venido unidos dentro de esquemas relativamente sencillos, pero que comienzan a verse algo encorsetados para los actuales parámetros socio-políticos en los que nos movemos. "Soberanía estatal" no tiene por qué ser un concepto necesariamente enfrentado con el derecho a disentir de una región sobre la política general de un estado en determinada materia.

Por tanto, como podemos comprobar una vez más con la lectura de los artículos 18.3 y 19, y de otros tantos anteriores aquí analizados, como el 43, el Proyecto de Carta Europea de Democracia Regional es víctima nuevamente de la falta de concreción de muchos de sus preceptos, habida cuenta la necesidad que los estados mantienen de reconocerse en un texto lo suficientemente difuso que les permita encontrarse cómodos en un tema para ellos harto espinoso como es la autonomía regional. Pero al focalizar toda la atención del texto en adaptarse al objetivo de los estados, buscando la mayor adhesión posible, el concepto de autonomía regional se acaba desvirtuando casi completamente y el texto se desviste de toda seguridad jurídica. Sin ir más lejos,"una de las grandes lagunas del texto de la democracia regional es en mi opinión la referencia a la autonomía regional sin explicar en qué consiste: ¿hay que remitirse a lo dispuesto en cada orden constitucional? ¿Al proyecto de Carta sobre autonomía regional? Esto genera una cierta dosis de inseguridad jurídica y hay que recordar que uno de los propósitos de este proyecto, y también del anterior, era precisamente mitigarla. Si entra en vigor el Tratado de Lisboa, la laguna se va a trasladar a la Unión europea en el mismo estado" (Beltrán García, S.: 2009: 11).

En la actualidad parece que se ha abandonado, sino definitivamente sí al menos a medio-largo plazo, la idea de que sea un texto o una Carta con efectos vinculantes, para todos los miembros de la organización, la que acabe perfilando los límites de la autonomía regional. En efecto, los condicionantes que los Estados imponen son tantos y tan difíciles de salvar que al final parece que la idea de un convenio vinculante de largo alcance se ha ha acabado por desechar. Si esto no se ha dicho expresamente, los hechos, por el contrario, así lo indican. La Conferencia de Ministros responsables de Gobiernos locales y regionales, celebrada en Utretch (Holanda), los días 16 y 17 de noviembre de 2009, tomó ya conocimiento de un nuevo texto aprobado previamente por el Congreso de Poderes Locales y Regionales, adoptándolo el Congreso de Ministros definitivamente el 19 de abril de 2011. Se trata del "Marco Referencial para la Democracia Regional del Consejo de Europa" y su virtualidad reside precisamente en ser un texto flexible no vinculante, con el único compromiso de que se hará servir como fuente de inspiración, tanto de aquellos países que gozan ya de un elevado estándar de legislación regional, como de aquellos otros países que, todavía sin marco legislativo descentralizado, desean una guía para implementar la democracia regional.

Fue precisamente esa libertad de adaptación del texto, cuyos principios se nutren directamente del Proyecto de Carta de Democracia Regional, la que ha logrado que este nuevo texto no vinculante sea el paso por ahora definitivo en esta intrincada cuestión. Desde luego para nuestro criterio dista mucho de ser un último y definitivo paso, pero el llamado "Reference Framework" es al menos, eso sí, un buen punto de partida para que en un futuro y de una forma progresiva los estados europeos se vayan sumando a una definitiva implantación de un concepto europeo de democracia regional.

I.4.- La dificultad de consensuar un concepto europeo de autonomía regional

Como se ha podido observar en las páginas precedentes, la elaboración de un concepto de autonomía regional consensuado y positivizado en un texto europeo es una tarea muy compleja. En este trabajo se va a tratar de elaborar un "concepto europeo de autonomía regional", que desde luego no pretende acercarse a lo que podría ser una formulación legal del mismo, sino a una idea aproximada a partir de los diferentes textos a nivel internacional analizados en este trabajo.

Contando con esta premisa y como ya hemos tenido oportunidad de comprobar existe sin duda una voluntad, si quiera fuera del ámbito estrictamente de la Unión Europea y fuera de la órbita oficial de los estados, centrado especialmente en el ámbito del Consejo de Europa y de sus organismos relacionados, de dar carta de naturaleza, o al menos de avanzar en esa dirección, hacia un concepto europeo de autonomía regional. Y a nuestro juicio, los elementos con los que debe contar la autonomía regional ya se hallan mayoritariamente perfilados, y buena muestra de ello podríamos tomarla sin ir más lejos en la letra del artículo 3.1 del Proyecto de Carta de Autonomía Regional de 1997.

No obstante, antes de avanzar en este punto ha de ponerse de manifiesto que si pretendemos dar una completa definición de autonomía regional, prescindiendo del objetivo de los estados, todavía deberíamos agregar un elemento más que a nuestro parecer resulta fundamental para redondear el del precepto citado. Nos referimos al componente financiero, y es que, como se ha asegurado en tantas ocasiones desde la doctrina especializada, resulta imposible concebir la autonomía regional sin unas condiciones mínimas de autonomía financiera. Y eso, tanto en la vertiente de ingresos como en la de gastos.

Desde la vertiente del gasto se puede dar la circunstancia, y de hecho se ha dado, de que excesivas directrices impuestas desde un gobierno central pueden acabar por asfixiar financieramente a la entidad sub-estatal, hasta el punto que en la práctica desaparece la autonomía política. Este es un argumento que, por ejemplo, está sirviendo en la actualidad de amarga queja en el marco autonómico español con los severos recortes presupuestarios estatales de fondo, impuestos al gobierno central, a su vez, tanto desde Bruselas como desde otros organismos internacionales, como el Fondo Monetario.

Dicho en otras palabras, no sirve de gran cosa un amplio abanico de concesiones políticas, un elenco suficiente de competencias autónomas si luego financieramente en la práctica no se dispone de capacidad de gasto real, o ésta resulta insuficiente. Es precisamente el gasto excesivo uno de los habituales caballos de batalla de los que se sirven los estados centrales para arremeter contra la autonomía de las entidades sub-estatales. Desde la vertiente de los ingresos, las entidades sub-estatales han de ser capaces de generar sus propios recursos y con ello posibilitar la generación de estrategias propias, dentro de un marco de cooperación superior. Esta visión se correspondería con la concepción alemana de la participación regional -y locales- en los asuntos de estado, y más específicamente con la corresponsabilidad a la hora de recaudar impuestos y asignar recursos, en donde "la recaudación de los principales impuestos del sistema tributario tiene carácter compartido" (García Vega, A.: 2014: 248).

Así, en el modelo alemán, el impuesto de sociedades se reparte a partes iguales entre los *länder* y el estado federal y el impuesto de la renta se reparte entre los tres niveles de administración. En este modelo, pues, al permitir que cada una de las administraciones recaude y gestione sus propios recursos, dejando de lado la técnica de la transferencia que implica un alto grado de dependencia siempre en favor de la administración central, nos permite hablar más propiamente de autonomía. Un alto grado de dependencia de los recursos del estado genera unos vínculos de subordinación poco compatibles con lo que debe ser una autonomía real, además de comportar entre los agentes actuantes, conductas ineficientes, rivalidad entre administraciones iguales y tensiones por el reparto de los recursos.

Además de la falta de autonomía política, la falta de responsabilidad fiscal comporta la falta de responsabilidad política ("*accountability*") de las instituciones regionales ante los ciudadanos electores, induciendo a conductas económicamente ineficientes, en la medida en que la mayor parte de los recursos no proceden directamente de los impuestos pagados por los ciudadanos, sino de transferencias" (Morata Tierra, F.: 2001: 130). "Autonomía y responsabilidad son las dos caras de una misma moneda, de la misma forma que lo son dependencia e irresponsabilidad" (Castells Oliveres A.: 2000: 48).[38]Es por ello, que el verdadero elemento central de la autonomía regional, aparte de la capacidad de auto-organización política en el marco de unas competencias legalmente establecidas, es su autonomía económica y financiera, un elemento central que apenas tiene cabida en las definiciones al uso. Dentro de esta autonomía parece también conveniente que, dentro de los términos que regule la legislación nacional, las entidades sub-estatales puedan disponer de capacidad de endeudamiento.

Este elemento fue perfectamente entendido en el Proyecto de Carta de Autonomía Regional de 1997, uno de cuyos principios informadores en el terreno competencial, aparte del principio de autonomía institucional, era el de autonomía financiera. En ese proyecto, en su artículo 14.3 se establece con claridad que para el ejercicio de las competencias propias las regiones deben de contar con recursos propios que deben ser capaces de administrar libremente (Deop Madinabeitia, X.: 1998: 439). Siendo que los recursos propios de las regiones deben consistir principalmente en impuestos, contribuciones y tasas (artículo 15.1) que deben recaudar ellas mismas. Este sería el elemento primordial, junto con la autonomía institucional, que la autonomía regional debe comprender de cara a observar su concepto acabado.

---

38 *Ob. citada por F. Morata, 2001.*

El otro elemento primordial para la consecución de la autonomía regional, junto con la autonomía financiera es la autonomía institucional. Resulta lógico desde un punto de vista jurídico que las entidades regionales puedan disponer de la libre facultad de auto-organizarse en el plano institucional, bajo el respeto a la Constitución y las leyes que confieren el autogobierno. En este marco normativo, es menester que las entidades sub-estatales cuenten al menos con una asamblea legislativa, con representantes elegidos democráticamente, y un gobierno autónomo.

De todos modos, tanto los aspectos financieros como los organizativos son elementos nucleares sobre los que no ha costado alcanzar un consenso general, además de ser componentes que serían reconocibles en cualquier tipo de sistema descentralizado. Tan es así, que entre el vasto entramado asociativo europeo que tiene que ver con el regionalismo apenas se ven aparecer grandes diferencias sobre cuál debe ser el contenido de la autonomía regional, incluso entre miembros de naciones con tradiciones administrativas distintas.

En otro orden de factores, debe tenerse muy en cuenta que no todos los organismos relacionados con asuntos regionales pueden ser estudiados adecuadamente en este trabajo ni todos sus criterios al respecto debidamente matizados. Es el caso, por ejemplo, de la Conferencia de Asambleas Legislativas Regionales Europeas (CALRE), cuya carta fundacional data del 7/10/1997, a través de su "Declaración de Oviedo", y en cuyo Preámbulo se puede leer ya que "las regiones de los Estados miembros que disponen de asambleas con capacidad legislativa deben participar más en el proceso de integración de europeo" (Arne Jana´riz, A.: 2003: 5). Y es de interés igualmente su "Declaración de Salzburgo", "que descansa sobre los siguientes puntos: 1.- Las regiones deben tener legitimación directa ante el Tribunal de Justicia (Unión Europea) para la defensa de sus competencias en el marco del principio de subsidiariedad. 2.- Debe establecerse un diálogo claro de competencias de la Unión. 3.- Regionalismo y federalismo son suplementos irreemplazables de la democracia de la Unión" (Arne Janáriz, A: 2003: 9). De esta forma, como vemos, la CALRE se suma a la multitud de foros y organismos que se decantan a favor de una profundización máxima de la capacidad de obrar de las regiones en el seno de la Unión Europea, demandando su cristalización última, como es la capacidad de accionar ante los tribunales europeos, sin necesidad de intermediarios orgánicos. Entre esos otros foros que debemos citar están el Congreso de Poderes locales y regionales de Europa (CPLRE), la Asamblea de Regiones de Europa (ARE), la Asociación de Regiones Fronterizas de Europa (ARFE), Conferencia de Regiones Periféricas Marítimas (CRPM), Consejo de Municipios y Regiones de Europa (CMRE), y Eurocities.

No obstante, en la actualidad y en la práctica, a pesar de esta multitud de actores que trabajan en la escena internacional europea guiados hacia una misma dirección no podemos afirmar con rotundidad que todavía exista un "concepto europeo", con mínima trascendencia legal y mayoritariamente aceptado de autonomía regional. La falta de ese concepto europeo reside básicamente en la enorme dificultad que estriba en la elaboración de una definición de autonomía regional, al tratarse de un fenómeno jurídico-político que dispone de múltiples visiones y gradaciones, dependiendo de los estados que analicemos y la estructura política fundamental que les caracterice.

Así mismo lo piensa igualmente el Comité de las Regiones, que en su Dictamen 2006/C 31/01, sobre "El estado del proceso de descentralización en la Unión Europea y el lugar de la autonomía local y regional en el proyecto de Tratado Constitucional" [39], que observa que "existen diferentes tipos de entes regionales y locales con estatus diferentes, en función de la historia, la cultura y los principios constitucionales que marcan la organización territorial del Estado" (Parte I, 1.1) y más adelante sigue observando que "las relaciones de poder entre Estado central y entes regionales y locales constituyen en la sociedad actual un fenómeno de gran complejidad. Esta complejidad se manifiesta tanto en el contenido de tales relaciones como en la dinámica de las mismas". En otras palabras, en la actualidad la autonomía regional, poco más allá de una definición descriptiva, alcanzará su dimensión exacta dependiendo del país que se observe, pues cada país entiende el fenómeno de una manera distinta y así lo hace porque entiende que se halla ante una parte indiscutible de su soberanía, y nada menos ante la forma en la que debe organizarse

39. *Dictamen del 60 pleno celebrado los días 6 y 7 de julio de 2005.*

territorial y administrativamente, no cabiendo por ahora que este rasgo distintivo de su organización política nacional venga condicionado desde un marco de referencia exterior.

Por tanto, como hemos sugerido con anterioridad, que ese concepto común europeo de autonomía regional no cuente todavía con una formulación legal es una circunstancia que no tiene conexión causal con la existencia del fenómeno, si no que más bien está relacionada con la enorme dificultad que se halla a la hora de elaborar una definición que abrigue un contenido genéricamente válido para todos los sistemas administrativos del continente y que satisfaga, lo cual es aún más difícil que lo anterior, el escaso entusiasmo que generalmente abrazan los estados por ver ese concepto positivizado. Así, acercar ese criterio general inexistente al que pueda defender el regionalismo es sumamente complicado. Hablando claro, que todavía no esté legalmente vigente una definición de autonomía regional a nivel europeo es sólo una cuestión de falta de voluntad por parte de los estados destinatarios, que se resisten con todo su empeño a que ningún concepto de esa naturaleza limite sus capacidades de poder y a que se delimite claramente los derechos que puedan poseer las entidades sub-estatales al respecto. La falta de consenso es doble: por un lado la que se advierte entre los diferentes sistemas nacionales de cara a acordar un concepto único que por una parte eleve el grado de expectativas no deseadas, por otro, la que se observa entre los representantes estatales y los representantes de las diferentes asociaciones regionalistas por el distinto grado con que contemplan el techo competencial del autogobierno.

El principal punto de consenso logrado por los estados, una vez visto el texto "*Regional Democracy Council of Europe Reference Framework*", es precisamente ése y no otro: la necesidad de contar con un marco flexible, a nivel continental, que en absoluto sea vinculante, pero que a la vez sea capaz de abrigar todas las sensibilidades en una cuestión tan delicada para estados y regiones. El segundo punto sobre el que no parece haber discusión es la necesidad de que debe haber una razonable proporción entre los poderes –competencias- y las responsabilidades que asumen los diferentes niveles de gobierno, al hilo de lo que alguna forma recomendaba ya el artículo 13 de la

Carta Europea de Autonomía Local. Algunos otros de los grandes ejes del texto, sobre los que todas las partes parecen estar de acuerdo, radican en la necesidad de reflejar en su arquitectura regional los siguientes fundamentos: "el principio de subsidiariedad, el principio de cohesión social y territorial, y la necesidad de solidaridad entre los diferentes componentes de un estado soberano ("lealtad federal")", tal cual lo expresa la Exposición de motivos del texto marco, - en su página 12-.

Paradójicamente, el concepto que adopta el marco normativo que hemos estado analizando es el del artículo 3.1 del Proyecto de Carta europea de Autonomía Regional del año 97, trasladado literalmente, pero eso sí, siempre como referencia no vinculante. Es por ello que aunque esté allí presente, al no gozar de obligatoriedad, no puede hablarse realmente de un concepto "europeo", sino en todo caso de una referencia a ese nivel.

Sí que, por el contrario, como ya hemos anotado de forma suficiente, logramos localizar sin dificultad lo que podría llamarse una "conciencia compartida" sobre la necesidad de reconocer en el ámbito internacional y regular, si quiera de modo esquemático, la autonomía regional tanto como principio a nivel de gestión, y también como un derecho de las regiones a un autogobierno libre de intromisiones en las competencias que su ordenamiento jurídico les otorga como propias. No obstante, esa conciencia sobre la necesidad de regulación que padece la autonomía regional encuentra, por así decirlo, dos corrientes a mi juicio bien diferenciadas: una primera, que entiende que sí es necesario un concepto común que dé forma al principio de autonomía regional, como un derecho que las regiones, o entidades sub-estatales, mantienen casi de forma inmanente y como consecuencia de su propia existencia. Esta tendencia, desde su vertiente afincada en el Consejo de Europa y de órganos y asambleas afines, con la participación de representantes parlamentarios de los diversos estados y regiones, es de la que han partido los proyectos analizados en capítulos precedentes (Proyecto de Carta Europea de Autonomía Regional Proyecto Carta Europea de Democracia Regional, incluso la Carta Europea de Autonomía Local) y la que estaría por un reconocimiento total y a nivel europeo de la autonomía regional, lo que como daría consecuencia –acaso no pretendida- todavía una mayor consistencia a la visión de que las entidades sub-estatales, como entes de auto-gobierno que son, no deben tanto su virtualidad a la existencia previa del Estado, sino que también albergan una naturaleza propia como resultado de administrar un territorio concreto con lógicas especificidades propias (independientemente de cuestiones culturales o lingüísticas). Esta corriente, debe consignarse, no es monolítica, sino que como veremos enseguida se acaba inclinando, en sus formulaciones más oficiales y mayoritarias, por hacer morir el contenido de la autonomía regional y su justificación legal primera, en el ordenamiento jurídico estatal.

En segundo término, reconocemos una vertiente más estatalista, que explora la posibilidad de regulación de la autonomía regional, reconociendo su mera existencia en el ámbito internacional, pero sin sugerir nada acerca de su contenido. Esta sería su formulación más abierta. En esta vertiente, no obstante, el mayor peso lo tendrían los estados y sus órganos diplomáticos y periféricos, que no sólo silencian esa posibilidad sino que obstaculizan activamente cualquier iniciativa que tenga que ver con un reconocimiento expreso de un asunto que les resulta tan delicado y peligroso como la autonomía regional. En este segundo bloque orgánico, podríamos colocar, aparte de la lógica presencia de los organismos e instituciones conformadas por los estados miembros, que comparecen en nombre propio, también al Parlamento Europeo e, incluso, en cierta situación de equidistancia, pero con tendencia de proximidad hacia la postura de los estados a la Comisión Europea.

En suma, a modo de conclusión y una vez ya recorrido todo el proceso normativo del fenómeno de la autonomía regional en el ámbito del Consejo de Europa, nos hallamos por fin en disposición de poder afirmar que difícilmente podemos hablar de la existencia de un concepto común europeo de autonomía regional. Sin embargo, sí podemos acordar con la presencia real de una "conciencia compartida" en todo el territorio europeo, expresada en diversos textos normativos del Consejo de Europa, sobre la necesidad y el derecho de las regiones a que sea respetado su autogobierno por parte de estados y organizaciones internacionales. Sin embargo, esa "conciencia compartida" sobre la existencia del fenómeno no se corresponde con una formulación legal en vigor que sea válida, como concepto, para todo su territorio. Si bien es verdad que en todo momento y en cualquiera de los proyectos y cartas analizados se parte siempre con el mejor de los propósitos, el de la necesidad de que dicho principio se vea finalmente reconocido, tal cual lo fue en su momento la autonomía local, toda la operación política posterior de negociación y aprobación de los textos acaba indefectiblemente por desnaturalizar el concepto que se pretende. La variedad de modalidades de entes sub-estatales que desarrollan políticas regionales y el distinto grado de desarrollo y ejecución de sus competencias, así como las diferentes visiones sobre el contenido de esas competencias[40], principalmente la que parte desde los estados más centralizados, impiden la aparición de ese concepto legal codificado. De hecho, la posibilidad de vetar por parte de los estados conceptos amplios y uniformes sobre la autonomía regional, aparecen en las formulaciones legales y proyectos más proclives a su reconocimiento general, como puede verse en la letra del artículo 7.2 del Proyecto de Carta Europea de Democracia Regional, que nos recuerda oportunamente:

> 7.2. The present Charter does not preclude regional authorities from being considered a type of local authority within the domestic legal order, or a single authority from exercising the combined competences of both a local authority and a regional authority.

Es decir, toda una cláusula de cierre con el objetivo de que sean los estados los que a última hora decidan, cuando hablan de regiones, de qué hablan concretamente y a qué se dedican éstas. Con lo que, a decir verdad y vistos todos los antecedentes, es difícil esperar que a corto plazo, esa definición legal uniforme, concreta y vinculante exista en el plano europeo. Y en cierta forma, analizada la dificultad manifiesta para alcanzar ese concepto legal europeo de autonomía regional, es muy posible que solo una vez sea logrado un grado máximo de integración política del proyecto europeo, en el que los estados vean diluidas sus cuotas de soberanía a favor de un gobierno superior común -si es que esto se llegara a ver-, se consiga adoptar un concepto legal de autonomía regional.

---

40. *Prueba de ello es, por ejemplo el artículo 3 del Proyecto de Carta E. de Democracia Regional, texto el cual, a pesar de ser a priori un proyecto más decantado a las tesis regionalistas, no deja de exhibir las diversidad de visiones divergentes sobre la verdadera extensión, o sea, sobre el contenido de la AR: "Despite the different opinions on the necessary extent of regional self-government...".*

Ante este estado de cosas, en este trabajo va a tratar de introducir un concepto de autonomía regional que pueda resultar válido en términos europeos, independientemente de la tradición administrativa en la que nos hallemos. Y con ello no quiere decirse que dicha definición tenga que ajustarse necesariamente a la visión de todas esas tradiciones normativas, sino que al menos pueda ser contemplada como una posible referencia, si no de presente, sí al menos de futuro.

Así, desde la óptica de esta tesis se entiende como autonomía regional la capacidad de las autoridades regionales, elegidas democráticamente, de regular, administrar y gestionar bajo su propia responsabilidad, contando con sus propios recursos económicos y con recursos transferidos, una parte de los asuntos públicos en interés de la población de su región, tanto en el orden interno como en el europeo, y todo ello de acuerdo con los principios de legalidad, subsidiariedad, lealtad institucional y solidaridad territorial.

Se trata de una definición que pretende contemplar todos los aspectos jurídicos, políticos y económicos fundamentales para poder hablar de un gobierno regional autónomo revestido de los poderes mínimos y necesarios que garanticen una gestión autónoma y eficaz de los asuntos en interés de la población administrada. Una definición que tiene en cuenta los aspectos que tienen que ver tanto con los principios fundamentales y competenciales, como también con los que tienen que ver con los recursos materiales que hacen posible y real el autogobierno dentro de un marco legal lo suficientemente garantista y en un marco económico que evite la dependencia del poder central que podría vaciar de contenido la autonomía.

Asimismo esta definición goza de la virtualidad de disponer de dos aspectos relevantes para el autogobierno regional que no suelen aparecer en las definiciones de autonomía regional vistas hasta el momento: la capacidad de las regiones de proyectarse también en el orden europeo formando parte activa del proceso de integración, un papel que por fin se reconocería abiertamente, y la capacidad de defensa del autogobierno tanto en el orden interno como en el orden europeo, gozando así por fin de legitimación activa ante los tribunales europeos. Por tanto, se trata de una definición que tiene en cuenta la globalidad del papel regional en toda su dimensión, en su medida real, y no como en la mayor parte de los conceptos manejados hasta ahora que ocultan aspectos parciales pero fundamentales de lo que supone la autonomía regional, aún a sabiendas de que esos elementos -como su proyección europea o incluso su autonomía financiera- resultan esenciales para la completa consecución del autogobierno regional.

Por último, se ha añadido en epígrafe aparte, en el cuadro sinóptico ofrecido en la página siguiente, la capacidad de las regiones de estar presente, o al menos ser tenidas en cuenta, en todos aquellos procesos de decisión que les resulte de interés o al menos en todos aquellos que les afecte. Este aspecto puede entenderse encuadrado dentro de la capacidad de gestión o en la capacidad de defensa del autogobierno, pero se antojaba clave distinguirlo de forma diferenciada, por lo menos gráficamente, puesto que la continuidad del autogobierno en el interior también se perfila en los procesos institucionales de decisión externos.

Añadir, por último, que el conjunto de principios fundamentales que informan la autonomía regional garantizan un desarrollo estable, equilibrado y justo del autogobierno regional bajo los parámetros ineludibles del imperio de la ley y la lealtad institucional. Una lealtad institucional, que como el resto de principios, no solo es predicable de las entidades regionales hacia el estado, sino también del gobierno central hacia las regiones y el resto de administraciones locales.

Con esta definición ya perfilada ya se puede entrar en el desarrollo del concepto de autonomía regional en otras organizaciones internacionales, más concretamente en la Unión Europea. Y al respecto debe adelantarse que la materialización manifiesta de las corrientes más proclives a las tesis gubernamentales de los estados miembros, con una visión ciertamente restrictiva de la autonomía regional, se va a manifestar nuevamente a través del artículo 4.2 del Tratado de la Unión Europea, en el que como salvaguarda ante posibles intromisiones del ejecutivo comunitario se blinda la autonomía regional (y la local), pero concebida como un elemento más de la soberanía nacional ya que se considera como parte de la estructura política fundamental de los estados. No obstante, en este caso, su mención, lejos de significar una simple consignación normativa del concepto, da pie a su reconocimiento formal, si bien también es verdad que, por otra parte, el alcance de su contenido se deja a las solas manos del estado, que en cada caso la definirá a través de sus leyes políticas fundamentales y sus estatutos derivados.

AUTONOMÍA REGIONAL .Entidades sujeto : Regiones.
Región: Territorio en el que habita una población que cuenta con rasgos diferenciados en el ámbito social, cultural y económico -identidad regional- y que, situado administrativamente entre el Estado Central y las entidades locales, vive su desarrollo social y político partir de instituciones democráticas, principalmente gobierno y asamblea legislativa, en el marco común de una Constitución nacional. Autonomía Regional: Capacidad de las autoridades regionales, elegidas democráticamente, de regular, administrar, gestionar y defender, bajo su propia responsabilidad, contando con sus propios recursos económicos y con recursos transferidos, una parte de los asuntos públicos en interés de la población de su región, tanto en el orden interno como en el europeo, y todo ello de acuerdo con los principios de legalidad, subsidiariedad, lealtad institucional y solidaridad territorial.
Contenido autonomía regional: - Orden interno. Autogobierno regional. Competencias propias. Establecidas por la Constitución, Estatuto o el Derecho Internacional. Competencias delegadas. Pertenecen al Estado y son transferidas. Competencias legislativas y defensa de las competencias. Establecidas por la Constitución, el Estatuto y el Derecho Internacional. Participación en la toma de decisiones en asuntos de su interés. - Orden externo. Cooperación inter-regional y Cooperación transfronteriza. Participación en la toma de decisiones, gestión y ejecución de asuntos europeos. Capacidad de defensa jurídica ante los tribunales europeos. - Principios fundamentales: Principio legalidad, principio subsidiariedad, principio de lealtad institucional, principio de solidaridad regional. -Principios competenciales: Autonomía Financiera y Autonomía Institucional.

Elaboración propia.

CAPITULO II.

LA AUTONOMÍA REGIONAL EN EL ARTÍCULO 4.2 DEL TRATADO DE LA UNIÓN EUROPEA.

II.1.- Trabajos preparatorios sobre la autonomía regional

Las dificultades que hemos ido consignando en páginas anteriores sobre cuál debería ser el concepto europeo de la autonomía regional en la esfera del Consejo de Europa, son igualmente válidas, o mayores si cabe, si nos trasladamos al ámbito institucional de la Unión. En efecto, si en el contexto del Consejo de Europa se ha podido discutir y avanzar en proyectos de resoluciones aún cuando no han llegado a culminar en tratados, en el derecho originario de la Unión los avances han sido todavía menores, excepto la mención a la autonomía regional introducida en el artículo 4.2 del Tratado de la Unión Europea.

Parece evidente que, en entre otras razones, el marco organizacional es determinante para que esos avances se discutan y cristalicen de alguna manera. Es decir, si mientras que en el Consejo de Europa el progreso de valores como la democracia, los derechos humanos y el imperio de la ley juegan un papel de inspiración constante que abarca toda la producción normativa de la organización desde su fundación en 1949, el pragmatismo y el economicismo propio de la Unión Europea, también presente ya desde sus inicios – no en vano empezó llamándose "Mercado Común"-, provoca que por parte de los estados se obstaculice todo aquello que no guarde relación directa con esos objetivos económicos[41], o al menos se discuta lo máximo todo aquello que de alguna forma pueda intervenir, ni que sea indirectamente, en su soberanía. Y parece evidente que la autonomía regional se acomoda completamente a esa categoría de conceptos que, a la vista de los estados, merece ser discutido, cuando no obstaculizado, por su conexión íntima con la forma de ver el estado y con su soberanía.

---

41. *Es menester señalar que la Unión Europea no aprueba su Carta de Derechos Fundamentales hasta diciembre del 2000.*

Visto así no obstante, por otro lado parece probable que el hecho de que "el proceso de integración haya seguido una ruta más funcionalista y no constitucionalista" (Von Bogdandy, A.: 2010: 60) haya permitido un avance institucional muy notable. Y bien mirado, la verdad es que ha sido precisamente a la hora de acometer los capítulos más políticos y constitucionalistas, cuando la integración ha sufrido los reveses más severos, como lo demuestran los episodios del fallido proyecto de Constitución para Europa o el rechazo danés al Tratado de Maastricht.

Por tanto, no solo no contamos con un concepto europeo de autonomía regional en el seno de la Unión Europea, sino que además, las dificultades para llenar de contenido dicho concepto presentes en el Consejo de Europa resultan incrementadas en el caso de la Unión Europea. El fuerte marchamo político que el reconocimiento de la de autonomía regional entraña, la importante connotación constitucionalista que conlleva su debate, en cuanto se entra de lleno a configurar y normativizar elementos que pertenecen a la estructura política fundamental del estado miembro dificultan decisivamente la materialización del concepto perseguido.

En el siguiente capítulo se analiza el recorrido institucional por el que ha transcurrido la discusión sobre la autonomía regional en el seno de la Unión Europea, comenzando por el tratamiento que ha merecido en sus principales instituciones Parlamento, Comisión, y Comité de las Regiones principalmente, y también se muestra el proceso legislativo que llevó en su momento a la Convención a plasmar la autonomía regional, desde su diseño inicial de cara a la aparición en la no nata Constitución Europea, a su posterior inclusión en el Tratado de Lisboa, tal y como ha quedado finalmente establecido. Nos detendremos en las diferentes posturas que hubo en juego en el proceso de elaboración normativa sobre la forma y el lugar en el que la autonomía debería aparecer en el texto constitucional así como el alcance deseado por cada una de las partes y sus motivaciones al respecto.

Seguidamente se acomete la labor de perfilar los límites de la autonomía regional, analizar su verdadero significado, tanto desde el punto de vista decisorio como desde el plano jurisdiccional -la posibilidad de las regiones de accionar ante el Tribunal de Justicia europeo-, y todo ello a partir del análisis pormenorizado del artículo 4.2 del Tratado de la Unión Europea.

II.1.A.- El Parlamento europeo: entre reforzar la legitimidad democrática o preservar la soberanía de los Estados.

Acometer un análisis del desarrollo de la autonomía regional en el ámbito de la Unión es hacerlo desde un punto de vista institucional, viendo el tratamiento que ha merecido por cada una de sus diferentes instituciones y órganos. Cada uno de ellos refleja un enfoque diferente ante esta cuestión dependiendo de su papel en el organigrama institucional y su propio perfil, de la penetración de los representantes estatales o regionales en dicha institución, o incluso dependiendo de sus diferentes responsabilidades, ya sean legislativas o ejecutivas o ambas a la vez. El Parlamento Europeo representa todo un ejemplo de cómo el perfil institucional condiciona el enfoque de la cuestión, en este caso mediatizado por las diferentes mayorías y grupos políticos que surgen tras cada uno de sus períodos electorales.

El Parlamento Europeo, institución central en el organigrama de la Unión, fue proclive en cierta época a sensibilizarse realmente con los objetivos de las regiones apostando verdaderamente por la necesidad de articular una verdadera "Europa de las regiones". Así, por ejemplo, en su Resolución de 18.11.1988 (DOCE nº 329, 19 de diciembre de 1988) por la que se aprueba la Carta Comunitaria de la Regionalización, además de plasmar un concepto avanzado, amplio, flexible, evolutivo y profundamente democrático de región, invita a los Estados miembros a "firmar y ratificar la Carta Europea de la Autonomía local". Esa sola manifestación de intenciones significaba un gran avance en el respeto al principio de la autonomía regional en el seno de las instituciones europeas, ya que aunque se trataba de una carta dirigida a la autonomía local y que venía aprobada en el Consejo de Europa, era sabido que sus repercusiones eran enteramente trasladables a los entes regionales según señalaba el propio articulado.

Igualmente, la Carta Comunitaria de la Regionalización de 1988 suponía un progreso claro para dicho concepto, porque aunque no se realizaba un reconocimiento expreso de la autonomía regional, el articulado en su conjunto suponía, y supone aún, la ventaja que siempre confiere la clarificación del esquema de competencias para las regiones dentro de la arquitectura del Estado. En su artículo 1.1 el texto del Parlamento Europeo contempla una definición de región y llama así "a todo territorio que forma, desde el punto de vista geográfico, una entidad neta o un conjunto similar de territorios, en los que existe continuidad y en los que la población posee ciertos elementos comunes y desea salvaguardar la especificidad resultante y desarrollarla con el fin de estimular el progreso cultural, social y económico" (artículo1.1). Se reconoce igualmente el derecho a contar con una autonomía financiera amplia para el desarrollo libre de las competencias regionales, se invita a los estados miembros a trabajar por la cooperación regional transfronteriza y se exhorta a los estados que se doten de mecanismos adecuados para que las regiones sean consultadas y participen mayormente en los procesos decisorios de aquellos asuntos europeos que se correspondan con ejercicio de sus competencias.

De tal forma que se puede asegurar que el Parlamento Europeo ha contribuido "no solo al fomento de la institucionalización de las regiones por partes de los estados – o a su conservación allí donde ya existían (artículo 2)-, sino que ha fijado las coordenadas esenciales de las entidades mencionadas, que ha concretado en la personalidad jurídica, (artículo 3,3), en la titularidad de competencias legislativas (artículo 11), en la existencia de asambleas legislativas elegidas directamente y de gobiernos elegidos democráticamente (artículos 6, 7 y 9)" (D'Antena, A.: 2007:1), si bien en cuanto a poderes legislativos el artículo 7.2 habla simplemente de "podrá" disponer. ""De suerte que la región legislativa es en el nivel europeo un tipo cualificado de región" (Arce Janáriz, A.: 2002: 3).

Pero la Carta Comunitaria de la Regionalización es el producto preciso de un momento histórico y político muy concreto dentro de la historia del proceso de integración. "Si la década de los setenta fue un período de creciente activismo dentro del proceso de integración europea, la década de los ochenta representó el pistoletazo de salida del enfoque regional como parte integrante de los estudios europeos. Los años siguientes -los noventa- fue la consideración de un papel más vigoroso para las regiones de la Unión Europea" (Alexandra Popartán, L.- Solorio Sandoval, I.: 2012: 12). Así fue, " a mediados de los ochenta, los grupos de presión regionales en Bruselas se convirtieron en algo usual desde que la primera oficina regional se instaló en Bruselas[42] " (Nouvila Rodrigo, M.: 2012:116), lo cual rápidamente se hizo notar en la escena institucional, primero con la promulgación de la Carta Comunitaria de la Regionalización por el Parlamento Europeo y luego, a través del Tratado de Maastritch (1992), con la creación en 1994 el Comité de las Regiones. Estos hitos normativos revelan un nuevo impulso para el regionalismo europeo y una nueva sensibilidad hacia dicho fenómeno (Ordóñez Solís, D.: 2007: 71; Nouvila Rodrigo, M.: 2012:116).

La mencionada Carta, por tanto, es la primera respuesta normativa europea a los intensos movimientos desde las regiones para que el fenómeno que protagonizan, el de una inédita mayor presencia en las políticas e instituciones de la Unión, se vea finalmente reconocido. "Gracias a la reforma de la política regional europea y la subsiguiente reforma de los Fondos Estructurales, a partir de 1988 se genera un interés sin precedentes por las regiones en la Unión Europea (Keating, M.: 2008: 630; Morata, F.: 2004, 159-160; Alexandra Popartán, L.- Solorio Sandoval, I.: 2012: 12)". Pero no fue solo la creación del Comité de las Regiones el único resultado de esa nueva sensibilidad regionalista, a partir de ese momento muchas políticas comunitarias se adaptaron para que las regiones tuviesen una mayor implicación en la gestión de las mismas, como en el caso de la política agrícola común (fondos FEOGA-Garantía), o en el campo de la política de cohesión a través de los Fondos Estructurales (Ordoñez Solís, D.: 2007: 71).

Pero ese momento álgido protagonizado por lo que fue llamado el "nuevo regionalismo" (Alexandra Popartán, L.- Solorio Sandoval, I.: 2012: 12) se fue desinflando rápida y progresivamente. Los tratados de Amsterdam (1999) y Niza (2001) resultaron de nuevo adversos para las regiones, poniendo de manifiesto su falta de capacidad para actuar colectivamente como un poder

42. *The Birmingham City Council.*

político, "especialmente en la negociación de los Fondos Estructurales" (Alexandra Popartán, L.- Solorio Sandoval, I.: 2012: 15). De tal forma que si durante los años noventa se pensaba que la construcción europea iba directamente encaminada a cristalizar en la que fue llamada la "Europa de las Regiones" (Nouvila Rodrigo, M.: 2012:116), más tarde con la llegada del nuevo milenio ese concepto regionalista europeo que hizo tanta fama se desacreditó casi del todo tanto en foros políticos como en ámbitos académicos, pasando más a un concepto de "Europa "con" las regiones" (Alexandra Popartán, L.- Solorio Sandoval, I.: 2012: 10-15).

De modo que así fue, en fases posteriores y una vez que los estados evidenciaron el creciente protagonismo que las regiones habían cobrado en el proceso de integración, con reclamaciones incrementales sobre su presencia en los procedimientos decisorios, además de la gran actividad desplegada por el *lobby* regional -con el Comité de las Regiones a la cabeza de todos esos movimientos-, se genera en el seno del Parlamento Europeo una corriente contraria al avance institucional de las regiones que busca a través de sus resoluciones reservarles un rol secundario, de mera consulta, en las fases iniciales de los procesos decisorios. Tan es así, que el propio Comité de las Regiones, en su Dictamen "sobre el papel de las regiones en la construcción europea", de 26 de marzo de 2003, expresa sin tapujos (ap.1.1) "su sorpresa por la poca sensibilidad de este documento de trabajo hacia el hecho regional, en contraposición a anteriores documentos del propio Parlamento Europeo, y a la tendencia iniciada con el Libro Blanco de la Comisión Europea y plasmada en la Declaración de Laeken, donde los Jefes de Estado y de Gobierno se refirieron a la necesidad de otorgar una atención especial a la dimensión regional con vistas a una mejor distribución y delimitación de competencias en la Unión Europea".

El Dictamen del Comité de las Regiones se refiere al Informe del Parlamento Europeo sobre el papel de los poderes regionales y locales en la construcción europea (2002/2141(INI)), de 4 de diciembre de 2002, de la Comisión Asuntos Constitucionales, cuyo ponente es Giorgio Napolitano - "Informe Napolitano"-. En este informe, que fue aprobado con posterioridad en sesión plenaria en forma de Resolución, se valora positivamente la posibilidad de que, "para la defensa de sus intereses, se conceda a las corporaciones regionales y locales dotadas competencia legislativa un derecho de recurso ante el Tribunal Europeo de Justicia", lo cual no deja de ser un avance en sí, no se puede negar, un avance que hubiera sido fundamental para las aspiraciones de las regiones europeas y que iría en línea con lo que se pretende sostener en este trabajo de investigación. Pero luego muy poco más, al contrario, por ejemplo el informe valora negativamente otorgar un estatuto de institución de la Unión Europea al Comité de las Regiones, que plantearía –sin concretar cuáles- importantes interrogantes y problemas y que, de alguna manera, supone una ruptura con respecto al "triángulo" comunitario histórico, que sigue teniendo validez. Por consiguiente, el ponente no ve ninguna posibilidad de incluir al Comité de las Regiones en procedimientos de co-decisión legislativa". Lógicamente, si no acuerda con dotar de mayor poder de influencia al Comité de las Regiones, al que considera como representante cualificado de los entes territoriales, todavía menos lo dirá de las regiones mismas, pues entiende que "se trata de tener como objetivo una preparación con más participación "desde abajo" de las políticas y directivas de la Unión, pero sin complicar ni hacer más prolijo de lo necesario el proceso de toma de decisiones en la Unión". Es decir, una vez más, y en la linea de pensamiento de los estados, se utilizan las razones organizativas para oponerse a los argumentos basados en la legitimidad de las regiones, frenando la influencia de éstas en procesos decisorios más allá de la mera consulta, por lo menos a través de su Comité. En otras palabras, se busca en teoría más participación de las regiones en procesos decisorios, pero de forma atomizada y a través del tamiz que interponen sus estados, y no de modo organizado y como bloque independiente a través de su Comité, al que se le veta el estatus de institución. A la postre, la supuesta mayor "participación desde abajo" se diluye en el marco de las intenciones porque luego decisiones concretas en esa dirección no se acaban de tomar.

El Parlamento Europeo y en ese mismo texto, como queriendo equilibrar su postura que establece considerables frenos al Comité de las Regiones en el terreno institucional, reconoce el papel que las regiones han desempeñado en la construcción europea abogando por una mayor presencia de los entes sub-estatales, aunque no se sabe de qué tipo, en los procesos decisorios. De esta manera, en su Resolución sobre el papel de los poderes regionales y locales en la construcción europea (2002/2141 (INI)) se establece que:

> "...Considerando que en los últimos años se ha ido formando una conciencia cada vez más clara de las funciones y la autonomía de las diversas administraciones regionales y locales de los Estados miembros; que las administraciones locales y regionales pueden desempeñar una función importante para acercar la Unión Europea a los ciudadanos, lo que constituye un objetivo importante del proceso de Niza;...
>
> Considerando que las regiones y las corporaciones locales contribuyen de maneras muy diversas al éxito de la obra de unificación europea mediante la aplicación del Derecho europeo a escala regional y local,...
>
> Consciente de que la protección y el refuerzo de la autonomía regional y local en los diferentes países europeos supone una contribución importante a la construcción europea basada en los principios de democracia, proximidad y descentralización del poder,
>
> Constatando que todas las legitimidades democráticas de que están dotadas las instituciones en todos los niveles de gobernanza tiene su propio mérito y que debe abandonarse el concepto jerárquico y piramidal del sistema institucional de la Unión.
>
> Considerando oportuno que la Unión Europea introduzca una mayor participación de las colectividades regionales y locales en el proceso europeo de toma de decisiones, desde la fase de preparación de las políticas y actos comunitarios, y que la Unión Europea debe asegurar asimismo una mayor colaboración con los entes que de hecho se encargan de ejecutar sus decisiones,..."

El nuevo giro en el espíritu de la política regional del Parlamento Europeo a través de esta última resolución, mirando otra vez a las regiones -que no al Comité de las Regiones- como sujetos políticos con capacidad de incidencia en el proceso de integración europeo, tampoco es casual. Si realizamos un nuevo análisis de contexto caeremos en la cuenta de que apenas un año antes de emitir la meritada resolución, en julio de 2001, la Comisión Europea presenta el ya mencionado "Libro Blanco de la gobernanza europea" como uno de sus principales objetivos estratégicos, como bien recordaba la resolución del dictamen del Comité de las Regiones de marzo de 2003. El Libro Blanco de la Comisión – que más tarde analizaremos con mayor detalle- introduce nuevos criterios de gobernanza, según los cuales, básicamente, ha de permitirse intervenir en el proceso de gobernanza europeo a todos aquellos actores que tengan interés en ello, y no solo a los que tengan capacidad para hacerlo (Morata Tierra, F.: 2002: 8), y sobre todo, buscar una mayor cercanía a los ciudadanos a través de la participación, la transparencia y la democracia regional y local: "la Comisión constata que las decisiones comunitarias no tienen suficientemente en cuenta las realidades regionales y locales" (Comunicado de la Comisión de 25 de julio de 2001. "La Gobernanza Europea – Un Libro Blanco". COM 428 (2001) final. DOC 287 de 12-10-2001)[43].

En este nuevo marco de ensanchamiento teórico sobre los criterios de participación institucional las regiones vuelven a tomar algo de oxígeno y a contar de nuevo como uno de los objetivos fundamentales de la Unión. Aunque lo cierto es que se trataba más de un intento de solventar los problemas de legitimidad, en el plano declarativo, dado que el sentimiento de los ciudadanos hacia la Unión era ya entonces de franca lejanía y de indiferencia, que no de resolver los problemas regionales y locales en sí, con medidas y actuaciones normativas concretas. En otras palabras, la invocación programática a la democracia regional no era más que el vehículo con el que intentar acercarse a la ciudadanía a través de declaraciones bienintencionadas, pero poco más.

Sea como sea, lo que sí podemos comprobar a través de esta resolución es que el Parlamento Europeo por fin no tiene más remedio que entrar a valorar en su justa medida el papel de los entes sub-estatales en el proceso de integración europeo, reconociendo lo imprescindible y legítimo que resulta defender y preservar la autonomía regional y local de cara a "asegurar el éxito de la obra de la unificación europea". Pero en cambio, no entra en el contenido concreto del concepto de autonomía regional ni muestra cómo materializar una

43. http://europa.eu/legislation_summaries/institutional_affairs/decisionmaking_process/l10109_es.htm.

mayor participación, con lo que aparte de ese escaso reconocimiento, no hace otra cosa sino que dejar esa función en las únicas manos de los Estados. En cualquier caso, la declaración descrita y realizada por el Parlamento Europeo en su Resolución sobre el papel de los poderes regionales y locales en la construcción europea (2002/2141 (INI)) constituye un paso esencial para el definitivo reconocimiento del principio de autonomía regional, siendo de especial relevancia, por cuanto en este caso proviene de un órgano cuya legitimidad se basa en la representatividad directa de los ciudadanos. Pero más adelante insiste en la importancia de esta nueva visión del papel regional cuando considera que:

> "1...para aproximarse a sus ciudadanos, la Unión Europea debe formular nuevos métodos participativos que reconozcan el papel fundamental de las colectividades locales y regionales, en particular en el proceso de preparación de las decisiones comunitarias, y en la aplicación de las políticas de la Unión, lo que reforzará la adhesión de los ciudadanos al desarrollo del proyecto de integración europea;
>
> 1.Pide (el Parlamento Europeo) que en las disposiciones pertinente de la Constitución Europea se reconozca el papel de las regiones, las provincias, los municipios y todas organización territorial que forme los Estados miembros, con vistas a la consecución de los objetivos de la Unión Europea;... pide además a los Estados miembros que refuercen los mecanismos internos de participación de las regiones y de las colectividades territoriales, en particular de las dotadas de poderes legislativos, en el proceso con arreglo al cual se forma la voluntad del Estado en el ámbito de los asuntos europeos y que revisten para ellas un interés específico".

II.1.B.- El Comité de las regiones, impulsor de la autonomía regional

Por su parte, el Comité de las Regiones se ha convertido en uno de los actores de mayor peso a la hora de perfilar los rasgos característicos de la autonomía regional (junto con los órganos creados al efecto del Consejo de Europa), así como de impulsar y difundir una conciencia europea sobre la necesidad de dotar a la autonomía regional de un reconocimiento normativo máximo, "de rango constitucional", en el derecho de los Tratados y especialmente en el

Tratado de Lisboa. Desde hace muchos años sus Dictámenes no han cesado de solicitar a la Comisión, y al resto de instituciones con poder legislativo dentro de la Unión Europea, que trabajaran en favor del reconocimiento legal de la autonomía regional al máximo nivel.

Esta firme determinación del Comité por lograr el reconocimiento normativo más alto para la autonomía regional podemos contemplarla en su Dictamen del Comité de las Regiones sobre "las nuevas formas de gobernanza – Europa: un marco para la iniciativa de los ciudadanos" (2001/C 141/01), de 14 de diciembre de 2000, en cuyo apartado 3.2 el Comité "reitera su llamamiento a que se reconozca el principio de autonomía local y regional, a la vez que espera que estos principios encuentren cabida en los Tratados". Es decir, desde un inicio y fiel a sus objetivos, el Comité de las Regiones es la institución que mayormente se ha caracterizado desde fuera de la órbita del Consejo de Europa y sobre la base de los textos emitidos desde esta organización por propagar que el autogobierno de las regiones no sólo contara con el reconocimiento normativo de las instituciones europeas, sino que yendo más allá, se aceptara igualmente como parte y principio esencial de la democracia y como componente fundamental en el proceso de integración política europea.

Obsérvese que en efecto este dictamen nos habla ya de "principio", categoría jurídica que desde ahora mantendrá sin interrupciones en todos sus documentos de trabajo y el que otorga en consonancia con la importancia que concede al concepto. Pues no en vano recordemos que "los principios -también- son normas jurídicas", a diferencia de los valores, simples convicciones éticas (Von Bogdandy, A: 2010: 23). La intención por tanto, es que además de rango constitucional, la autonomía regional venga dotada de la mayor fuerza normativa y se vea capaz de informar a todo el ordenamiento jurídico europeo. De hecho, la consideración de los principios, en el contexto normativo del derecho originario, ha de entenderse como "principios fundamentales" y es "útil entender los principios fundamentales como principios constitucionales y tratarles como tales" (Von Bogdandy, A.: 2010: 22).

Así es, el Comité de las Regiones se ha expresado en esa dirección ideológica en multitud de ocasiones, como en su Dictamen 2006/C 31/01 sobre "El estado del proceso de descentralización en la Unión Europea y el lugar de la autonomía local y regional en el proyecto de Tratado Constitucional" [44], que observa que los entes regionales "son ante todo portadores de democracia, conforman la diversidad cultural de Europa y son socios importantes del desarrollo socio-económico -europeo-". Desde nuestro punto de vista, esta perspectiva última que pretende subrayar el Comité en el preámbulo de su Dictamen - una idea que a menudo se pasa por alto por albergar cierto aire voluntarista en su enunciado-, sin embargo resulta de capital importancia para entender definitivamente la verdadera significación del papel de las entidades sub-estatales, tanto dentro como fuera del estado, y su virtualidad capital en el juego democrático.

Este dictamen nos introduce puntualmente en un tema fundamental para este trabajo y sobre el que forzosamente conviene detenerse. Los entes territoriales y especialmente los regionales, de forma distinta a como son valorados desde muchos gobiernos, no son simplemente centros administrativos descentralizados, origen muchas veces –según algunos- de gasto descontrolado y reductos de un poder residual que sustraen al estado central – amenazando su soberanía, según se piensa desde esas posiciones ideológicas -. Al contrario, las regiones son en sí mismas "portadoras de democracia", sujetos investidos de toda la legitimidad democrática y vehículos de la más inmediata y directa participación ciudadana, como bien sostienen los diferentes dictámenes del Comité.

En efecto, este sería el argumento central que, partiendo desde la doctrina científica, se promueve tanto desde el Consejo de Europa como desde el Comité de las Regiones y se desarrolla conjunta y constantemente como criterio definitivo para que finalmente sea normativizada la autonomía regional. Se trata sencillamente, al promover el respeto normativo por la autonomía regional de profundizar sobre las mismas bases de la democracia, ampliando de esta forma su radio de acción y dotando de mayor legitimidad al conjunto institucional del sistema. Se trata, por tanto, de un gran trabajo conjunto de

44. *Dictamen del 60 pleno celebrado los días 6 y 7 de julio de 2005.*

ambas organizaciones –por el que el Comité presenta e influye en el seno de la Unión Europea, a fin de crear un estado de opinión favorable, lo que básicamente se acuerda en el Consejo de Europa-, y de un compromiso compartido dirigido a re-definir las bases de la democracia, presentando el nuevo bloque de legitimidad regional como parte indispensable de los fundamentos de esa democracia moderna, y de paso, de forma premeditada o no, se lleva a cabo un intento loable de re-dimensionar el equilibrio de poder en los estados democráticos modernos en los que el valor superior y único de la soberanía nacional, por la que se da al Estado el monopolio de la manifestación nacional en el ámbito exterior, deberá ceder un tanto a favor de sus entes territoriales descentralizados, por ser igualmente depositarios de una parte muy considerable de la soberanía nacional.

De tal forma, que en consonancia con los nuevos criterios apuntados por la gobernanza multi-nivel (consistente en la gestión compartida de la *res* pública por parte de todos los niveles de administración, desde las entidades locales hasta el gobierno europeo, en un entorno de creciente complejidad social (Morata Tierra, F. : 2011: 35)) que se pretenden instaurar en el territorio de la Unión, la jerarquía de poder se relativizará para dar paso a unas relaciones caracterizadas por la lealtad y el respeto mutuo en el ejercicio de las respectivas competencias y una mayor libertad de acción, principalmente, en el nuevo ámbito exterior -que pasará a ser doméstico- de decisión que para las regiones conforman las instituciones europeas.

Este mismo dictamen del Comité de las Regiones, dictamen 2006/C 31/01, de 7 de julio de 2005, es igualmente de gran importancia porque recogiendo el resultado del trabajo conjunto de ambos organismos, Comité de las Regiones y Consejo de Europa, se habla expresamente de las "repercusiones directas e indirectas del reconocimiento de la Constitución Europea de la autonomía regional y local". Y sostiene con gran fundamento el criterio del reconocimiento normativo expreso de la autonomía regional a través de su sola mención en el artículo 4.2 del Tratado de la Unión Europea. Es cierto que en principio el dictamen va referido a la no nata Constitución Europea, precedente normativo más inmediato del Tratado de la Unión Europea, pero tenemos que decir que dicha consideración no varía en absoluto con la irrupción del texto de Lisboa en cuanto que, como hemos tenido ocasión de reflejar ya en esta tesis, aquella primera mención ha tenido continuidad casi literal en el Tratado de la Unión Europea vigente, lo que supone la continuidad de la validación en la formación de la voluntad de las partes contratantes que se dio en la negociación del Tratado constitucional. Aunque el dictamen admite en su apartado 1.26 que "dicho reconocimiento de la autonomía local y regional es genérico", y que "el papel específico de entidades locales y regionales queda reservada, en virtud del principio de la autonomía institucional, a los Estados miembros", a su vez llega a dos importantes conclusiones:

> -"El Tratado Constitucional otorga además a la autonomía regional y local un reconocimiento expreso al máximo nivel normativo, dotándola de este modo de rango constitucional, lo cual supone un paso importante en el deseo común de adecuar la Unión Europea a los legítimos intereses y expectativas de las entidades locales y regionales" (1.25).
>
> - "A pesar del carácter genérico de ese reconocimiento, el Tratado Constitucional posibilita una participación más activa de las autoridades regionales y locales a nivel comunitario, y favorece la protección jurídica de la autonomía local y regional".

Pero que la alusión a la autonomía regional expuesta en el artículo 4.2 se trate de una referencia que implica todo un reconocimiento (Morata Tierra, F.: 2011: 34) con todas las consecuencias jurídicas inherentes (debe recordarse que a partir de la letra del artículo 4.3 del Tratado de la Unión, se deduce que las normas de la Unión pueden crear derechos y obligaciones, los cuales son exigibles a todos y por todos los poderes públicos (Mangas Martín, A.- Liñán N., D.: 2012: 431), no es sólo una intención interpretada por el Comité de las Regiones, seguido del *lobby* regionalista europeo –como tendremos ocasión de comprobar más adelante-, interpretación ésta que siempre se podría considerar mediatizada por intereses de parte, sino que se trata de un reconocimiento en toda la regla, que era también compartido por los propios estados firmantes hasta el punto de hacerlo formal en sus propios documentos explicativos a la hora de dar la bienvenida a la reforma del tratado constitucional. Prueba irrefutable de ello es la posición dada a conocer, por ejemplo, por el gobierno británico ante el Tratado de Reforma que se presentaba en la Conferencia Intergubernamental de 2007, y que daría lugar al tratado firmado en Lisboa el mismo año, un documento que presentó ante el Parlamento Británico a través de su Ministerio de Asuntos Exteriores y de la Commonwealth, en julio de 2007, y que en su página 12[45] dice así - en el capítulo del papel que el nuevo tratado reservaba a los parlamentos nacionales y al principio de subsidiariedad-:

> "We also welcome the recognition the Reform Treaty gives to cultural and linguistic diversity and to regional and local self-government within the EU".

Prueba nuevamente de la constante simbiosis ideológica y normativa generada entre ambas instituciones, Consejo de Europa y Comité de las Regiones, a la que anteriormente hacíamos referencia, es el citado Dictamen del Comité sobre "las nuevas formas de gobernanza – Europa: un marco para la iniciativa de los ciudadanos" (2001/C 141/01), de 14 de diciembre de 2000, en cuyo preámbulo el redactor del dictamen reconoce haberse basado, entre otros documentos, en textos del Consejo de Europa cuando admite que "vista la Carta Europea de Autonomía Local del Consejo de Europa, firmada el 15 de octubre de 1985", iguales referencias se hacen del Proyecto de Carta Europea de Autonomía Regional, y a diversas resoluciones del Congreso de Poderes Locales y Regionales de Europa. Es decir, a partir de aquí queda claro que la ruta que traza el Comité para el desarrollo de los conceptos de autogobierno local y regional viene inspirada directamente por textos normativos que produce el Consejo de Europa, con lo que de forma más o menos directa se observa una maduración en la construcción conceptual de la autonomía regional. Asimismo, las sinergias institucionales constantes entre los órganos e instituciones de la Unión han contribuido a culminar la referencia de la autonomía regional en el artículo 4.2 del vigente Tratado de la Unión Europea.

De todas formas, esa necesidad de presionar en el ámbito de la Unión Europea sobre una visión de la autonomía regional, ejercida en colaboración, coordinada o no, desde el Comité de las Regiones y el Consejo de Europa (habida cuenta la acusada sensibilidad regional de ambas instituciones, cosa

45. http://www.realinstitutoelcano.org/especiales/EspecialFuturoEuropa/docs/British%20position%20on%20the%20IGC%20CM7174_Reform_Treaty.pdf.

que es más difícil que en principio ocurra con la Unión Europea, centrada en el protagonismo y los intereses de los estados miembros, como organización inter-estatal que es) no deja de revelar un panorama de tenso equilibrio entre las dos concepciones de Europa[46], la Europa intergubernamental y la "Europa de las regiones" y que es reconocido por no pocos autores, algunos ya citados –tanto desde el derecho como desde la ciencia política-. Así, por un lado, están quienes observan que "la evolución señalada en relación con los trabajos del Parlamento Europeo y del Comité de las Regiones, refleja un planteamiento dialéctico entre la integridad estatal y la autonomía regional, como si fueran dos realidades enfrentadas e incompatibles entre sí, en el sentido de que las entidades infraestatales pueden debilitar o desafiar la existencia misma del Estado" (Palomares Amat, M: 2005: 122).

Ejemplos actuales de la tensión latente entre estados y regiones no faltan en la actualidad en el seno de la Unión Europea.[47] Escocia frente al Reino Unido, Cataluña y Euskadi en España, o Flandes en Bélgica constituirían buenos ejemplos de regiones cuyos planteamientos políticos autónomos pondrían en tela de juicio la actual estructura política superior de sus respectivos estados.

De entre todos los organismos e instituciones europeas, la posición del Comité de las Regiones sobre la autonomía regional ha resultado sin duda la más comprometida y duradera. Aunque en un principio podrían caber dudas de su interés, ya que en hipótesis, el hecho de que las regiones pudieran actuar por sí mismas en el marco de la Unión podría vaciar de contenido al propio Comité como organismo político en el largo plazo, ello no ha sido inconveniente para que éste defendiera con consistencia, no sólo la necesidad del reconocimiento al máximo nivel de la autonomía regional, sino también la lógica utilidad que representaría el que las regiones pudieran defender sus competencias o los actos administrativos que les afectan, como parte importante del contenido de la autonomía regional, ante el Tribunal de Justicia de la Unión Europea.

---

46. *Estaríamos hablando de una idea de la construcción de Europa acaparada por los Estados, una integración intergubernamental, y una idea de Europa más regional, en cuya construcción participarían en mucho mayor grado que hasta ahora las entidades sub-estatales que sería la que mantendrían el Consejo de Europa y el Comité de las Regiones.*

47. *Sigue observando Palomares, citando por su parte a Huici Sancho que "otra visión superadora de esta dialéctica se inscribe en una tendencia europea dominante que no es la de la sustitución del Estado por la región sino, más bien, la de la reestructuración interna del Estado" (Huici Sancho, L.: 2003: 122). Todo ello, con el fin de conseguir una administración pública más eficaz, cercana a los ciudadanos y, por tanto, con mayor legitimidad política (Palomares Amat: 2005: 122).*

Esto lo podemos comprobar sin dificultad en un dictamen anterior, el Dictamen del Comité de las Regiones sobre el tema de "El papel de las Regiones en la construcción europea", DOC 73 de 26.3.2006, p. 57/63. En este dictamen se trata de valorar un informe del Parlamento Europeo [48] sobre el papel de las regiones en la construcción europea. Comienza el dictamen acogiendo favorablemente la iniciativa del Parlamento Europeo de elaborar un informe sobre ese aspecto, lo que a su criterio significa un paso adelante en el contexto del debate sobre la arquitectura de Europa. Y es llamativo, pero seguidamente (ap.1.1) arremete el dictamen contra la visión del Parlamento Europeo al afirmar que "muestra su sorpresa por la poca sensibilidad de este documento de trabajo hacia el hecho regional, en contraposición a anteriores documentos del propio Parlamento Europeo, y a la tendencia iniciada con el Libro Blanco sobre la Gobernanza de la Comisión Europea y plasmada en la Declaración de Laeken, donde los jefes de Estado y de gobierno se refirieron a la necesidad de otorgar una atención especial a la dimensión regional con vistas a una mejor distribución y delimitación de competencias en la Unión Europea".

En general, este último dictamen insiste en la necesidad de reforzar la consideración de la autonomía regional y local, dotándole del mayor rango normativo, y subrayar el principio de subsidiariedad como principio político con valor constitucional, defendiendo la necesidad de que las entidades regionales adquieran mayor presencia en los procesos decisorios de la Unión, especialmente en aquellos campos que sean de su competencia. Sobre todo debe resaltarse como el Comité de las Regiones reclama con firmeza "que los entes locales y regionales obtengan el derecho de recurso ante el Tribunal de Justicia de la Unión Europea cuando se vean perjudicados en sus competencias por los órganos de la Unión Europea". Dentro de los pasos necesarios en el seno de la organización para culminar con un concepto de autonomía regional, éste quizá era el último y el de mayor importancia. Es, como vemos, una declaración que supone una apuesta definitiva para que los entes regionales alcancen el grado máximo de su autonomía, en el seno de la Unión Europea, sin necesidad de su participación.

---

48. *Informe del PE sobre el papel de los poderes regionales y locales en la construcción europea (2002/2141(INI)), de 4 de diciembre de 2002, de la Comisión Asuntos Constitucionales*

El Dictamen del Comité de las Regiones "sobre el papel de las regiones en la construcción europea" acaba permitiéndose recordar que en el Libro Blanco sobre la Gobernanza en la Unión Europea ya se abriga la impresión de que "no siempre se asocian en suficiente medida a los agentes regionales y locales en la preparación de sus posiciones sobre las políticas comunitarias", y termina demandando a los Estados miembros que, "con arreglo a su organización interna, establezcan mecanismos internos adecuados para permitir a los niveles de gobierno regional y local (o sus asociaciones) que colaboren en la formulación de aquellos asuntos que sean de su competencia en las posiciones "nacionales" de cara a su debate en el Consejo de Ministros de la Unión".

De especial importancia para este trabajo por su fuerte actualidad y por las repercusiones que puedan suscitarse en relación a la autonomía regional en un marco histórico europeo es el "Dictamen del Comité de las Regiones sobre La descentralización en la Unión Europea y el lugar del autogobierno local y regional en la elaboración y ejecución de las políticas de la Unión Europea"[49]. Se trata sin duda de uno de los documentos más relevantes de este órgano en toda su trayectoria, por el enorme peso de los temas que trata, decididamente reivindicativo ante la crisis socio-económica que atraviesa Europa y por su vocación de reorganizar la doctrina local-regionalista que ha proyectado este organismo desde su fundación. Por otro lado, de su lectura se desprende su singular importancia para entender que ha sido un documento en el que subyace una fuerte influencia de los procesos separatistas escocés y catalán, en plena ebullición en el momento de su elaboración.

En efecto, el pleno del Comité de las Regiones entendió rápido que debía de posicionarse con respecto a esos procesos, como lo hace habitualmente con las cuestiones políticas de primer orden europeo, y más especialmente sobre todas aquellas que tienen que ver con el regionalismo continental.

En este denso documento, no olvidemos que procedente de un órgano consultivo de la Unión Europea, el cual tiene que ser obligatoriamente escuchado en todos los trámites legislativos en materias que tiene que ver con

---

49. *La descentralización en la Unión Europea y el lugar del autogobierno local y regional en la elaboración y ejecución de las políticas de la Unión Europea. (2013/C 139/08), DOUE del 17 de mayo de 2013.*

su esfera de influencia, se establecen sustanciales conclusiones, de las que aquí solo extraemos unas cuantas por ser realmente llamativas en relación al tema que se estudia. En su recomendación número 19[50] , por ejemplo, critica agriamente la tendencia creciente entre algunos Estados miembros a señalar a las regiones como uno de los factores que obstaculizan el logro de los objetivos presupuestarios a nivel nacional, en medio del contexto de crisis económica generalizada en Europa, pese a la responsabilidad principal de los Estados nacionales en la crisis.

En esa misma dirección argumental, el Comité de las Regiones critica de nuevo y se opone "a que la crisis económica y de la deuda y las medidas de austeridad que ha sido necesario adoptar en Europa se utilicen en algunos Estados miembros como pretexto para centralizar más competencias, para llevar a cabo una descentralización sin financiación adecuada o para simplificar, reducir o incluso eliminar estructuras sub-nacionales, lo que en definitiva conduce a una merma de la democracia regional y local, una tendencia basada en la errónea suposición de que los servicios públicos resultan menos onerosos si se trasladan al nivel central de gobierno (punto 22). El Comité "rechaza este tipo de política, ya que contraviene el principio de subsidiariedad europeo, según el cual las decisiones políticas y reglamentarias deberán efectuarse en el nivel más apropiado para el logro de los objetivos y lo más cerca posible de los ciudadanos" (punto 24).

Merece la pena tener en muy en cuenta las anteriores consideraciones, y es especialmente importante que dichas conclusiones surjan de este órgano consultivo de la Unión Europea, puesto que está participado de formaciones políticas de todos los colores, tendencias y regiones de toda Europa, lo cual le concede una credibilidad a sus argumentos fuera de toda duda. Por tanto, que la autonomía regional es un valor en crisis, a los ojos del Comité de las Regiones y no en el plano teórico sino el plano práctico, por la amenaza constante que llega principalmente desde los gobiernos centrales y con la crisis económica y financiera como pretexto no es ya una cuestión de opinión sino un hecho constatado, como en este mismo trabajo se ha puesto de

---

50. *La descentralización en la Unión Europea y el lugar del autogobierno local y regional en la elaboración y ejecución de las políticas de la Unión Europea. (2013/C 139/08), DOUE del 17 de mayo de 2013.*

manifiesto en anteriores ocasiones. En este sentido, el dictamen del Comité levanta oportuna acta de lo que se ha convertido en una práctica de dudosa ética desde un punto de vista democrático y asimismo desde el punto de vista de los principios fundamentales de funcionamiento de la Unión Europea como son los principios de subsidiariedad, proporcionalidad y gobernanza multinivel. El Comité alerta y denuncia sin contemplaciones la práctica de ciertos gobiernos centrales que se ha revelado cotidiana, de violentar sin miramientos a la autonomía local y regional, como modo fraudulento y anti-europeísta de reunir poder, socavando los mismos principios de la Unión, lo cual revela aún más la necesidad de seguir consolidando y divulgando la consagración del principio de autonomía regional como uno de los principios fundamentales de la Unión. Son prácticas que van justo en contra del signo de los tiempos y de lo que recomienda en propio Comité cuando, por ejemplo, en pro de profundizar en el autogobierno de las regiones y desde el punto de vista financiero asegura que "las regiones que más se financian con sus propios fondos hacen un uso más responsable de los recursos financieros disponibles y por lo tanto tienen unas finanzas públicas más sólidas; recomiendan a los Estados miembros que confíen más en los recursos financieros propios que en los sistemas de transferencias".

Es decir, en signo contrario, lo que recomienda el Comité es, antes de restringir competencias, profundizar en las mismas y animar a las regiones a tomar mayores responsabilidades incluso en el terreno financiero. Además, en sus recomendaciones políticas el Comité recuerda que es absolutamente cierto que los Estados miembros de la Unión Europea no están obligados en modo alguno a optar en su organización institucional por un modelo particular de descentralización, pero destaca al mismo tiempo que "la Unión Europea declara explícitamente, en concreto, en el artículo 4.2 del Tratado de la Unión Europea, que respeta la autonomía local y regional", lo que de forma indubitada obliga a los Estados miembros que cuenten con formas descentralizadas de gobierno a respetar igualmente la autonomía regional y local:

> "El Comité observa con preocupación la situación de la autonomía regional y local en algunos países europeos, motivada por las reformas emprendidas

> para la racionalización y sostenibilidad de la administración regional y local. En muchos Estados miembros los criterios de naturaleza económica imperantes en la actual crisis económico-financiera han conllevado la desnaturalización de los fundamentos democráticos de la autonomía local y regional, así como el detrimento profundo de la misma" (recomendación 24).

Más adelante, tras elaborar un repaso a la situación de la autonomía regional y local en Europa de los últimos años, se fija en los movimientos independentistas -de distinto origen y circunstancias- que han irrumpido con fuerza en los últimos tiempos, tanto en Estados miembros de la Unión Europea, como en países candidatos a la adhesión. Aboga en sus recomendaciones (62 y 63) por soluciones pacíficas para estas controversias, y a tenor de lo establecido en el artículo 4.2 del Tratado de la Unión Europea, que dichas soluciones se generen en el seno de los propios estados respetando su identidad nacional, también en lo que concierne a la autonomía regional y local. En su recomendación número 64, el Comité recuerda que "que en el caso de que una región obtuviese la independencia y quisiera integrarse en la Unión Europea, tendría que presentar una candidatura oficial al Consejo y seguir el procedimiento de adhesión del artículo 49 del Tratado de la Unión Europea como cualquier otro Estado miembro de la Unión Europea". El ponente de dicho documento es Franz Schausberger, Representante del Estado de Salzsburgo en el Comité de las Regiones y viene firmado, en abril de 2013, por Ramón L. Valcárcel Siso, a la sazón Presidente de la Comunidad de Murcia, y en la actualidad Vicepresidente del Parlamento Europeo.

Por tanto, por mucho que se quiera ver de otra forma, la determinación y la insistencia de los trabajos del Comité de las Regiones tuvieron un enorme peso en sucesos posteriores y acabaron de dar sus frutos para que el tratamiento de la autonomía regional variara de modo sustancial en el seno de la Unión Europea. No se trató solo de una llamada de atención sobre la existencia del fenómeno, sino una potente alerta sobre su importancia en el esquema de poder y en su desarrollo histórico, y ante todo, una aportación definitiva sobre el contenido del autogobierno regional y las ventajas de su correcta puesta en práctica.

II.1.C.- La cristalización de la autonomía regional en el proyecto de Tratado constitucional.

Meses después de la publicación del Libro Blanco de la Comisión, en febrero del 2002, se abrieron los trabajos de la Convención Europea[51] de cara al establecimiento de un Proyecto de Tratado por el que se instituye una Constitución para Europa, cuyo resultado fue entregado por su Presidente Valéry Giscard d'Estaing a la Presidencia Italiana en julio de 2003.

Los trabajos de la Convención supusieron una nueva oportunidad para el resurgimiento de la cuestión regional con motivo del proceso constitucional (Albertí Rovira, E.: 2008: 2). La Convención estaba compuesta por representantes gubernamentales de los países miembros, por representantes gubernamentales de países candidatos a la adhesión, por representantes de los parlamentos nacionales de estados miembros y de países candidatos, y por representantes del PE y de la Comisión[52]. El Comité de las Regiones -y esto ya es sintomático- asistió solo en calidad de institución invitada, con seis representantes, junto al Defensor del Pueblo Europeo, el Comité Económico y Social, y una selección de interlocutores sociales. Desde el punto de vista metodológico, "los trabajos de la Convención se organizaron en tres etapas: una fase de consultas, una fase de estudio y una fase dedicada a la elaboración del texto. La Convención se reunió en sesiones plenarias de dos o tres días de duración, a razón de una o dos reuniones al mes, en los locales del Parlamento Europeo en Bruselas. El Præsidium se reunió entre estas sesiones plenarias para prepararlas y para redactar, en la fase final, los artículos que podían ser objeto de consenso en la Convención"[53]. Para preparar de forma adecuada los trabajos, los debates se organizaron alrededor de once temas de estudio, a saber:

- el papel del principio de subsidiariedad;

---

51. *La Convención europea es un órgano no permanente cuya composición y método de funcionamiento viene recogido en el artículo 48 Tratado de la Unión Europea, y su objetivo fundamental es elaborar los trabajos de reforma ordinaria de los tratados. Hasta la fecha su cometido institucional se ha limitado a dos ocasiones: la primera, entre 1999 y 2000, que fue cuando elaboró la Carta de Derechos Humanos de la Unión Europea, y la segunda, ya citada, para la elaboración del Proyecto que establece una Constitución para Europa.*

52. *http://europa.eu/scadplus/european_convention/introduction_es.htm*.

53. *http://europa.eu/scadplus/european_convention/introduction_es.htm*.

- el futuro de la Carta Europea de los Derechos Fundamentales;
- la personalidad jurídica de la Unión;
- el papel de los parlamentos nacionales;
- las competencias complementarias;
- la Gobernanza económica;
- la acción exterior;
- la defensa;
- la simplificación de los procedimientos e instrumentos;
- el espacio de libertad, seguridad y justicia;
- la Europa social.

Como estaba previsto por parte de los agentes afectados, el tema de la autonomía regional se trató principalmente en el marco general del primer bloque. Especial relevancia cobra el punto en el que el Parlamento Europeo, en el marco de las negociaciones en el seno de la Convención y sobre las capacidades de las regiones, habla de las diversas posibilidades que se le pueden brindar a los entes sub-estatales para acceder al Tribunal de Justicia de la Unión Europea. Es de importancia este punto de cara al reconocimiento del principio de autonomía regional, en cuanto que una de las manifestaciones más relevantes de la autonomía de un ente sub-estatal -como ya sostuvimos en el capítulo I- es ciertamente la posibilidad de poder defender el contenido y los límites de su autogobierno ante el Tribunal de Justicia de la Unión Europea. De otra forma, difícilmente podríamos hablar sobre si las regiones pueden o no ejercer de forma completa su derecho a la autonomía en virtud del principio de autonomía regional.

> "Acceso al Tribunal de Justicia
>
> 8. Pide a la Convención que garantice que las regiones y otros entes territoriales, a la luz del principio de subsidiariedad y en caso de que un acto comunitario haya infringido directamente sus prerrogativas, puedan defender sus derechos ante el Tribunal de Justicia bajo la autoridad del Estado miembro de que se trate, de conformidad con su Constitución o su legislación nacional;"

Se trata de un cláusula de compromiso en la que el legislador europeo reconoce, por una parte, la importancia de que las regiones defiendan sus "prerrogativas" ante el Tribunal de Justicia, pero acto seguido, corrige tal aseveración, de formulación decididamente avanzada, para devolver la iniciativa a la voluntad del Estado, al conceder el privilegio regional de defender esos derechos "bajo la autoridad del Estado".

Es evidente que este último tramo del artículo, al retornar la iniciativa al Estado vacía de contenido la primera formulación, confirmando de nuevo las contradicciones que han caracterizado la postura del Parlamento Europeo ante el reconocimiento del principio de la autonomía regional, representadas por su avanzado criterio de la regionalización en su primera Resolución 18/11/1988, Carta comunitaria de la Regionalización y sus severas reservas posteriores, sobre todo en el citado Informe "sobre el papel de los poderes regionales y locales en la construcción europea" (PE 2002/2141(INI)), de 4 de diciembre de 2002. Resulta evidente, a la lectura del precepto transcrito anteriormente, que al Parlamento Europeo no le seduce un panorama institucional en el que las regiones se muevan con libertad de actuación en procesos decisorios, fuera de la esfera de dominio del estado.

En este sentido resulta paradójico que un órgano representativo como el Parlamento Europeo sea limitador a la hora de resolver defectos de legitimidad de los que adolece el sistema comunitario, como es el insuficiente papel institucional de las regiones. Desde nuestro punto de vista, el Parlamento vuelve a hacer una lectura a favor de las tesis estatales sobre las capacidades de las entidades regionales, olvidando la legitimidad democrática de la que vienen investidas las regiones, especialmente aquellas que cuentan con sus propias asambleas legislativas, y que les hacen merecedoras de ese acceso al Tribunal de Justicia, especialmente al verse reconocido el principio de autonomía regional y ante la circunstancia de verse "perjudicadas en sus prerrogativas" por un acto comunitario.

En suma, la postura del Parlamento Europeo parece inclinarse por reservarse para sí un estatus privilegiado de co-decisión en exclusiva, que no en involucrar a las regiones en procesos decisorios que superen su participación limitada en la formación de la voluntad de los Estados. Su contribución a la construcción de un concepto europeo de autonomía regional es más bien escasa desde el punto de vista de su definición jurídica, y no va más allá de acometer el avance de aspectos parciales a través de declaraciones institucionales. Resumen de su postura es la recomendación que en su día hizo a la Convención para la modificación del Tratado a través de la siguiente enmienda:

> "b) Modifíquese el apartado 3 del artículo 6 del Tratado Unión Europea: «La Unión respetará las identidades nacionales de sus Estados miembros, así como su estructura territorial y la autonomía de las regiones y los municipios»;

De la lectura de la propuesta se desprende que la postura del Parlamento Europeo es muy próxima a la exhibida por los estados, consistiendo en un mero reconocimiento formal no vinculante de la autonomía regional, y desde luego sin entrar a desarrollar su contenido.

Será definitivamente algo más tarde, tras el proceso de negociación en el que el *lobby* regional presionó para que apareciera en el fallido proyecto de Tratado por el que se establece una Constitución para Europa, en su artículo I-5.1, cuando al fin aparece la mención expresa a la autonomía regional.

> Art. I-5. Relaciones entre la Unión y los Estados miembros,
>
> 1.La Unión respetará la igualdad de los Estados miembros ante la Constitución, así como su identidad nacional, inherente a las estructuras fundamentales políticas y constitucionales de éstos, también en lo referente a la autonomía local y regional. Respetará las funciones esenciales del Estado, especialmente las que tienen por objeto garantizar su integridad territorial, mantener el orden público y salvaguardar la seguridad nacional.

La inclusión del respeto a la autonomía regional respondió sin duda a la presión ejercida desde el *lobby* regional en el seno de la Convención, el llamado "Grupo de Contacto de Regiones y entes locales", y "supone un –gran- avance en el modelo regional de la Unión Europea, ya que muchas de las demandas que las regiones plantearon a la Convención, sobre todo la defensa de sus competencias y sus peculiaridades culturales, han recibido satisfacción" (Aldecoa Luzárraga, F: 2004: 55).

La reunión principal entre los miembros de la Convención[54] y los representantes regionales y locales tuvo lugar en Bruselas, en sesión plenaria, el 7 de febrero de 2003, cónclave que fue consagrado por entero a la "Dimensión Regional y Local en Europa". Allí el *lobby* regional, autodenominado en varios de sus documentos internos como "Plataforma de asociaciones"[55] expuso su abanico de propuestas y entre ellas especialmente las que tenían que ver con el "Respeto de las identidades nacionales, regionales y locales", que fueron debidamente contrastadas con las propuestas que al respecto presentaron por su parte el Parlamento Europeo, la Comisión Europea y el Comité de las Regiones, así como - y esto es de gran importancia-, la colocación sistemática del precepto en el texto constitucional, propuestas que se sintetizan en el siguiente cuadro sinóptico[56] .

---

54. *La Convención estaba formada por dos representantes de cada parlamento nacional, dieciséis diputados al PE, dos representantes de la Comisión, y un representante de cada gobierno nacional que prepararon el borrador en público, "y que en lo esencial no fue modificado por la CIG de 2004", quedando la base de ese consenso como el cuerpo central de su reforma en el que luego sería el Tratado de Lisboa. Resolución PE sobre el Tratado de Lisboa, 2007/2286 (INI).* http://www.europarl.europa.eu/sides/getDoc.do?pubRef=-//EP//NONSGML+REPORT+A6-2008-0013+0+DOC+PDF+V0//ES.

55. *La plataforma estaba integrada por representantes de las siguientes organizaciones: ARE – Asamblea de las Regiones de Europa-, ARFE –Asociación de Regiones Fronterizas de Europa-, CALRE –Conferencia de Asambleas Legislativas Regionales Europeas-, CMRE –Consejo de Municipios y Regiones de Europa, CRPM –Conferencia de Regiones Periféricas Marítimas de Europa, EUROCITIES –Red de grandes ciudades europeas, REGLEG –Comité de coordinación de regiones con poder legislativo-.*

56. *Dicho cuadro fue elaborado por la Conferencia de Regiones Periféricas Marítimas de Europa, para su presentación a los miembros de la Convención Europea y su discusión en la sesión Plenaria de 7 de febrero sobre la dimensión local y regional de la Unión Europea. Las propuestas ya habían sido presentadas previamente en sesión del Grupo de contacto de Regiones y Entidades Locales de 30 de enero de 2003, reunión presidida por Sr. Dehaene. Más información en:* http://european-convention.eu.int/pdf/reg/en/03/cv00/cv00523.en03.pdf:

DOCUMENTO DE TRABAJO DE LAS ASOCIACIONES EUROPEAS DE AUTORIDADES LOCALES Y REGIONALES

A la atención de los miembros de la Convención Europea, sesión plenaria de 7 de febrero sobre la dimensión local y regional de la Unión.

CONSIDERACIÓN DEL PAPEL DE LOS ACTORES LOCALES Y REGIONALES EN EL TRATADO CONSTITUCIONAL

1.- Respecto de las identidades nacionales, regionales y locales.

Institución/ Organización	FORMULA PROPUESTA *	POSICIÓN EN EL TRATADO **
Plataforma de Asociaciones	«La Unión Europea contribuirá a preservar y desarrollar los valores comunes en el respeto de la diversidad de las culturas y tradiciones de los pueblos de Europa, así como de la identidad nacional de los Estados miembros y de la organización de los poderes públicos a escala nacional, regional y local.» «La Unión actuará en el respeto de las identidades nacionales de sus Estados miembros, de su organización interna y de la autonomía de sus regiones y municipios.»	Preámbulo Artículo 6.
Parlamento Europeo	«La Unión respetará las identidades nacionales de sus Estados miembros, así como su estructura territorial y la autonomía de las regiones y los municipios.»	Artículo 6, apdo. 3.
Comisión	El Tratado debe mencionar que la integración ha de realizarse «respetando en todo momento la diversidad de las identidades nacionales, regionales y locales.»	No precisado
Comité de las Regiones	«La Unión actuará en el respeto de la identidad nacional de sus Estados miembros, incluidos (con arreglo a su organización interna) sus entes regionales y locales.»	Artículo 6.
Comité de Coordinación regiones con poder legislativo	Si los parlamentos nacionales participan en el mecanismo previo de evaluación del respeto de los principios de subsidiariedad y de proporcionalidad, debería hacerse extensiva esta participación a los parlamentos regionales en las materias de su competencia, respetando las normas internas de los Estados.	Sin precisar

El presente cuadro sinóptico fue elaborado por la Conferencia de Regiones Periféricas Marítimas de Europa.

* Extractos de los documentos:

- Petición de la plataforma de cuatro organizaciones representativas de las autoridades regionales y locales (ARFE, CMRE, CRPM, EUROCITIES) a los miembros de la Convención, con miras a la sesión plenaria dedicada al papel de las autoridades regionales y locales en la Unión Europea de 7 de febrero de 2003.

- « Dar un valor constitucional al papel de las autoridades regionales y locales en la Unión Europea». Documento de trabajo de las organizaciones europeas de autoridades locales y regionales (ARE, ARFE, CMRE, CRPM, EUROCITIES), de 23 de octubre de 2002

- Resolución del Parlamento Europeo sobre el papel de los poderes regionales y locales en la construcción europea (2002/2141(INI))

- Comunicación de la Comisión Europea sobre la arquitectura institucional «Para la Unión Europea: paz, libertad, solidaridad» (COM (2002)728 final)

- Dictamen del Comité de las Regiones de 21 de noviembre de 2002 sobre «El papel de las regiones en la construcción europea» (CdR 237/2002 fin)

- Contribución de seis observadores en la Convención « El Comité de las Regiones y el futuro de la Unión Europea» CONV 494/03 CONTRIB 197, de 17 de enero de 2003.

- Estudio de viabilidad, documento de trabajo conocido como PENELOPE: "Contribución a un anteproyecto de Constitución de la Unión Europea », elaborado por un grupo de trabajo de la Comisión Europea, bajo la dirección de F. Lamoureux, a petición del Presidente Prodi y de acuerdo con los Comisarios Barnier y Vitorino, de 4 de diciembre de 2002.

** Referencia a la numeración del proyecto de Tratado presentado por el Praesidium.

De la lectura de este cuadro sinóptico se desprende que las demandas regionales no sólo iban en la dirección de que se reconociera la autonomía regional, sino que también abarcaban otros aspectos de gran interés, entre los cuales el deseo de acceder, por fin, y como corolario a su derecho a la autonomía y en correspondencia con la personalidad jurídica plena de la que en teoría gozan –al menos en el ámbito interno[57]-, a poder accionar por sí mismas (tener derecho a recurso directo) ante el Tribunal de Justicia de la Unión Europea. "Por último, se llevó a cabo un amplio intercambio de opiniones sobre el derecho de recurso de las regiones con competencias legislativas. Estas últimas insistieron repetidamente, como es lógico, en que esta cuestión no se dejase al desarrollo jurisprudencial -camino más incierto en su desarrollo que no un precepto, que todo lo clarifica ya desde un inicio- y consideraron que la propuesta que figuraba en el punto 8 de la Resolución del

57. *Y a nuestro juicio, también en el ámbito externo a partir del artículo 3.3 de la Resolución del Parlamento Europeo de 18 de noviembre de 1988, Carta comunitaria de la Regionalización, DOE 19.12.1988: "las regiones dispondrán de personalidad jurídica plena". Aunque si bien en el precepto no especifica si esta personalidad puede proyectarse en el ámbito exterior de la Unión Europea, esto es posible a través de la lectura de la STCE 165/1994.*

Parlamento Europeo de 14 de enero[58] no era satisfactoria[59]". A la postre, como es bien sabido, ninguna de las propuestas en esta línea fue recogida en el Tratado constitucional, ni desde luego más tarde en el Tratado de la Unión Europea.

También se solicitó el reconocimiento de la democracia y la autonomía local como valores fundamentales de la Unión. En este sentido se destaca la propuesta de la Plataforma para que la Unión Europea respete "los derechos vinculados a la autonomía local consagrados en la Carta de la Autonomía Local del Consejo de Europa de 1985" [60], con la sugerencia de que la demanda figurara en el artículo 6. Por su parte el Parlamento apoyaba esta propuesta en los mismos términos.

En este apartado, igualmente merece ser consignada la propuesta del Comité de las Regiones según la cual y en el mismo artículo debería precisarse que "la Unión respetará el principio de autonomía regional, así como los derechos relacionados con la autonomía local, tal y como se garantizan en la Carta de Autonomía Local del Consejo de Europa de 1985" –el apartado 3 debería hacer referencia a la Carta de Derechos Fundamentales y las disposiciones deberían integrarse en el Tratado-." (CONV 523/03: p. 8, pto.3). Y aunque la propuesta tampoco salió adelante es la primera vez que aparece en un documento oficial en el ámbito de la Unión la expresión "principio de autonomía regional". En este caso, la propuesta se inclinaba por reflejar este principio, tal cual, en el artículo 6 del Texto. El Comité, acudiendo a esta fórmula de máximos por la que la autonomía regional alcanzaría la categoría de principio trataba de asegurarse que la autonomía regional apareciera reconocida por fin de alguna forma, ni que sea luego a costa de ceder en el terreno de su categoría jurídica desechando la alusión a su rango como principio.

58. *"Pide a la Convención que garantice que las regiones y otros entes territoriales, a la luz del principio de subsidiariedad y en caso de que un acto comunitario haya infringido directamente sus prerrogativas, puedan defender sus derechos ante el Tribunal de Justicia bajo la autoridad del Estado miembro de que se trate, de conformidad con su Constitución o su legislación nacional;"*

59. *"Pide a la Convención que garantice que las regiones y otros entes territoriales, a la luz del principio de subsidiariedad y en caso de que un acto comunitario haya infringido directamente sus prerrogativas, puedan defender sus derechos ante el Tribunal de Justicia bajo la autoridad del Estado miembro de que se trate, de conformidad con Constitución o su legislación nacional".*

60. *(CONV 523/03: 8), Bruselas 31 de enero de 2003 (05.02). Or (fr). Nota informativa de la Secretaría a la Convención.*

3. Reconocimiento del principio de la democracia y la autonomía local como valores fundamentales de la Unión

INSTITUCIÓN/ORGANIZACIÓN	FÓRMULA PROPUESTA	POSICIÓN EN EL TRATADO
Plataforma de asociaciones	*"La Unión Europea respeta los derechos vinculados a la autonomía local consagrados en la Carta Europea de la Autonomía Local del Consejo de Europa de 1985."*	Artículo 6
Parlamento Europeo	*Apoya la petición de que el nuevo marco institucional de la Unión Europea incorpore la Carta Europea de la Autonomía Local como parte del acervo comunitario.*	Sin precisar
Comité de las Regiones	*"La Unión respetará el principio de autonomía regional, así como los derechos relacionados con la autonomía local, tal y como se garantizan en la Carta de Autonomía Local del Consejo de Europa de 1985."* *El apartado 3 debería hacer referencia a la Carta de Derechos Fundamentales y las disposiciones deberían integrarse en el Tratado.*	Artículo 6

Cuadro sinóptico fue elaborado por la Conferencia de Regiones Periféricas Marítimas de Europa. (Cont.).

Al contrario de lo que sostiene buena parte de la doctrina (Petrisch: 2009: 12, Palomares Amat, M.: 2005: 120, Sobrido Prieto, M.: 2005: 47) y parte incluso de los operadores intervinientes, el Comité de Regiones sostiene por su parte que la mención a la autonomía regional en el artículo 4.2 alcanza consecuencias jurídicas de todo orden. Y de hecho así es, la referencia a la autonomía regional en el articulado del proyecto de constitución –redacción que literalmente se recogió íntegramente en el Tratado de Lisboa, con la excepción del último tramo del artículo[61], y que fue incluido posteriormente en el llamado trámite de Tratado de Reforma- es el resultado de la confrontación de las diferentes posturas al respecto y del posterior acuerdo final para que la autonomía regional apareciera justo de esa forma y no de cualquier otra.

Hemos de tener en cuenta que, como es lógico, todas las partes negociadoras sabían perfectamente qué consecuencias cabía esperar en caso de adoptarse una u otra fórmula. Es decir, todas esas partes tenían presente que la mención del principio de autonomía regional en el texto suponía conceder legitimidad a

61."*En particular, la seguridad nacional seguirá siendo responsabilidad exclusiva de cada estado miembro*".

las demandas de reconocimiento de las mismas y suponía, por tanto, darles definitivamente un reconocimiento formal en la letra del Tratado.

Así las cosas, es ése y no otro significado que se le debe dar al artículo I-5.1 del fallido proyecto constitucional europeo, el reconocimiento definitivo en el derecho primario europeo de la autonomía regional o en palabras de otros autores, de la "realidad regional" (Albertí Rovira, E.: 2008: 2), y ese es igualmente el sentido que deberá tener la lectura del artículo 4.2 del actual Tratado de la Unión Europea. No en vano, el Tribunal de Justicia de la Unión Europea, en cuanto a los criterios de interpretación de las normas "ha insistido en la unidad de los Tratados comunitarios y la posibilidad de interpretación analógica de las disposiciones de uno de los Tratados con referencia a los textos de los restantes" (Ruiz-Jarabo, D: 1984:189). Es decir, aunque es cierto que el Proyecto de Constitución no acabó viendo la luz, el hecho de que el artículo citado haya sido trasladado casi íntegramente al posterior Tratado de la Unión Europea desde ese otro Proyecto, induce a buscar una correcta interpretación, por analogía, a la luz del proceso de desarrollo en su texto original.

Al respecto debe recordarse que el actual Tratado de la Unión europea recoge buena parte del malogrado proyecto de tratado constitucional. El filtro de una Conferencia Intergubernamental, la del Consejo Europeo del 21 y 22 de junio de 2007, que tras un período de reflexión que los estados abrieron en 2005, acordó desechar la técnica de un tratado constitucional, una vez Holanda y Francia rechazaron el texto constitucional en referéndum, y se adoptó un acuerdo unánime de los estados miembros (con la participación activa de tres representantes del Parlamento Europeo) sobre la base de la técnica tradicional del tratado ("Tratado de Reforma") que conservaría lo esencial de la Constitución y eliminaría los elementos rehusados por la ciudadanía de esos estados[62].

"La primera sensación que produce la lectura del mandato salido del Consejo Europeo de junio es que en su esencia el futuro tratado de reforma mantendrá la esencia del Tratado Constitucional" (Martín y Pérez de Nanclares, J.: 2007:

62. *Para más información sobre este Consejo Europeo de 2007:*
http://europa.eu/legislation_summaries/other/constitution_european_council_2007_es.htm.

4). Es decir, a partir del Tratado de Reforma, y conservando la redacción del artículo I.5.1 dispuesta en la Convención para el tratado constitucional previo, los estados miembros estaban validando completamente sus consecuencias y su significado. "Las modificaciones que persiguen eliminar todo atisbo constitucional podrían parecer *prima facie* de enorme trascendencia. Mas en en el fondo son casi "cosméticas" (Martín y Pérez de Nanclares, J.: 2007: 3). Este Tratado fue en efecto el resultado del mandato efectuado por la CIG de 2007 y reflejado en el documento de la Secretaría General del Consejo de la Unión Europea 11218/07, POLGEN 74, de 26 de junio de 2007.

En definitiva, la mención a la autonomía regional era un propósito buscado por todas las partes, y el resultado finalmente obtenido, a través del artículo establecido, no surge fruto de la generación espontánea provocada por una imperfecta redacción del legislador o por una omisión involuntaria. Parece obvio que a la vista del intrincado proceso de elaboración normativo una mención así se haga de forma accidental y sin consecuencias jurídicas. Al contrario, se trata de una fórmula de consenso que busca satisfacer la pretensión de la mayoría de las partes que intervinieron en este delicado punto.

La fórmula finalmente recogida en los términos como hoy la conocemos en el artículo 4.2 del Tratado de la Unión Europea refleja pues, por un lado, la postura de algunos estados, como la República Federal Alemana, y el lobby regionalista, que piensan que la autonomía regional forma parte de la identidad nacional y que merece ser respetada y tener reflejo normativo "de rango constitucional" –en palabras del Comité de las Regiones-. En segundo lugar, dicha fórmula pretende mostrar el parecer de la mayor parte de los estados, que con una mención como la que se lleva a cabo acceden a un reconocimiento a nivel testimonial sin ir más allá. Y esto es así porque en gran parte esta mayoría de estados desean poner freno a la expansión de las regiones en el entramado institucional europeo y preservar de esta forma su papel central y único en el escenario institucional. En definitiva desean que la Unión no pierda su condición de organización supranacional fundada y compuesta únicamente por estados. Acaso se vislumbra la presencia de una tercera vía, la del Parlamento Europeo, que aunque más inclinada hacia las tesis gubernamentales, toleraría una mayor presencia regional en los textos constitutivos pero sin llegar a un reconocimiento formal y completo.

En otro orden de factores, es igualmente interesante observar qué posición en el articulado del Tratado constitucional desea reservar cada una de las partes intervinientes en el Grupo de Contacto para ver positivizado el reconocimiento de la autonomía regional. Es evidente que de cada propuesta en este punto se puede presumir la categoría y la naturaleza jurídica que le pretende otorgar cada uno de los actores participantes al reconocimiento del principio de autonomía regional y, de paso, la implicación real de cada una de las partes en el asunto. Como es previsible, la Comisión se alza una vez más en un papel casi arbitral, proponiendo una fórmula neutra, demasiado genérica, sin precisar su ubicación en el articulado. Es más una propuesta de compromiso que no una oferta concreta con la intención de influir en la decisión de las partes y los miembros de la Convención, teniendo en cuenta además que se trata de un ofrecimiento algo comprometido en cuanto, quizá sin pretenderlo, coloca casi en plano de igualdad la identidad nacional de los estados miembros y la autonomía de regiones y municipios.

Por su lado y como es lógico, será la Plataforma de asociaciones regionalistas la que más fuerte apostará por ese reconocimiento. Y lo hace desde una doble propuesta, realmente atrevida, pero que bien analizada y siendo realistas, no podía figurar de ninguna forma como un objetivo que fuera asumible por parte de la Convención. Empieza sugiriendo una mención en el Preámbulo del texto, a modo de "valor común" – principio general- y que incluye un papel proactivo de la Unión Europea a la hora de "preservar y desarrollar los valores comunes en el respeto de la diversidad de las culturas y tradiciones de los pueblos de Europa, así como de la identidad nacional de los Estados miembros y de la organización de los poderes públicos a escala nacional, regional y local". Esta propuesta supondría trasladar casi literalmente el contenido del párrafo 3 del Preámbulo de la Carta de Derechos Fundamentales de la Unión Europea al articulado del Tratado, y no en vano, bien pensado tendría su lógica pues en realidad significaría dotar de mayor coherencia al sistema legislativo europeo, ya que se está trasladando a los textos constitutivos un valor que debe irradiar espíritu a todo el sistema.

Pero naturalmente, la inclusión de términos en los que se busca el compromiso activo de la Unión en defensa de la "preservación y el desarrollo" de los principios mencionados, es precisamente un escenario que no desean los estados, en tanto que se le dota a la Unión de un papel de árbitro que vigila y fomenta cuestiones, como es la organización de los poderes públicos, que solo se puede interpretar como una intromisión de la organización en cuestiones internas, que era precisamente lo que se pretendía evitar.

La segunda propuesta de la plataforma, sin embargo, buscará equilibrar el efecto de las consecuencias que pudiera aparejar la aprobación del párrafo anterior y su inclusión en el Preámbulo, a base de sugerir una propuesta de redacción aproximada a las tesis de los estados miembros. Su enunciado dice así, exactamente: "La Unión actuará en el respeto de las identidades nacionales de sus Estados miembros, de su organización interna y de la autonomía de sus regiones y municipios".

Tanto Parlamento Europeo como Comité de las Regiones, eligen igualmente fórmulas de compromiso, si bien en principio, y es curioso, la fórmula escogida por el Parlamento puede parecer en principio más favorecedora a las tesis regionalistas que la esgrimida por el propio Comité –que como recogimos con anterioridad en uno de sus Dictámenes, pretendía dotar al reconocimiento de la autonomía regional de rango constitucional-, al diferenciar claramente el respeto de la Unión Europea por la estructura territorial, del respeto a la autonomía de las regiones y los municipios como valor específico, cosa que no hace la propuesta del Comité, que se dirige más al respeto a los "entes regionales y locales" como partes que son de los Estados miembros . En ambos casos la ubicación elegida es el artículo 6, en la Parte I y Título I: "De la definición y los objetivos de la Unión".

Por último, el Comité de Coordinación de regiones con poder legislativo, lanza una propuesta tan ambiciosa como confusa, buscando un triple objetivo: un respeto por la autonomía regional y la diversidad cultural de los pueblos de Europa como principios generales en el derecho de los tratados, una toma en consideración en todo momento, por parte de la Unión, sobre el reparto de competencias en el seno de los Estados, y por último una mención expresa en el artículo 6.3 sobre el respeto a la identidad nacional, que deberá abarcar la dimensión regional y local. Esta propuesta tampoco podría ser asumible por los representantes de los Estados en la Convención, en tanto que, sobre todo en su proposición segunda se otorga nuevamente a la Unión un papel proactivo en el juego del reparto de funciones, al dotarle de cierto aire regulador cuando le conmina "a tener en cuenta –sin cuestionarlas- las normas internas de los Estados miembros relativas al reparto de las competencias".

El resultado surtido en la redacción final del precepto fue el artículo I.5.1, y tal cual fue acordado en la mesa negociadora de la Convención –cuyos trabajos fueron presentados por Valery Giscard D'Estaigne, como Presidente de la Convención, en julio de 2003, en Roma-, a los Estados miembros, así pasó al grupo de expertos jurídicos en la conferencia intergubernamental de 2003/2004, sin que por parte de éstos se aportaran objeciones en este punto[63]. Si bien antes de la aprobación final del Proyecto de Constitución para Europa, los representantes diplomáticos trataron como plenipotenciarios de las últimas cuestiones de importancia, según la visión particular del texto que mantenía cada representación, lo cierto es que sobre este punto nadie solicitó modificaciones a dicho precepto, validando por tanto su contenido íntegramente tal y como les llegó desde la Convención. Finalmente, pues, fue íntegramente reproducido (con el añadido de la exclusividad de la responsabilidad estatal sobre la seguridad nacional) en el artículo 4.2 del actual Tratado de la Unión europea.

En definitiva, la autonomía regional era un propósito absolutamente buscado por todas las partes, y la clave era dar con una fórmula que diera con un improbable equilibrio que satisficiera a todos; era una cuestión, entonces, de modular la intensidad exacta del concepto a través de una mención precisa. Por un lado, así, refleja la postura de algunos estados, como la República Federal de Alemania y el *lobby* regionalista, que piensan que la autonomía regional forma parte de la identidad nacional y que merece ser respetada y tener reflejo normativo "de rango constitucional" –en palabras del Comité-. Por el otro, pretende mostrar el parecer de de los estados, que acceden a ese

63. http://www.consilium.europa.eu/igcpdf/es/03/cg00/cg00004.es03.pdf. *Documento de base. Observaciones de redacción y jurídicas sobre el Proyecto de Tratado por el que se instituye una Constitución para Europa.*

reconocimiento, a nivel testimonial, porque en gran parte desean poner freno a la presencia excesiva de las regiones en el entramado institucional europeo.

Se vislumbra la presencia de una tercera vía, la del Parlamento Europeo, que aunque ciertamente más inclinada hacia las tesis gubernamentales, toleraría una mayor presencia regional en los textos constitutivos. Su alusión al respeto de la Unión Europea por "la autonomía de las regiones y los municipios", de forma separada a la identidad nacional de los estados miembros y su estructura territorial, sugiere que el valor de "la autonomía de las regiones y los municipios" es un bien jurídico protegible en sí mismo y merecedor de un tratamiento diferenciado en la legislación europea, cuyo reflejo en el Tratado vendría propuesto en el artículo 6, apartado 3.

2- El artículo 4.2 del Tratado de la Unión europea

Resultaba imposible desvelar el verdadero sentido que encierra el artículo 4.2 del Tratado de la Unión Europea sin mirar hacia atrás y analizar el proceso negociador a través del cual fue elaborado dicho precepto. Ninguna de las partes contratantes pensó que con la reforma del Tratado Constitucional fuera a variar el cuerpo central y el espíritu del texto[64]. Por tanto, la redacción del artículo 4.2 Tratado de la Unión Europea, finalmente se recogió de la siguiente manera:

> "La Unión respetará la igualdad de los Estados miembros en los Tratados, así como su identidad nacional, inherente a las estructuras fundamentales políticas y constitucionales de éstos, también en lo referente a la autonomía local y regional. Respetará las funciones esenciales del Estado, especialmente las que tienen por objeto garantizar su integridad territorial,

64. *"El proceso que condujo al Tratado de Lisboa fue la consecuencia del resultado negativo de dos referendos sobre el Tratado constitucional celebrados en mayo y junio de 2005. En respuesta a este revés, el Consejo Europeo decidió concederse un «período de reflexión» de dos años. Por último, sobre la base de la Declaración de Berlín de marzo de 2007, el Consejo Europeo de los días 21 a 23 de junio de 2007 aprobó un mandato detallado para una nueva Conferencia Intergubernamental (CIG) bajo la Presidencia portuguesa. La CIG concluyó su trabajo en octubre de 2007. El Tratado se firmó el 13 de diciembre de 2007 durante el Consejo Europeo de Lisboa y ha sido ratificado por todos los Estados miembros. El Tratado de Lisboa no establece para la Unión símbolos propios de los Estados, como una bandera o un himno. Aunque el nuevo texto difiere del proyecto de Tratado constitucional por lo que respecta a su denominación, sí conserva la mayor parte de sus principales logros".* http://www.europarl.europa.eu/ftu/pdf/es/FTU_1.1.5.pdf.

mantener el orden público y salvaguardar la seguridad nacional. En particular, la seguridad nacional seguirá siendo responsabilidad exclusiva de cada Estado miembro".

II.2.A.- El estado como unidad

El presente artículo consagra al Estado como actor principal. La Unión Europea se fundamenta así en los Estados (Albertí Rovira, E.: 2008: 1; Carmona Contreras, A. M.: 2012:141), "cuyos elementos constitutivos no van a quedar perturbados por la integración europea hasta el punto de dejar de serlo" (Morgades Gil, S.:: 2010: 8). "El Estado es la unidad de referencia fundamental desde el punto de vista de la Unión Europea, a efectos de la fijación de su posición en la negociación en el seno de las instituciones o de la ejecución de las obligaciones resultantes de las normas comunitarias" (Bernad, M.; Salinas, S.- Tirado, C: 2003: 384) y por lo tanto objeto de respeto y protección normativa. Son los llamados "mecanismos de protección jurídico material de Derecho sustantivo", en palabras del Tribunal Constitucional Federal Alemán [65], "en los que destaca la voluntad de preservación del Estado como fundamento irrenunciable de la Unión. Se trata, pues, de que - bajo la premisa de que el Estado como unidad es el actor principal del proceso de integración-, fijar disposiciones en las que se expresa un límite a la integración europea basado en el respeto de la identidad nacional, el ejercicio de las funciones de los Estados, e incluso, la preservación de éstos" (Morgades Gil, S.: 2010: 2).

De todas formas, si hay algo que merece ser destacado en la redacción del precepto es lo que a nuestro juicio representa una excesiva determinación con que se expresa la intención de preservar la unidad nacional de los Estados miembros. Es decir, es necesario insistir en la idea de que dicho precepto se ha diseñado precisamente de esta forma para subrayar de modo indubitado que los estados firmantes, pese a llevar a cabo una tarea de cooperación en los objetivos establecidos por el tratado, valoran, muy por encima de cualquier otro principio, su soberanía nacional. Con lo que se desprende que la unión política supranacional de los estados miembros, a pesar de las ideas más idealistas en este sentido, es una meta todavía muy lejana en el ámbito político

65. *Sentencia Tribunal Federal alemán de 30 de junio de 2009, & 304 (Morgades Gil, S.: 2010:2).*

europeo. Hay que considerar entonces, que las autonomía regional y local aparecen en este cuerpo legislativo, ya en sus primeros párrafos, rodeadas de conceptos limitadores de su capacidad en favor de la protección del Estado, que es el valor superior y el objeto a proteger.

Así, conceptos como pueden ser, "integridad territorial", "unidad", "estructuras fundamentales y políticas", "funciones esenciales del Estado", "orden público", "seguridad nacional" o "responsabilidad exclusiva de cada estado" serán los perfiles elegidos para asegurar ese objeto de especial protección. Estos conceptos son limitadores de la autonomía, "mecanismos de protección jurídico material de derecho sustantivo" como los llama el Tribunal Constitucional Federal Alemán, cuya exposición conjunta y sucesiva muestran el deseo de que nada se escape al control estatal. "A este respecto es interesante tener en cuenta que el Tribunal Constitucional Federal Alemán, en su sentencia acerca de la compatibilidad del Tratado de Lisboa y de las leyes de aprobación y acompañamiento con la Ley Fundamental, examinó precisamente hasta qué punto preservaba la soberanía estatal, incluyendo el poder constituyente, si el territorio continuaba correspondiendo a la República Federal en tanto que sujeto jurídico, y si se aseguraba la continuidad de la existencia del "pueblo alemán" (Morgades Gil, S.: 2010: 8).

Este enfoque de la cuestión, utilizando un vocabulario muy concreto, no deja de subrayar una vez más la visión dialéctica que sobre el reparto de poder mantienen los estados firmantes y que realmente subyace en las relaciones entre los diferentes actores del juego institucional europeo, una visión "intergubernamentalista liberal" (Etherington, J.: 2012: 87)[66] que ha provocado la aparición de todo tipo de cautelas en la letra de los tratados y que se han visto incrementadas con la irrupción del fenómeno regional en el ámbito –exterior/interior- de la Unión[67]. En este contexto repleto de cautelas, en el que los estados buscan en todo momento la salvaguardia de su continuidad como sujeto único de formación de la voluntad en el ámbito internacional (Etherington, J.: 2012: 87), solo la continua participación de las regiones en el

66. *Estaríamos ante una visión presidida por los deseos de estados de ópticas liberales en el terreno socio-económico, poco dados a la participación ciudadana y de otros agentes en el terreno político.*

67. *Vide Francesc Morata, citado en página 5 de este trabajo.*

proceso integrador provocó finalmente que su derecho al autogobierno fuera reconocido a través del artículo 4.2, aunque en principio pareciera que de forma muy limitada.

La cotidianidad con la que progresivamente las regiones actúan en el ámbito comunitario (Albertí Rovira, E.: 2008: 2), lógicamente buscando, además de la eficiencia en la gestión de sus competencias, sus propios objetivos - no necesariamente coincidentes con los de sus estados-, provoca que desde los diferentes ministerios de exteriores se vea la necesidad de limitar una posible relación directa entre el ejecutivo europeo y las regiones, que podría obviar su papel impulsor, perdiendo la iniciativa y a la postre, lo que les sugiere mayores reservas, la unidad de acción en el exterior con el consiguiente deterioro de su soberanía. Prueba de esto último lo representan las múltiples sentencias de los diferentes tribunales constitucionales, especialmente en Francia y Alemania, que han mirado que desde la órbita política de Bruselas no se cercene el papel impulsor de los estados y el control de su soberanía sobre aquellos temas que consideran más sensibles, entre los que se encuentra, cómo no, la organización territorial. En este sentido es de especial referencia la decisión de 2 de octubre de 1997 (nº 97-394) del Consejo Constitucional Francés, que analiza la adecuación del Tratado de Ámsterdam con la Constitución francesa, donde hace un repaso a aquellos temas "que forman parte del núcleo tradicional de soberanía estatal y que afectaban a las condiciones esenciales de ejercicio de la soberanía"" (Morgades Gil, S.: 2010: 15). En esa decisión se cuestionaba si la transferencia a la Unión de asuntos sobre visados, asilo, inmigración y otras políticas relacionadas con la libre circulación de personas, ámbitos que son parte del núcleo duro de la soberanía estatal afectaban a las condiciones esenciales del ejercicio de la soberanía nacional, concretamente porque a la hora de la transferencia se cambiaba del sistema de toma de toma de decisiones de unanimidad a mayoría cualificada a los cinco años de la entrada en vigor del Tratado. A partir de esta decisión se confirmó que el Consejo Constitucional Francés es del parecer que todas las transferencias de competencias del estado a la Unión afectaban a las "condiciones esenciales del ejercicio de la soberanía nacional". El resultado es que con cada revisión de los Tratados constitutivos se fuerza una nueva revisión constitucional (Morgades Gil, S.: 2010: 15). Idéntico mecanismo revisor se utilizó, claro está, para aprobar el Tratado de Lisboa.

En este sentido merece también alusión especial la Sentencia del Tribunal Constitucional Federal Alemán de 30 de junio de 2009, donde se repasa los allí llamados "límites constitucionales a la integración", siendo uno de ellos "la preservación de la categoría de Estado por parte de la República Federal, con el mantenimiento de su soberanía, territorio y pueblo" (Morgades Gil, S.: 2010: 10), entendiendo como territorio, no solo la porción física de territorio nacional sino su organización y distribución territorial. Este criterio jurisprudencial se acaba asentando en los parágrafos 216-218 de la sentencia relacionada, en cuanto considera que "existe una identidad constitucional indisponible de la que forman parte los principios estructurales del Estado[68], la división en *Länders* y su participación en el proceso legislativo" (Morgades Gil, S: 2010:10).

Todo sea dicho, no en todas partes se ha visto con buenos ojos esta consideración clásica del concepto de Estado del que hace gala la meritada sentencia del Tribunal Constitucional Alemán, un concepto que precisamente con el advenimiento del proceso de integración ha entrado en profunda crisis, dando paso a nociones más actuales de estado, que lo configuran como un nivel de gobierno que simplemente comparte funciones administrativas y trabaja en régimen de cooperación y red con otros niveles de gobierno (Martín y Pérez de Nanclares, J.: 2011: 112; Von Bogdandy, A.: 2010:49)), más en consonancia con lo que la misma doctrina alemana actual conceptúa como "espacios" .-por ejemplo, el "espacio Schengen", el "espacio público europeo" o el "espacio euro"- o también como desde la ciencia política se conceptúa, uno de los actores de la "gobernanza multi-nivel", un sistema político multi-nivel o también denominado en "red" o "*networking*""donde no existe un centro de autoridad acumulada, en el que los actores sub-estatales no dependen de foros y canales estatales para acceder al proceso de toma de decisiones en la Unión Europea, como ocurre en el modelo estatocentrista (Etherington, J.: 2012: 79; Von Bogdandy, A.: 2010: 49). La máxima expresión de esta nueva concepción de un gobierno multi-nivel -que es lo que la doctrina alemana

68. *"Inscritos en el artículo 20 de la Ley Fundamental: democracia. Estado de derecho y social, República, Estado Federal y derechos fundamentales de la persona" (Morgades Gil, S: 2010: 10).*

denomina "*verbund*", como "unión" o "conjunto"- en que los actores se multiplican y comparten iniciativas, se halla precisamente en el Tratado de la Unión al promover, por ejemplo, la inclusión de los parlamentos nacionales en el proceso legislativo de la Unión (Von Bogdandy, A.: 2010: 50).

Pero sea como fuere, lo que sí queda claro a la vista de esta jurisprudencia alemana y también de lo que se desprende de la práctica cotidiana al día de hoy es que los estados son todavía los "dueños de los tratados, los *Herren der Vërtrage*. En este sentido la argumentación es bien conocida: la Unión Europea se funda en tratados internacionales; estos tratados requieren en todo caso la ratificación por los Estados miembros de la Unión, luego los Estados son los dueños de los tratados y por ende, del propio proceso de integración que se desarrolla al amparo de los mismos" (Martín y Pérez de Nanclares, J.: 2011: 113). Y es por esta misma razón, por la cual es la concepción clásica del estado-nación, con todos sus elementos integrantes conocidos, como son soberanía, unidad e integridad territorial, la que es objeto del Tratado de la Unión Europea y el sujeto revestido de protección.

II. 2. B-. Identidad Nacional

La autonomía regional hay que relacionarla también con el "respeto a la identidad nacional de los Estados miembros", cláusula que apareció por vez primera en el Tratado de Maastricht de 1992, en su artículo F, donde se establecía que la Unión Europea respetaría "la identidad nacional de sus Estados miembros, cuyos sistemas de gobierno se basaran en los principios democráticos" (Morgades Gil, S.: 2010:2; Von Bogdandy, A.- Schill, S.: 2011: 1435). Es la llamada "*cláusula Christophersen*", denominada así en los debates de la Convención para el establecimiento de una Constitución para Europa, por la cual se trataba de proteger las principales competencias de los Estados miembros (Von Bogdandy, A. -Schill, S.: 2011: 1417)

Es decir, que aunque parezca una paradoja, la autonomía regional apareció de la mano de los temores que las principales cancillerías albergaban a que, con el desarrollo del proceso de integración, la organización de integración política que se estaba impulsando tuviera tentaciones de ir cercenando cuotas cada vez mayores de soberanía nacional de los estados miembros. "Con ocasión de la ratificación del mismo -Tratado de Maastricht-, algunos tribunales constitucionales de los Estados miembros, como la República Federal de Alemania, expresaron la necesidad de que la integración europea respetase la identidad nacional de los Estados, entendiendo que en ella se incluían las estructuras fundamentales políticas y constitucionales, entre las que estaría la autonomía regional y local. En otros casos como en Francia, las preocupaciones ante la trayectoria de la Unión Europea se centraron más en la idea del respeto de las condiciones del ejercicio de soberanía" (Morgades Gil, S.: 2010: 1).

Era del todo pertinente la aparición de la idea central de que la autonomía regional formara parte esencial de la estructura política fundamental de un estado, y que dicho principio mereciera un reflejo normativo en la letra de los tratados. Asimismo, también era hasta cierto punto lógico que ese primer paso se diera precisamente en la doctrina y la diplomacia alemana, como fieles valedoras que son de una manera muy particular de entender el estado moderno, un estado absolutamente descentralizado en el que sus partes son tan importantes como el todo y en el que todas esas partes gozan de pleno derecho a conducirse políticamente autónomas -y financieramente- y a decidir, a nivel interno y externo, en todo aquello que les incumba. Se trata, pues, de una concepción profunda y muy abierta sobre el papel institucional de los entes territoriales, que por otro lado no choca en absoluto con la lealtad debida al estado federal ni pone en duda tampoco la identidad nacional del estado, el que por su parte se muestra, también hay que decirlo, exquisito con el respeto por las funciones y la naturaleza de los entes sub-estatales. Se trataría de la traslación al derecho europeo del concepto, acuñado por la doctrina alemana, del *Verbund* (Von Bogdandy, A.- Schill, S.: 2010: 54), que entrañaría la idea básica del funcionamiento continuo de la cooperación dentro del conjunto. Desde este punto de vista, "el principio de lealtad parece constituir otra clave para entender a la Unión" (Von Bogdandy, A.- Schill, S.: 2010: 54).

Desde esta óptica el artículo 4.2 del Tratado de la Unión Europea constata cierta inquietud por cuanto desde las esferas de gobierno comunitarias se puedan acometer, se aceleren, se fomenten o simplemente se impulsen procesos que sean capaces de violar la identidad nacional de los estados miembros, desde el punto de vista de su estructura política fundamental, o no sean respetadas desde el ejecutivo europeo las "funciones esenciales del Estado", considerando especialmente las de garantizar la integridad territorial, mantener el orden público y salvaguardar la identidad nacional:

> "La Unión respetará la igualdad de los Estados miembros en los Tratados, así como su identidad nacional, inherente a las estructuras fundamentales políticas y constitucionales de éstos, también en lo referente a la autonomía local y regional. Respetará las funciones esenciales del Estado, especialmente las que tienen por objeto garantizar su integridad territorial, mantener el orden público y salvaguardar la seguridad nacional. En particular, la seguridad nacional seguirá siendo responsabilidad exclusiva de cada Estado miembro".

Pero debemos preguntarnos qué se quiere dar a entender exactamente cuando en el precepto aludido se habla de "identidad nacional", un término que no es fácil de conceptuar (Rubio Llorente, F.: 2013: 521). La identidad nacional a la que se refiere el artículo 4.2 del Tratado de la Unión Europea parece ir más en la dirección constitucional de la expresión que no en otro sentido, o por lo menos así lo considera la doctrina más autorizada. Es decir, no es un concepto "cultural" como en un principio puede inferirse de una primera lectura, sino que apunta más a una variable jurídica o política, concretamente a que "las constituciones nacionales son las que de por sí constituyen la "identidad nacional"" (Von Bogdandy, A.- Schill, S.: 2011: 1427). En otras palabras, la identidad nacional deberemos buscarla en los elementos de identidad contenidos en las constituciones de los Estados miembros, lo que bien se correspondería con las demandas iniciales del regionalismo y la posterior revisión del constitucionalismo alemán[69] (Von Bogdandy, A.- Schill, S.: 2011: 1438), cuya jurisprudencia ha estado siempre tan íntimamente ligada al proceso de integración europeo (Martín y Pérez de Nanclares, J.: 2011: 98). La novedad del texto de Lisboa en este aspecto, con respecto a su predecesores de Amsterdam (artículo 6,3) y Maastricht (artículo F(1)) es que

---

69. *Vide la Sentencia sobre el Tratado de Lisboa del Tribunal Constitucional Federal Alemán 30 de junio de 2009 (BverFGE) 123,267,353 et seq.*

identidad nacional se vincula expresa y muy estrechamente a las "estructuras políticas fundamentales y constitucionales" de los países miembros (Von Bogdandy, A. - Schill, S.: 2011: 1427; Rubio Llorente, F.: 2013: 523).

Si bien debe precisarse que no toda invocación a la identidad nacional por parte de los estados miembros, ni mucho menos, servirá que los valores constitucionales de la Unión puedan ser eludidos (Von Bogdandy, A.-Schill, S.: 2011: 1430). Tan solo serán relevantes, tal y como expresa el tenor del artículo 4.2 del Tratado de la Unión Europea, aquellos elementos de la identidad nacional que tengan una conexión directa con las estructuras políticas fundamentales de los países miembros, y nada más (como sucede en el Asunto Sayn-Wittgenstein, Sentencia Tribunal de Justicia de la Unión Europea de 22 de diciembre de 2010, nyr. paras. 81 et sq.). Por tanto la identidad nacional en el texto de Lisboa no goza de una protección absoluta ante el juicio del Tribunal de Justicia de la UE (Von Bogdandy, A.-Schill, S.: 2011: 1420).

Es por esto precisamente que desde algunas posiciones teóricas se ha querido ver esta cláusula, la del respeto a la identidad nacional, como un posible método que en la práctica pudiera servir a los estados para orillar o superar la primacía del derecho comunitario sobre los derechos nacionales invocando el respeto a la misma cada vez que interese (Von Bogdandy, A. -Schill, S.: 2011: 1417). Es decir, se trataría de un intento de eludir el ordenamiento jurídico europeo por el que, a la hora de la recepción de sus actos jurídicos, se opone la circunstancia de que esa normativa entra en colisión directa o directamente contraviene normas jurídicas nacionales presuntamente conectadas con la identidad nacional.

Ante esto, debe decirse con claridad que "la identidad nacional no goza tampoco de una protección absoluta bajo la normativa europea, sino que tiene que ser confrontada -o contrarrestada- con el principio de aplicación uniforme del ordenamiento jurídico europeo" (Von Bogdandy, A. -Schill, S.: 2011: 1420). En este sentido, la clausula de "identidad nacional" que viene en la letra del artículo 4.2 del Tratado de la Unión Europea debe ser puesta en conveniente relación con el principio de "cooperación leal" del artículo 4.3 del Tratado de la

Unión Europea de tal forma que los estados deberían acudir a la cláusula de identidad nacional, en buena práctica, solo cuando realmente la normativa de la Unión se revelara como realmente invasora de la normativa interna y siempre desde un punto de vista constitucional.

Para ello, es esencial que los tribunales afectados en este tipo de conflictos normativos, tanto Tribunal de Justicia de la Unión Europea así como los diferentes tribunales constitucionales nacionales lleven a cabo lo que resultaría una inestimable tarea de estrecha interacción en un sistema compuesto de control constitucional, en lo que sería un trabajo en red de los sistemas jurídicos europeos y nacionales, que facilitaría el respeto a la identidad nacional de los estados miembros y al ordenamiento jurídico europeo por un igual (Von Bogdandy, A. -Schill, S.: 2011: 1419). Se trataría, de profundizar en las aproximaciones a los conceptos de la gobernanza multi-nivel y el concepto de sistema en red, o como prefieren los alemanes, según el concepto del *Verbund* (cooperación del conjunto) (Von Bogdandy, A. -Schill, S.: 2011: 1419; Peters, A.: 2001: 215; Franchini, C.: 2007: 245; Besselink, L.: 2007: 6).

Ejemplo de esta supervisión a cargo del Tribunal Europeo y la invocación errónea de la cláusula sobre el respeto a la identidad nacional de los Estados miembros podría verse en la Sentencia del Tribunal de Justicia de la Unión Europea de 24 de octubre de 2013, asunto en que el estado español fue demandado por la Comisión Europea, en un recurso de incumplimiento, a raíz de una mala praxis a la hora de aplicar el principio de supletoriedad del derecho del Estado del artículo 149.3 de la Constitución, por el que el derecho estatal es siempre supletorio del derecho de las Comunidades Autónomas. Básicamente, el asunto versaba sobre la no transposición de una Directiva sobre política de aguas en el derecho interno español, cuando era competencia de las comunidades autónomas en ese caso. El Estado argumentaba que tenía derecho a aplicar la normativa comunitaria al no haberlo hecho las comunidades. Alegaba también que se conculcaba el orden constitucional interno con la intervención de las autoridades comunitarias sobre una cuestión que versaba sobre el reparto de competencias en el plano doméstico. La sentencia se muestra respetuosa con el orden constitucional interno español -su identidad nacional-constitucional – (Ferreres Comella, V.: 2015: 334), y falla en favor de la Comisión y condena al Estado español por una indebida aplicación de la supletoriedad del derecho estatal y en consecuencia una indebida aplicación del derecho europeo.

La meritada sentencia es igualmente importante porque demuestra, no sólo que la cláusula sobre el respeto a la identidad nacional de los Estados miembros no es de aplicación automática y genérica y que debe verse a la luz del caso concreto, sino porque también demuestra que el respeto a la autonomía regional es ya un hecho ni que sea por vía indirecta. El orden competencial del nivel regional queda jurisdiccionalmente protegido, precisamente por ser parte importante de la identidad constitucional del Estado, que es justo lo que establece el artículo 4.2 del Tratado de la Unión.

II.2.C. Igualdad jurídica entre estados

En primer término, como frontispicio del precepto se declara la igualdad de todos los Estados miembros frente al Tratado, independientemente de cualquier otra consideración. De esta forma todos los Estados miembros se colocan en un plano de igualdad ante la letra del Tratado, toda vez que los Estados firmantes no requieren en realidad de un amparo efectivo a la hora de ser contemplados como iguales desde el convenio, por el respeto al principio de igualdad soberana, pilar central del derecho internacional público. Por otra parte, el principio de igualdad jurídica de los Estados está tan ligado al respeto a la identidad nacional que al verse colocados conjuntamente en el mismo precepto se raya casi en la redundancia (Rubio Llorente, F.: 2013: 522).

La alusión a la igualdad de los estados miembros en este precepto, debe ahora también relacionarse con la autonomía regional. La confrontación del concepto de soberanía nacional con el de autonomía regional, dentro del marco de cooperación europea, conllevará que se pueda interpretar como una forma de reclamación de igualdad por parte de los países miembros para que el trato de las instituciones europeas hacia los mismos sea idéntico, de forma independiente a su forma de gobierno o a su estructura político-administrativa.

Desde esta óptica, el artículo 4.2 del Tratado de la Unión Europea "parece que trate de impedir que, en un momento dado, los Estados puedan utilizar estas diferencias internas para obtener, si se me permite la expresión, ventajas en relación a otros modelos territoriales" (Beltrán García, S.: 2009:14). Desde luego que también es así, si consideramos la necesidad que se mantiene, dada la marcada heterogeneidad desde el punto de vista de los sistemas políticos que muestra el escenario europeo, de vigilar un equilibrio permanente también desde ese prisma. No sería razonable que desde las instituciones europeas se adoptaran estrategias, que voluntariamente o no, favorecieran a unos países u otros en función de su estructura territorial. Se trata precisamente de lo contrario, de que las políticas europeas tengan en cuenta la diversidad de sistemas de organización territorial que conviven en su seno sin necesidad de violentar ese elemento fundamental de su estructura política.

Se trata entonces de un recordatorio que parece muy lógico en una relación de principios, algo que debía apuntarse de salida: las instituciones europeas diseñarán sus políticas sin tener en cuenta la estructura política del conjunto de los estados, o mejor dicho, elaborará sus políticas teniendo cuenta que no ha de favorecer a determinados miembros en razón de una estructura política determinada.

La necesidad de observar esa marcada heterogeneidad de los miembros no dejará de complicar el modo de hacer y gestionar de las instituciones europeas desde el estricto punto de vista administrativo. Como bien se ha observado, "las dificultades encontradas por una institución altamente centralizada para asegurar la eficacia de su derecho cuando ello entra en conflicto con disposiciones o prácticas nacionales, explica algunas rigideces problemáticas del derecho europeo que no siempre hacen justicia a principios que entran en contradicción" (Von Bogdandy, A: 2010: 36).

II. 3. La referencia a la autonomía regional

El artículo 4.2 del Tratado de la Unión Europea consagra definitivamente la autonomía regional como un un principio jurídico por el cual debe ser respetado la facultad de las regiones a gobernarse de forma autónoma según se desprende de su estructura política fundamental. Partiendo desde esta premisa, la autonomía regional informará toda la legislación y la actuación del aparato institucional de la Unión desde un punto de vista aplicativo e interpretativo. Y es que desde el momento en que un principio jurídico es expresado normativamente, el ordenamiento jurídico europeo debe respetar el contenido esencial de dicho principio (Lenaerts, K.- Gutiérrez-Fons, J.A.:2010: 1629).

Esta visión, que como ya quedó dicho, coincide con la visión jurisprudencial alemana del insoslayable respeto a la identidad nacional y sobre todo a la estructura política fundamental del estado (Morgades Gil, S.: 2010: 10), abarca por tanto el respeto a su ordenación territorial, y por ende, a la autonomía regional tal y como viene comprendida en dicha estructura. No obstante, la autonomía regional no se verá definida en el Tratado, y se deberá configurar tanto sobre la base de elementos legislativos externos –como los diversos proyectos y cartas emanados desde el Consejo de Europa aquí ya analizados, o incluso de resoluciones del Parlamento Europeo, como la Carta Comunitaria de Regionalización de 1989- o de futuras construcciones jurisprudenciales, pues todavía desde los tribunales europeos el tema se ha tratado en pocas ocasiones y desde aspectos muy parciales[70].

En cualquier caso, se le rodea igualmente de fuertes límites al ser conceptualmente vinculado al núcleo duro de la soberanía nacional. La jurisprudencia europea en esta materia es más bien remisa a abrir nuevos caminos, y de hecho se entiende por parte de buena parte de la doctrina que rara vez el Tribunal de Justicia de la Unión Europea adoptará en sus resoluciones una "solución europea" si detecta que la controversia de fondo es susceptible de tener ópticas diversas entre los diferentes sistemas nacionales

70. *Por ejemplo la Sentencia del TJUE de 11 de septiembre de 2008, asuntos C-428/06 a C-434/06, entre UGT-Rioja, Comunidad Autónoma de Rioja y Comunidad Autónoma de Castilla-León contra Territorios Históricos de Páis Vasco, Diputaciones Forales de Vitoria, Vizcaya y Álava y Cámara deComercio vasca y Confesbank. El Tribunal, aludiendo a sentencias anteriores, se pronuncia sobre qué debe entenderse sobre una entidad infra-estatal investida de poderes autónomos.*

de los estados miembros (Lenaerts, K.- Gutiérrez-Fons, J.A.: 2010: 1634), aspecto que condiciona la implementación de la autonomía regional.

CAPITULO III
LA AUTONOMÍA REGIONAL COMO PRINCIPIO DE LA UNIÓN EUROPEA.

Una vez contemplado el recorrido negociador y legislativo de la autonomía regional hasta la cristalización de su reconocimiento en el artículo 4.2 del Tratado de la Unión Europea, y una vez igualmente analizados sus perfiles normativos, es necesario abordar la cuestión del rango normativo que alcanza con su inclusión en la letra del tratado, antes de estudiar detalladamente sus efectos. Y es que como resulta lógico, de la naturaleza jurídica que adquiera la autonomía regional devengarán unos u otros efectos.

III.1.- Valores (artículo 2)

A pesar de que el Tratado de la Unión Europea se refiere en su artículo 2 a "valores", éstos son en realidad principios jurídicos con el mismo valor normativo que otros preceptos de la norma convencional (Rubio Llorente, F.: 2013: 517). Y la autonomía regional figura incardinada junto a este conjunto de principios conexos, aquí llamados "valores", casi todos ellos dispuestos en el Título denominado "Disposiciones Comunes". Para una correcta comprensión e interpretación de la autonomía regional es absolutamente necesario ponerla en conexión con esos principios o "valores" con la que guarda una íntima relación y con los que comparte ubicación en el Tratado.

De esta forma se deduce que, si relacionamos el artículo 4.2 con la letra de su precedente artículo 2 la autonomía regional queda reforzada cuando en este precepto se enfatiza el deber de la Unión de conducir sus políticas a través del respeto a las minorías y a la pluralidad. Es decir, debe tenerse especialmente en cuenta a la hora de diseñar y aplicar las políticas de la Unión no perder de vista la diversidad territorial, y sobre todo, cultural, que caracteriza el territorio europeo; por tanto, debe respetarse la integridad territorial y la identidad de los estados miembros, pero, efectivamente, también en lo que concierne a la autonomía regional.

> Artículo 2.
>
> La Unión se fundamenta en los valores de respeto de la dignidad humana, libertad, democracia, igualdad, Estado de Derecho y respeto de los derechos humanos, incluidos los derechos de las personas pertenecientes a minorías. Estos valores son comunes a los Estados miembros en una sociedad caracterizada por el pluralismo, la no discriminación, la tolerancia, la justicia, la solidaridad y la igualdad entre mujeres y hombres.

Asimismo, es necesario relacionar el artículo 4.2 con el artículo 1, párrafo 2º, que dice así:

> "El presente Tratado constituye una nueva etapa en el proceso creador de una unión cada vez más estrecha entre los pueblos de Europa, en la cual las decisiones serán tomadas de la forma más abierta y próxima a los ciudadanos que sea posible".

Es el principio de proximidad institucional. Es decir, se deberá tener presente que toda actuación institucional de la Unión Europea y de sus estados miembros, en el seno de la misma, se deberá regir por un principio rector por el que "todas las decisiones serán tomadas de la forma más abierta y próxima a los ciudadanos que sea posible". De este modo, la actuación institucional en el seno de la Unión Europea deberá regirse por una máxima a la que se le otorga una cualidad de norma fundamental que informará toda decisión, todo procedimiento, toda actuación o ejecución en el marco de la organización. Y esto se realizará de esa forma siempre "que sea posible", es decir, que se deberán agotar todas las posibilidades al alcance de la organización y de sus estados miembros para que esa conducta sea llevada a la práctica por la institución afectada.

Desde luego, esta lectura del artículo 1, pfo. 2º del Tratado de la Unión Europea debe ser enjuiciada como el resultado final de un largo proceso de reflexión en el que se reconocen cierto déficit de legitimidad democrática que recorren todo el sistema institucional europeo, caracterizado, al menos hasta entonces, por la lejanía evidente entre los ciudadanos y las instituciones comunitarias que hacían poner en peligro todo el sistema político de la Unión. "El proceso de construcción europeo ha conducido a un cierto solapamiento de instituciones y competencias en el marco jurídico europeo, con el resultado de la percepción, por parte del ciudadano, del alejamiento de las instancias de decisión" (Palomares Amat, M.: 2005: 111). Las dificultades evidenciadas en varios países –Francia, Holanda,...- para aprobar la Constitución Europea, que a la postre tumbaron definitivamente ese proyecto, son una buena muestra de los inconvenientes que gran parte de la ciudadanía europea advertía en el proceso integrador. La necesidad de remediar esta sensación de separación entre ciudadanos e instituciones, de dotar al sistema de una definitiva legitimidad democrática, y de solventar las críticas sobre el excesivo economicismo del proyecto europeo por encima de las razones sociales y políticas provocará que el legislador europeo apueste definitivamente por elevar el criterio de la proximidad al ciudadano como canon superior de la arquitectura jurídica del sistema. De esta forma, tanto la interpretación de las normas comunitarias como su elaboración, así como su ejecución, deberán ser informadas e inspiradas bajo el principio de proximidad.

La manifestación más patente en la letra del propio Tratado de la Unión Europea de la reclamada "proximidad al ciudadano", será el principio de subsidiariedad, el cual "se inscribe en este contexto de acercamiento de las instancias de decisión a la dimensión más cercana al ciudadano, esto es, la dimensión regional y local... Por tanto, en el marco de la Unión Europea, el principio de subsidiariedad se erige en principio regulador del modo de ejercicio de las competencias entre la Unión Europea y sus estados miembros, y no como un procedimiento de atribución de competencias" (Palomares Amat, M.: 2005: 113)[71]. Por lo tanto, a la luz del artículo 1, párrafo 2º del Tratado de la Unión Europea, el reconocimiento que se hace de la autonomía regional en su artículo 4.2 debe ser también interpretado desde esa clave, desde la proximidad al ciudadano como principio motriz de todo el tratado en su conjunto, de tal forma que la alusión a la autonomía regional respondería a la lógica que informa todo el texto normativo, como un paso más en la dirección indicada por sus principios fundamentales. Y todo ello, "porque el proceso, que

71. *Citando a Mangas Martín, A. y Liñán Nogueras, D.: 1987:117.*

es inimaginable sin la participación de los Estados, sufre cada vez que se aleja de las personas" (Bernard, M. y Salinas, S., Tirado, C.: 2003: 38).

En suma, como concreta Palomares Amat, no puede haber política de acercamiento al ciudadano, es decir, no puede existir "acercamiento de las instancias de decisión a la dimensión más cercana al ciudadano" sin pensar en una profundización de la "dimensión regional y local". Al hallarnos en la obligación de impregnar todo el proceso de integración, a través de la interpretación y aplicación de sus normas, de esa proximidad al ciudadano, que ha de identificarse con "dimensión regional y local", la alusión del 4.2 a la autonomía regional ha de leerse en clave de proximidad, de forma que la invocación al principio de autonomía regional deviene en algo más que un principio, toda una norma de conducta para el quehacer cotidiano de las instituciones europeas.

A partir de aquí los efectos jurídicos que se desplegarán en la legislación y la administración europea desde la lectura del artículo 4.2 serán manifiestos. De forma general y como hemos tenido ya ocasión de apuntar, en el plano legislativo se deberá contar con una nueva afirmación de las regiones, las cuales forzosamente pasarán a disponer de una mayor presencia en el entramado institucional que las mirará ahora como sujetos activos y autónomos que, si bien todavía ligados a una estrategia de estado, podrán invocar su autonomía de actuación como consecuencia de reconocimiento del derecho a la autonomía regional. Es decir, el respeto de las instituciones europeas pasará por la identidad nacional de los Estados miembros, es cierto, pero también por el respeto a la autonomía de las regiones, como parte de esa identidad nacional conformada.

Por otra parte, los procesos decisorios deberán buscar nuevos mecanismos de participación para las regiones que, como sujetos autónomos, podrán tener voz propia, en el que grado que sea preciso, en aquellos asuntos que sean de su interés, no siendo argumento válido la dificultad práctica habido el elevado número de nuevos actores en liza. Quizá, y esto es solo una idea, un nuevo enfoque institucional del Comité de las Regiones, como foro realmente decisorio en los asuntos de su competencia podría ayudar a conducir la nueva situación. Y, de forma automática, al pasar las regiones a ser sujetos activos y autónomos en las instituciones europeas – aunque ya venían ejecutando desde siempre las políticas diseñadas en las sedes comunitarias-, se deberá articular finalmente su derecho a accionar por sí mismas, sin la intermediación de los estados y en la defensa de sus legítimos intereses, ante el Tribunal de Justicia de la Unión Europea, cerrando así una primera batería de reformas legislativas básicas en el derecho primario al objeto de adaptarlo a la introducción de la autonomía regional.

Del Dictamen del Comité de las Regiones 2006/C 31/01, sobre "El estado del proceso de descentralización en la Unión Europea y el lugar de la autonomía local y regional en el proyecto de Tratado Constitucional", aprobado en el 60ª Pleno celebrado los días 6 y 7 de junio de 2005, resulta especialmente interesante el apartado que se refiere a la "Protección jurídica de los entes regionales y locales y el estatuto de sus representantes" (Parte I). Establece el punto actual en el que se encuentra el proceso de regionalización europeo al observar que "los ciudadanos se identifican cada día más con su región y ente local porque sienten la proximidad de dichos poderes públicos y ven sus intereses mejor representados" (pfo. 1.14. C 31/3); considera por ello que "la autonomía regional y local debe garantizarse al máximo nivel normativo y que la modificación de su estatus no deberá realizarse sin su participación".

Era la solución más lógica desde un punto democrático y la más reclamada por una buena parte de la doctrina, que veían la transparencia y la proximidad en la adopción de decisiones comunitaria como "condición para alcanzar una democratización y para atraer el interés del ciudadano sobre un proceso que no puede continuar avanzando, incluso peligra el acervo logrado con el esfuerzo de tantas generaciones, si éste no alcanza niveles de proximidad y transparencia" (Mangas M. A. - Liñán N., D. J.: 2004: 75). Desde ese punto de vista, por tanto, el artículo 1 Tratado de la Unión Europea, no hace otra cosa sino hacerse eco de una antigua reclamación ciudadana, política, institucional y doctrinal para que el proceso de integración, al dotarse de proximidad y transparencia, ganara en legitimidad democrática.

En efecto, la clave del éxito del proceso devolutivo a los entes sub-estatales no es simplemente una cuestión de mera eficacia administrativa, ni siquiera de que estén, como de hecho están, en mejor disposición de llevar a cabo una administración más consecuente con las necesidades reales del territorio, sino que también y sobre todo, es la ciudadanía de esas regiones, la que además de dotar de legitimidad a ese proceso puede comprobar diariamente, con una mayor capacidad de control, la idoneidad de las políticas que se implantan, además de contar con mayores oportunidades de reaccionar adecuadamente en caso de soportar políticas perjudiciales a sus intereses particulares. Es sin duda, uno de los argumentos más potentes en favor de la defensa de la autonomía regional, la capacidad inalienable de las regiones de mejor representar los intereses de los ciudadanos en cuanto que éstos sienten y gozan de las ventajas de su cercanía: "si lo que se pretende es profundizar sobre el proceso, incrementar su legitimidad democrática y aproximar al ciudadano la Unión Europea para garantizar su participación, el tema de las entidades sub-estatales deberá figurar como prioridad en la agenda de los negociadores" (O'Leary, S.- Fernández M., J. M.: 1995: 322).

En este terreno, es evidente que el Estado, en la actualidad y desde hace ya tiempo, como resultado de un proceso histórico-dinámico solo interpretable desde múltiples variables y que ya hemos tenido oportunidad de analizar, se halla en franca desventaja frente a la mayor agilidad administrativa y a la cercanía que pueden exhibir las regiones ante el ciudadano a la hora de ejercer sus competencias, en tanto que como administración territorial su capacidad para satisfacer de las expectativas del individuo es mayor, su conocimiento de las circunstancias es más detallado y por todo ello dispone de más oportunidades para la eficacia. En este punto tampoco hemos de olvidar que el principio de subsidiariedad, eje central de la filosofía regionalista europea en la actualidad, descansa sobre la base de la eficacia, como condición necesaria que modula cualquier legitimidad previa.

La aparición de la autonomía local y regional en artículo 4.2 del Tratado de la Unión Europea es, por tanto, el resultado final de una intensa trayectoria institucional protagonizada por diversos y muy diferentes organismos que presionaron desde diferentes direcciones para que eso se diera de esa forma.

El mismo Parlamento Europeo, en su Resolución de 16 de mayo 2002, en el que resuelve cuestiones sobre la división de competencias entre la Unión Europea y los Estados miembros (Lamassoure Report: 2009: 1) recuerda:

> "...*the Basic Union texts can no longer disregard the role of these particular partners –regions-, which must help both to make Community policies more effective and bring citizens closer to the process of European integration*".

El Tratado de la Unión Europea en su conjunto da a entender claramente cuál es, muy concretamente, la naturaleza jurídico-internacional que reserva a la misma Unión para el futuro. Se trata de lo que es, un marco de cooperación política y económica entre los diversos estados miembros, que si bien busca "una unión cada vez más estrecha entre los pueblos de Europa" (artículo 1) en un plano de igualdad entre sus miembros, lo cierto es que de momento y para lo venidero seguirán siendo los estados- expresamente enumerados en el artículo 52 Tratado de la Unión Europea- los que se sigan reservando el papel preponderante en este marco de cooperación -"dueños de los tratados", los *Herren der Vërtrage* (Martín y Pérez de Nanclares, J.: 2011: 113)-, sin que quepa por ahora especular otro tipo de proyecto político que sea capaz de modificar o superar los perfiles actuales del Estado, ni hacia adentro, ni hacia afuera.

Por tanto, el Estado es en todo momento el protagonista absoluto del proceso de integración. "El Derecho de la Unión Europea es hoy un imponente cuadro normativo que se apoya en ciertas capacidades y medios propios pero también de los Estados miembros, los cuales resultan insustituibles en el proceso. Los Estados son un centro irreemplazable de imputación al tiempo que son el cauce para lograr el asentimiento social imprescindible para que el proceso avance" (Bernad, M.; Salinas S., Tirado C.: 2003: 35). Pero el proceso de integración, como todo proceso evolutivo es por definición dinámico y no exento de riesgos para nadie, al menos si no se adoptan las medidas convenientes desde el punto de vista político y social, y como algunos autores señalan con acierto, podría estar "en peligro hasta la propia noción de "Estado" en los Estados miembros, al ser éstos progresiva e implacablemente desmantelados, desprovistos de características inherentes, consustanciales con la noción de Estado" (Muñoz Machado, S.: 1993, Bernad, M.; Salinas S, Tirado C.: 2003: 35).

Es en el marco referencial de este riesgo -aunque a veces sea descrito de un modo maximalista-, del que es obvio que los Estados son plenamente conscientes y actúan en consecuencia -"recelo de los países menos europeístas" (Díez de Velasco, M.: 2008: 574)-, desde donde se deben interpretar las cautelas normativas que se observan en el derecho comunitario de los tratados y más concretamente en el artículo 4.2 del Tratado de la Unión Europea, invocando la neutralidad de la Unión Europea en cuanto todo lo que pueda perjudicar a la soberanía de los Estados. Es decir, a pesar de los movimientos institucionales y legislativos favorables a una mayor participación de las regiones en los procesos decisorios, se pretende que la Unión Europea permanezca lo máximo posible al margen de una colaboración o un reconocimiento institucional de otro tipo de actores[72]. Una muestra más, como ya indicábamos al principio de nuestro trabajo, de la tensión latente que se da –y se dará- entre los diversos niveles de gobierno que participan en la gestión pública de la Unión Europea (y sus Estados miembros) y del difícil equilibrio que se mantiene en el reparto de poder.

Una adhesión sin fisuras hacia la postura de los Estados miembros por parte de las instituciones europeas, como la que se propone en el artículo 4.2 Tratado de la Unión Europea, es obvio que no parece la fórmula más recomendable para un ejecutivo como el de Bruselas que debe moverse constantemente entre muy diversos y heterogéneos intereses. "Es cierto que el artículo 4.2, como una expresión del principio de lealtad, requiere que la Unión tome en cuenta los principios constitucionales e intereses fundamentales de

72. *Esta tesis, la del riesgo de que los Estados vean solapada su preponderancia en el seno de la Unión, incluso amenazada su soberanía o su integridad territorial, queda avalada por la reacción del gobierno español a las manifestaciones de algunos miembros de la Comisión Europea cuando en octubre de 2012 fueron preguntados sobre la viabilidad de una Cataluña independiente en la Unión Europea (Comisario Sr. Almunia, Comisaria Sª. Redding,...). La consulta del gobierno español (carta de D. Iñigo Méndez de Vigo, Secr. de Estado para la Unión Europea), en octubre de 2012, pretendía que, desde la CE, y su vicepresidenta Vivienne Redding, se posicionara en contra de un reconocimiento de la Unión Europea a una Cataluña independiente. La postura española se basaba precisamente en que "el artículo 4.2 del Tratado de la Unión Europea impide que la Unión Europea reconozca una declaración de independencia de una parte de un Estado miembro". (Diarios ABC, 30/10/2012; El País, 30/12/2012). Por parte de la CE no ha habido respuesta oficial a la consulta del Sr. Méndez (Enero 2013), e insiste que solo dará su "dictamen jurídico" sobre el asunto de la independencia de Cataluña si el ejecutivo español lo solicita de forma oficial, cosa que no ha sucedido. "El papel de la Comisión no es expresar una posición sobre cuestiones de carácter constitucional de la organización interna de los estados miembros", ha dicho finalmente el portavoz comunitario, según reflejan los rotativos citados.*

los Estados miembros. Sin embargo, no puede haber una prohibición a la acción de la Unión para toda violación de una posición constitucional doméstica. De otra forma sería imposible una política independiente de la Unión (Von Bogdandy, A.: 2010: 54-55)".

Por lo tanto debe añadirse además, que por encima de la adhesión que el ejecutivo y el resto de instituciones comunitarias deben a la soberanía de los estados miembros, debería hallarse el interés de la organización de estados en su conjunto, y sobre todo el respeto a la legalidad del derecho internacional, especialmente en todo aquello que tiene que ver con los derechos humanos y las libertades fundamentales. A menudo la abstracción debida de las fórmulas legales olvida la razón última que las informa: por encima de las razones de estado deben colocarse la de sus ciudadanos, tal y como se evoca a través de una atenta lectura del artículo 1, párrafo 2º y 2 del Tratado de la Unión Europea. Y no olvidemos por otra parte que "la Unión Europea es portadora de autoridad pública ya que tiene el poder unilateral de obligar a otros" (Von Bogdandy, A.: 2010: 44), al menos en el ámbito de sus competencias.

Por otra parte parece comprensible que los Estados hayan querido asegurarse a través de este artículo la lealtad y el respeto de la Unión ante una controversia que pueda poner en riesgo los elementos nucleares de un estado, como son su orden público, su estructura política fundamental- también en lo que a autonomía regional se refiere-, su identidad nacional o su integridad territorial, pero en el hecho mismo de fundar una organización supranacional reside el germen de la formación de un valor superior, que es el del interés común de la nueva colectividad internacional que se conforma y que viene precisamente representado con la institucionalización de un ejecutivo general y superior y un tribunal que atiende al nuevo derecho que se construye. "En una comunidad transnacional de derecho, el interés de la comunidad en la eficacia de su derecho y el interés de los individuos en la aplicación de una norma que les beneficia son consonantes: el legislador (Unión Europea) y el beneficiario (ciudadano), ambos necesitan los tribunales domésticos del Estado nacional" (Von Bogdandy, A.: 2010: 35).

Por tanto, más allá del interés político de ese estado individualmente considerado se halla, primero, el de los ciudadanos, sujetos tributarios del mayor respeto como administrados y titulares de derechos fundamentales que son y en su conjunto depositarios últimos de la soberanía nacional; segundo, el interés de todos los estados, un interés común que debe ser igualmente observado y confrontado por las instituciones europeas a la hora de hallarse ante una controversia de esa naturaleza; y tercero y no menos importante que los dos anteriores, la estricta observancia de la legalidad internacional y los principios que la informan, bajo la supervisión de los tribunales competentes, todo ello, algo que debería de haber señalado de alguna forma más precisa el artículo 4.2 y en principio no lo hace.

Pero se impone realizar una reflexión aparte sobre el verdadero significado de los "valores" en el Tratado de la Unión Europea y la función que desempeñan en el texto, y más específicamente, los descritos en los artículos reseñados.

Vaya por delante que todo lo que tiene que ver con los "valores" en la Unión Europea viene rodeado de cierta confusión, y esto no debe en extrañar en absoluto pues estamos hablando de nada menos que de los fundamentos comunes que en teoría presiden muy diferentes sistemas normativos y muy diferentes tradiciones jurídicas, y tal complejidad parece que de alguna manera se traslada a los textos fundacionales, necesitados siempre de un consenso de extraordinarias dimensiones, al menos en lo que a tratados constitutivos se refiere. De hecho, tal es la confusión que para algunos autores los "valores", tal y como vienen establecidos en el artículo 2, no son tales "valores" sino que se trata en realidad de "principios" (Von Bogdandy, A.: 2010: 19), tal y como venían establecidos en anteriores tratados -Tratado de Ámsterdam- (Rubio Llorente, F.: 2013: 516), pero que por causas aquí ignoradas cambian de nomenclatura y pasan a llamarse de esta forma.

La razón del cambio de denominación merecería un debate aparte. Algunos autores, rechazando cualquier análisis juzgan dicha metamorfosis como una simple ocurrencia o un inopinado "afán de innovar" (Rubio Llorente, F.: 2013: 517). Pero rara vez un cambio de esta magnitud, con tantos y tan principales actores en escena, responde a razones de tan poco peso. Parece más probable que, una vez más, la connotación constitucional que arrastra la palabra "principios" y el peligro que ello conllevaba de excitar nuevamente las invocaciones a la soberanía nacional de algunos estados miembros informara un cambio de esta naturaleza. Esa sería una explicación más razonable y que va en la línea de otros autores que explican más y mejor la nueva formulación del artículo 2 como "valores". Desde esta otra perspectiva, la formulación dada en el artículo 2 del Tratado de Lisboa responde más bien a "ser un intento de desviar el hecho de que el derecho europeo no goza de un consenso alcanzado en un verdadero proceso constituyente"(Von Bogdandy, A.: 2010: 19).

Por tanto, parece haber una impresión muy generalizada que los valores que conocemos del artículo "en realidad son y hacen la función de "principios"" (Von Bogdandy, A.: 2010: 19 y 23). Y esto parece realmente que es así, puesto que como este mismo autor recuerda los valores no dejan de ser "una expresión de convicciones éticas de los ciudadanos", algo que ha de admitirse que resulta francamente difícil de aprehender jurídicamente, pues en realidad "¿qué es lo que sabemos de las convicciones éticas de los ciudadanos?" (Von Bogdandy, A.: 2010: 19). Por tanto, la conceptualización como "valores" entraría más en el terreno de la ética o de la sociología que no en el derecho.

A partir de aquí surge inevitablemente la cuestión de que ante qué clase de principios nos hallamos. La respuesta, con la lectura de los artículos 1 y 2 y viendo los términos que allí se utilizan -libertad, democracia, igualdad, dignidad humana- resulta clara: son principios fundamentales o principios "estructurales" (Rubio Llorente, F.: 2013: 517). Es decir nos hallamos ante principios que sirven de base o funcionamiento a la Unión, sobre los que la organización descansa toda la filosofía de su construcción y todo su sistema jurídico. Y es precisamente esto lo que lo diferencia de la categorización simple de valores, puesto que al estar ante principios lo que contemplamos son normas jurídicas y no simples convicciones éticas. Son normas jurídicas y por tanto, producen consecuencias jurídicas, por lo que su observancia es en todo momento de inexcusable cumplimiento.

Y si vamos más allá, estos principios fundamentales se pueden catalogar igualmente como "principios constitucionales" (Von Bogdandy, A.: 2010: 24; Dann, P.: 2005: 1453) puesto que tienen una vocación fundacional e informadora para el sistema jurídico de la Unión Europea. No se trata de principios que alcancen a cuestiones parceladas y concretas, sino principios que estarán presentes de alguna forma en el tratamiento de cada cuestión y en cada norma jurídica, referencias que se deberán de tener presente no sólo en la elaboración de la norma sino en su aplicación y llegado el caso, también en su ejecución -por falta de aplicación-. En definitiva, son el marco de referencia que perfilan el derecho de la Unión.

Es cierto que esta designación como "constitucionales" de los principios ha estado ausente por bastante tiempo de la jurisprudencia europea, especialmente remisa a tal catalogación de estos principios. No fue hasta la decisión *Kadi*[73], en 2008, que el término "principio constitucional" no apareció para referirse a normas fundamentales del derecho europeo. En concreto la sentencia habla de que "las obligaciones impuestas por un acuerdo internacional no pueden tener por efecto menoscabar los principios constitucionales del Tratado CE" (párrafo 285), y habla igualmente de "garantías constitucionales" (párrafo 290).

Para mayor ilustración ha de señalarse que la sentencia *Kadi / Al Barakaat* fue de especial importancia para el derecho europeo (Santos Vara, J.: 2009: 92), puesto que trata por primera vez de la posibilidad de controlar, por parte de los tribunales europeos, sanciones contra particulares provenientes del Consejo de Naciones Unidas. Además, es la primera vez que se trata desde la vertiente jurisprudencial las consecuencias de la lucha contra el terrorismo internacional, especialmente jihaidista, desde el ámbito de la Unión Europea. *Kadi y Al Barakaat* fueron objeto de sanción por parte del Consejo de Seguridad en su resolución 1267 de 15 de octubre de 1999 por ser acusados de tener relaciones con *Al Qaeda* y los talibanes de Afganistán -financiación y colaboración con organizaciones terroristas-. Dicha sanción fue acogida por las autoridades comunitarias en sus propios términos -congelación de fondos y

73. *STJUE 3 de septiembre de 2008, (Grn Sala) Kadi et al/ Consejo y Comisión (nota 14) apdo. 285). Asuntos acumulados C-402/05 P y C-415/05 P.*

otros recursos financieros-, y el problema se plantea porque en realidad los individuos y entidades sobre los que pesa esta acusación no tienen oportunidad de demostrar si su inclusión en esa lista es justificada o no, y tampoco existe un recurso ordinario en el que se pueda llevar a cabo una contradicción procesal ante un tribunal sobre estas acusaciones que restringen sus derechos fundamentales. Los afectados alegaron ante el Tribunal de Justicia de la Unión Europea -entonces todavía TJCE- que en realidad las autoridades comunitarias no disponían de competencias suficientes para adoptar sanciones dirigidas a los particulares. El Tribunal de Justicia de las CE estima todo lo contrario, que la adopción de las sanciones estaban en consonancia con los objetivos del tratado, y que además, el juez comunitario es competente para controlar la validez de los actos comunitarios que implementan las resoluciones del Consejo de Seguridad desde el punto de vista de los derechos fundamentales que forman parte de los principios generales del Derecho Comunitario. El razonamiento del Tribunal europeo, a fin de cuentas, se basa en la jurisprudencia clásica sobre la relación entre el Derecho Comunitario y el Derecho Internacional. (Santos Vara, J.: 2009: 92). El Tribunal recuerda que las competencias de la Comunidad deben ser ejercidas respetando el Derecho Internacional y concede el mismo tratamiento a la Carta de las Naciones Unidas y a las Resoluciones del Consejo de Seguridad que al resto de tratados y normas internacionales.

Pero aunque la catalogación en dicha sentencia por parte del Tribunal de Justicia europeo de los principios fundamentales como principios constitucionales no deja lugar a dudas, debe admitirse que todavía hoy es más común la referencia jurisprudencial hacia estos principios como simplemente "fundamentales". De nuevo las reticencias a la posible invasión en el terreno de la soberanía estatal que sugiere el término "constitucional", hace que el Tribunal se decante por el de "fundamental", acaso un poco más neutro en ese sentido. Es muy probable que la especial importancia de la sentencia *Kadi* en todos los sentidos empujara al Tribunal a emplearse con mayor fuerza argumentativa y mucho más realismo desde un punto de vista jurídico, y así pasara a catalogar a los principios directamente como constitucionales.

III.2.- Objetivos (articulo 3)

Uno de los pronunciamientos más relevantes del Tribunal de Justicia de la Unión Europea, en la sentencia *Kadi -Al Barakaat* que acabamos de describir, establece que la adopción de las sanciones contra los particulares por parte de las autoridades comunitarias "se ajustaban a los objetivos fijados en los Tratados". Pero, ¿de qué hablamos exactamente al referirnos a "objetivos"?

En una primera aproximación se puede afirmar que los objetivos son aquellos logros a los que la organización pretende dirigirse y cuya consecución justifican la existencia misma de la organización. En otras palabras, los objetivos son la razón de la fundación de la organización internacional y los que dan sentido a la firma y al funcionamiento de los tratados. Como objetivos finales la Unión establece la paz, la promoción de sus valores -principios constitucionales- y el bienestar de sus pueblos (artículo 3.1).

En su párrafo segundo el precepto establece una serie de objetivos, ya más instrumentales, con la función de erigirse en herramientas eficaces que permitan alcanzar el logro de los objetivos finales del primer párrafo. Estaríamos ante principios instrumentales necesarios para la consecución de los objetivos finales descritos en el primer párrafo.

En ese sentido se marca como objetivo el establecimiento de un espacio de libertad, seguridad y justicia sin fronteras interiores, en el que esté garantizada la libre circulación de personas y se controle adecuadamente las fronteras exteriores y la inmigración exterior. En el terreno económico y social el mercado interior es otro de los principales objetivos, en un marco de desarrollo sostenible y crecimiento económico equilibrado y con tendencia al pleno empleo, al progreso social a la mejora del medio ambiente y la promoción del progreso científico y técnico. Y dentro de los objetivos económicos, se encuentra el fomento de la cohesión económica, social y territorial y la solidaridad entre los estados miembros.

Pero en lo que relaciona a los objetivos del Tratado con la autonomía regional es de especial importancia el crecimiento económico equilibrado, la cohesión económica social y territorial y la solidaridad que se establece entre los estados miembros. Pero en efecto, es una solidaridad y un equilibrio pensado entre estados, y atención, no entre regiones o individuos. "El objetivo de la igualdad social, introducido por el artículo 3 TUE para dibujar los contornos de un modelo social europeo, está concebido a la luz de la solidaridad no entre ciudadanos sino entre Estados miembros, que es financieramente menos gravosa" (Von Bogdandy, A.: 2010: 73). En este sentido, la entrada de las regiones en el entramado institucional europeo, gozando en esa esfera de total autonomía de acción como sugiere el presente trabajo, multiplicaría notablemente el número de actores en movimiento y dificultaría de veras, sobre el papel, la toma de decisiones a todos los niveles y a la postre, la consecución de los objetivos -incluidos los de solidaridad y cohesión territorial- por el Tratado, tal y como hoy es entendido.

Por poner un ejemplo, desde el punto de vista del principio de solidaridad, "la autoridad pública organiza la cohesión y la asistencia entre ciudadanos" (Von Bogdandy, A.: 2010: 73) y desde esa óptica, la situación socio-económica de las regiones europeas es realmente muy dispar, en algunos casos radicalmente opuesta, por lo que organizar la solidaridad europea desde el nivel regional resultaría enormemente complicado y de una eficacia incierta. En buena medida por ello, la solidaridad financiera en el Tratado de la Unión Europea, siendo un principio de la Unión, se organiza de forma interpersonal y a través de Estados, o sea, "entre nacionales de un Estado miembro anfitrión y los nacionales de otro Estado miembro". (Von Bogdandy, A.: 2010: 74). Asimismo, visto desde el ángulo estrictamente funcional, nos encontramos políticas que por mucho que puedan afectar los intereses regionales y locales parece recomendable, desde un punto de vista económico y (geo) político, que por su dimensión o su interés estratégico permanezcan en el nivel de decisión intergubernamental y que las entidades sub-estatales retengan en todo caso el papel de consulta. Estaríamos haciendo referencia, por ejemplo, a la política de seguridad común, las telecomunicaciones o la política energética, las que precisamente por su elevado interés geo-estratégico aparecen vinculadas al núcleo duro de la soberanía estatal (Zapater Duque, E.: 2007: 201).

Lo que de alguna forma queremos poner de manifiesto con todo ello es que tampoco el principio de autonomía regional debe ser una imposición normativa que haga tabla rasa, por ejemplo, en el terreno competencial, sino que en aras de salvaguardar los objetivos del Tratado deberá ser convenientemente modulado en función de la aplicación de otros principios fundamentales como el de soberanía nacional, el de la subsidiariedad o el de lealtad institucional.

No obstante, este tipo de dificultades meramente operativas tampoco deben provocar que por otra parte se abandone el respeto por el principio de autonomía regional ni el intento de que se alcance un reconocimiento definitivo, a todos los niveles y en un grado de implantación suficiente. Al contrario, lo deseable sería que una vez formulado, reconocido y realmente puesto en práctica, tal y como sucede en otros ámbitos, se afronte su desarrollo a través de la regulación oportuna sin necesidad de que su materialización perturbe los objetivos del tratado, al menos en todos aquellos terrenos en los que su implantación máxima sea posible. Sería la puesta en práctica, previos los requisitos legales oportunos, del correlativo principio de la libre prosecución de los intereses de los Estados miembros, por el cual los Estados son efectivamente libres de procurar sus "intereses nacionales" en el ámbito de la Unión (Von Bogdandy, A.: 2010: 47), un principio que podría ser trasladado al espacio de decisión de las regiones, siempre y cuando, como decimos, no se quebrara el principio de lealtad institucional que todas las constituciones domésticas demandan para sus niveles de gobierno en el ámbito interno, pero proyectado ahora a la esfera institucional europea.

Será entonces el principio de lealtad el que presida el nuevo escenario institucional, pues no en vano ya "juega un papel central, de hecho, fundamental" en el derecho europeo (Von Bogdandy, A.: 2010: 54). Y es que para que funcione adecuadamente el complejo sistema de gobierno multi-nivel en la Unión ("*Verbund*") es imprescindible que "estas relaciones estén enclavadas de deberes suplementarios que aseguren la eficacia del derecho y puedan resolver conflictos" (Von Bogdandy, A.: 2010: 54). El principio de lealtad, que por su lado el Tribunal Europeo describe como "principio de cooperación", se configura de esta forma en una guía de actuación para que también las regiones, si han de funcionar de manera autónoma en el entramado institucional europeo, puedan hacerlo de forma conveniente sin que aparezcan distorsiones indebidas en contra de los intereses nacionales o supranacionales. Así es, la lealtad como principio jurídico juega un papel configurador al dar un marco normativo a las variables relaciones entre las autoridades públicas en el ámbito jurídico europeo (Von Bogdandy: 2010: 54). Asegurando de esa forma y entre todos ese modo de conducirse, las regiones acabarán de afirmar su presencia autónoma en el desarrollo institucional de la Unión Europea.

El otro gran principio que aseguraría un desarrollo armónico de la autonomía regional en relación con los objetivos -estatales- del Tratado, contando con un nivel de implantación máximo, sería el de "eficacia del derecho". En efecto, como ya indicó Tocqueville nada menos que en 1835[74], cuanto más grande y más libre es una comunidad política, más debe basarse en el derecho para lograr la integración (Von Bogdandy, A.: 2010: 36). La multiplicidad de actores institucionales que entrarían en liza, en caso de que las regiones extendieran libres su radio de acción a la escena europea, requeriría un derecho común fuerte con una importante vocación de cohesión, en un contexto en el que la heterogeneidad cultural y social y la complejidad de las relaciones de poder son las notas características.

Y en buena medida, para lograr una fuerte cohesión en el plano político, jurídico y socio-económico en el territorio de la Unión es necesario que se compartan principios jurídicos sólidos, los cuales mantienen entre sus funciones más importantes, precisamente, las de cohesionar el sistema de valores.

III.3.- Principios Fundamentales.

Antes de llevar a cabo la tarea de poner adecuadamente en relación la autonomía regional con el resto de principios fundamentales del Tratado de la Unión Europea y acabar de clasificarla en sus justos términos, repasaremos de modo sucinto los principios fundamentales de la Unión Europea de acuerdo con su significado y su posición en el articulado del texto.

El Título I del Tratado de la Unión Europea, tal y como lo conocemos desde su versión de Lisboa, viene designado como "Disposiciones Comunes" y en él se

74. *"La Democracia en América"*.

recoge en una técnica poco clara y con cierto "desenfado" (Rubio Llorente: 2013: 518) los que vienen a ser los principios fundamentales de la Unión Europea -válidos tanto para el Tratado de la Unión Europea, como para el Tratado de Funcionamiento de la Unión Europea-. Al respecto hay autores que van allá y aseguran que lo que sucede es que en derecho europeo hay una ausencia de una concepción general de los que es un principio jurídico (Von Bogdandy: 2010: 21). En cualquier caso, a causa de esta confusa técnica de estructuración el Tratado todavía no ha logrado alcanzar un completo grado de sistematización, con lo que la estructura general del derecho primario europeo sigue adoleciendo a día de hoy de cierto nivel de incertidumbre (Von Bogdandy, A.: 2010: 12). Ante esta serie de problemas a la hora de catalogar los principios adecuadamente se impone la necesidad de acudir, más que a los adjetivos para ver ante qué principios estamos, a un criterio "realista" que nos ayude a mejor clasificar los principios fundamentales o estructurales de la Unión Europea (Rubio Llorente, F.: 2013: 518).

Ya hemos visto que en el artículo 2 vienen establecidos los principios fundamentales de la organización de carácter constitucional o "principios constitucionales" (Von Bogdandy: 2010: 7 y 19, Rubio Llorente, F: 2013: 519), que vienen a refrendar el carácter meramente constitucional del derecho primario de la Unión Europea (Dann, P.: 2005: 1453; Snyder, F.: 2003: 55; Balaguer Castellón, F.: 2008: 57). De hecho, se decía, los valores que establece el actual artículo 2 venían ya así clasificados en el anterior Tratado de Amsterdam de 1997, en su artículo 6.1, que constituye la base positiva más importante de los principios fundamentales europeos (Von Bogdandy, A.: 2010:19).

En el artículo 3.1, y calificados como "objetivos", encontramos igualmente otra serie de principios fundamentales o estructurales, en este caso de carácter fundacional y finalista que se corresponden con los propósitos que movieron a la firma del Tratado. La técnica utilizada en este caso para describir y codificar estos principios viene señalada por cierto apresuramiento que conduce a algunas reiteraciones, como son las repetidas alusiones a los derechos del niño, sucesivamente recogido en el apartado tercero y quinto de este artículo (Rubio Llorente, F.: 2013: 519). Estos fines son también principios puesto que cumplen la misma función que el resto de principios fundamentales (Rubio Llorente, F.: 2013: 519).

En una clasificación superior, la tradicional (Rubio Llorente; 2013: 519) los principios recogidos en los artículos 2 y 3.1 serían calificados como principios fundamentales "orgánicos", que son aquellos que fundamentan y orientan la acción de la organización.

Por último encontramos en los artículos 3.2, 3.3, 3.4, 3.5, y en los artículos 4 y 5, siempre dentro del Título I, "Disposiciones Comunes", a otra serie de principios fundamentales, pero que en estos casos cumplen funciones distintas a los anteriores. En el caso del artículo 3.2 a 3.5 se trataría de principios instrumentales que coadyuvan a la consecución de los objetivos del Tratado del artículo 3.1. Entre ellos destacamos el establecimiento de un espacio de libertad y justicia, el mercado interior, el logro de un desarrollo sostenible y un crecimiento económico equilibrado, así como la cohesión económica, social y territorial y la solidaridad entre los Estados miembros (que no entre regiones ni entre individuos).

En el artículo 4 aparece el principio de igualdad de los estados miembros, y por fin el respeto a la autonomía regional y local, junto con el respeto a las funciones esenciales del Estado, el principio de cooperación leal, la obligatoriedad en el cumplimiento de las obligaciones derivadas de los Tratados y de las instituciones comunitarias, y el principio de no obstrucción a los objetivos de la Unión. El artículo 5 desglosa principios fundamentales de carácter netamente competencial, como el principio de atribución de competencias, el principio de subsidiariedad y el principio de proporcionalidad, principios que orientan la delimitación y el ejercicio de las competencias de la Unión (Rubio Llorente, F.: 2013: 518). Este bloque de principios, dentro de la división superior tradicional a la que nos referíamos con anterioridad, estarían encuadrados en el bloque de los principios orgánicos, aquellos que determinan el sistema institucional y procedimental de la Unión.

Por último, en este breve repaso previo sobre la clasificación de los principios se han de tener en cuenta dos cosas más. La primera, que todos los expuestos son principios estructurales y como tales ofrecen en común que dan coherencia y cohesión al ordenamiento jurídico y sirven para informar a todo el sistema sobre el sentido al que debe dirigirse la norma. En segundo lugar, existen también otra serie de principios fundamentales que no vienen recogidos en la letra del Tratado y que tienen un origen jurisprudencial, pero que son igualmente principios fundamentales -"su carácter de fundamentales está fuera de toda duda" (Rubio Llorente, F.: 518)-, ya que sin ellos difícilmente sería comprensible el funcionamiento global de la Unión y su relación con el derecho de los Estados miembros. Nos referimos a los principios de efecto directo y el principio de primacía del derecho europeo. La clasificación y descripción realizada de los principios fundamentales se recoge en el cuadro sinóptico a continuación.

PRINCIPIOS FUNDAMENTALES Y AUTONOMÍA REGIONAL.

Clasificación de los principios en relación a su carácter y posición en el TUE.

FUENTE	POSICIÓN EN EL TRATADO	TIPO DE PRINCIPIO: FUNCIÓN	PRINCIPIO	TIPO PRINCIPIO: ORDEN
TRATADO U.E.	Art.2 TUE. Valores	Principios Constitucionales	Libertad, dignidad humana, democracia,igualdad,Estado de Derecho,respeto a derechos humanos y minorías,pluralismo,no discriminación, la tolerancia, la justicia, la solidaridad y la igualdad de sexos .	Dogmático.
TRATADO U.E.	Art.3.1. Objetivos.	Principios fundacionales	Promoción de la paz, los propios valores y el bienestar de sus pueblos.	Dogmático.
TRATADO U.E.	Art. 3.1 a Art. 3.5.	Principios instrumentales	Espacio de libertad, seguridad y justicias sin fronteras interiores, libre circulación de personas, control de fronteras exteriores, asilo, inmigración y prevención y lucha contra el delito.	Orgánicos.
			Mercado Interior, desarrollo sostenible,crecimiento económico equilibrado, pleno empleo y progreso social, protección del medio ambiente,Progreso científico y técnico	
			No discriminación ni exclusión social, igualdad de sexos, solidaridad inter-generacional y protección del menor	

			Cohesión social, económica, y territorial. Solidaridad Estados miembros.	
			Diversidad cultural y lingüística. Conservación patrimonio cultural europeo.	
			Unidad económica y monetaria	
			Contribución a la paz,seguridad,solidaridad,desarrollo sostenible y respeto mutuo entre los pueblos.	
TRATADO U.E.	Art. 4	Principios competenciales.	Respeto a igualdad de Estados m., Respeto a la identidad nacional, Respeto a la **AUTONOMÍA REGIONAL** y local, Respeto a las funciones esenciales del Estado (integridad territorial,orden público y seguridad nacional).	Orgánicos
TRATADO U.E.	Art. 5	Principios competenciales	Principio de atribución de competencias, principio de subsidiariedad, principio de proporcionalidad.	Orgánicos.
JURISPR. TJUE		Principios competenciales	Principio de efecto directo, principio de primacía derecho europeo.	Orgánicos.

Elaboración propia a partir de clasificación Rubio Llorente, F. (2013), Von Bogdandy, A. (2010) y propia

Así, en este trabajo se parte de la base que la autonomía regional no solo goza de un reconocimiento formal en la letra del Tratado, sino que además se encuadra como uno más de sus principios fundamentales, de carácter estructural, orgánico y competencial, junto al resto de principios que se organizan en el Título I bajo la rúbrica difusa de "Disposiciones Comunes", y con idénticos efectos jurídicos que el resto de sus homólogos, puesto que como principios se erigen en norma jurídica de obligado cumplimiento a tenor de lo establecido en el artículo 4.3 del Mismo Tratado.

"El reconocimiento de la autonomía local y regional se mantiene en los mismos términos que el anterior artículo 5, y en una posición relevante dado que el artículo 4 se incluye dentro del Título I - Disposiciones Comunes-" (Olesti Rayo, A.: 1998: 5-6). En efecto, como hemos podido comprobar en el título de las Disposiciones Comunes, por mucho que así se titule, encontramos el bloque principal de principios estructurales de la Unión. De hecho se podría afirmar que el Título entero viene dedicado a fijar dichos principios. ¿Por qué entonces esta nomenclatura de "Disposiciones Comunes" y no simplemente la de "principios"? Ya hemos dicho que tratar de depurar conceptos en el derecho primario es una tarea siempre compleja, cuando no "penosa" (Rubio Llorente, F.: 2013: 516). Sin duda las dificultades a la hora de ponerse de acuerdo y la necesidad de reflejar todas las posturas en la letra del Tratado, mirando de no violentar las sensibilidades nacionales tras un fallido intento previo, dieron como resultado un texto que por todo ello y en sus títulos iniciales es conceptualmente complejo, algo "oscuro" y en muchas ocasiones "indigesto" por lo redundante (Rubio Llorente, F.: 2013: 516). Por lo tanto, allí donde leamos "valores", "fines" o "disposiciones comunes", hemos de ver simplemente "principios" (Rubio Llorente, F.: 2013: 519; Von Bogdandy, A.: 2010: 19).

Otros autores entienden por principios de la Unión Europea "aquellas normas o reglas que desde la perspectiva de la Unión Europea se consideran fundamentales o básicas en el proceso de construcción europea (Olesti Rayo, A.: 1998: 5-6). Y en efecto, "el autor identificaba estos principios que calificaba de principios rectores de la Unión a partir de las disposiciones comunes de la Unión Europea" (Beltrán García S.: 2010: 14). En este sentido es posible también, que el continuo celo de los Estados miembros por preservar sus propios valores (Díez de Velasco, M.: 2008: 575) como parte que pudiera ser identificada en la órbita de la soberanía nacional, aconsejara en general un vocabulario más neutro en el núcleo del texto. Por ejemplo, "la formulación del artículo 2 del Tratado de la Unión Europea se explica más bien, por ser un intento de desviar el hecho de que el derecho europeo no goza de un consenso alcanzado en un verdadero proceso constituyente" (Von Bogdandy; A.: 2010: 19). No olvidemos que dichas precauciones, en algunos casos, ya dieron al traste con el proyecto constitucional europeo previo, y que, de nuevo en casos posteriores, hicieron del proceso de Lisboa un arduo camino hasta llegar al consenso y su final entrada en vigor[75].

75. *Especialmente llamativos fueron los casos británico y checo. Cameron, premier británico, amenazó estando en la oposición con la convocatoria de un referéndum para ratificar el Tratado –promesa que ha vuelto a renovar en enero del 2013, de cara a una posterior legislatura-, y Klaus, Presidente checo, se negó a ratificar el Tratado, por entender*

Hemos de tener en cuenta igualmente que una correcta interpretación del artículo 4.2 debería conllevar el relacionar el mismo directamente con su propio contexto normativo, y en este sentido deberemos poner en conexión el artículo 4.2 con otros de su mismo capítulo como son el artículo 2, o el artículo 3.3, párrafo 4º del Tratado de la Unión Europea, en el que se indica que:

> "La Unión respetará la riqueza de su diversidad cultural y lingüística y velará por la conservación y el desarrollo del patrimonio cultural europeo".

De todos modos, si lo pensamos bien, la interpretación de la norma poniéndola en relación con su contexto, no sería otra cosa que llevar a cabo el método de interpretación habitual que usualmente y desde su puesta en marcha efectúa el propio Tribunal de Justicia de la Unión Europea a la hora de interpretar la norma cuando dicta sus sentencias. "La interpretación ha de ser contextual tomando en cuenta el conjunto de la disposición y procurando darle el sentido que permita su puesta en aplicación. El Tribunal parte de la interpretación literal de los textos a no ser que no conduzca a un resultado razonable. La finalidad del texto y la intención o voluntad de su redactores también cuentan como elementos decisivos" (Ruiz-Jarabo Colomer, D.: 1984:189)[76]. Por tanto, es menester acudir a la intención del texto en su conjunto, y no simplemente considerar el precepto de forma aislada para poder efectuar una adecuada interpretación de la norma.

Desde este punto de vista no resultaría conveniente, a la hora de analizar el artículo 4.2 del Tratado de la Unión Europea, decantarse por una interpretación estatocéntrica, teniendo en cuenta que entre los valores que informan la Unión está el respeto por la diversidad cultural y lingüística, valores que también acompañan a la autonomía regional. No parece procedente que se deba eludir la diversidad regional que caracteriza al territorio europeo, ni su realidad institucional sobre todo, acogiéndose exclusivamente al carácter intergubernamental de la organización y desoyendo el criterio de la Carta de Derechos Fundamentales de la Unión Europea, la que nos dice que la Unión

---

que con la firma "la República checa deja de ser un estado soberano". El Tribunal Constitucional checo, finalmente sentenció a favor de la ratificación del Tratado. http://es.euronews.com/2009/11/03/tratado-de-lisboa-klaus-claudica-y-lo-firma-a-reganadientes/.

76. *Ruiz-Jarabo cita a Manuel Medina, la "Comunidad Europea y sus principios constitucionales", Ed. Tecnos, 1974, pág.157.*

debe contribuir a "defender y fomentar" esos valores, "así como la identidad nacional de los Estados miembros y de la organización de sus poderes públicos a escala nacional, regional y local". Y en ese criterio de interpretación de la norma deberíamos insistir si leemos el artículo 22 que establece que "la Unión respetará la diversidad cultural, religiosa y lingüística".[77]

No es aventurado juzgar visto todo ello y tras una atenta lectura de los apartados 1.14 y 1.15 del Dictamen 2006/C 31/01 del Comité de las Regiones[78], comprobando la colocación sistemática del precepto – Título I, Disposiciones Comunes, artículos 1 a 8-, que la ubicación concreta del reconocimiento de la autonomía regional en el artículo 4.2 del Tratado de la Unión Europea sea el feliz resultado de la presión ejercida desde dicho Comité. Tal afirmación quedaría corroborada si atendemos el desarrollo de las negociaciones en el marco de la Convención que hemos tenido oportunidad de analizar anteriormente.

Por tanto ha de concluirse que la autonomía regional se halla inmersa en un título esencial como es el primero, Disposiciones Comunes, en el que comparte espacio con los principios y valores superiores que informan la existencia misma de la organización, por un lado, y el funcionamiento cotidiano de la Unión Europea por otro. Hablamos de principios y valores como la promoción de la paz y el bienestar de los pueblos, la democracia, la dignidad humana, la igualdad, el Estado de Derecho, el respeto por las minorías, y en el que también se establece la esencia misma de la organización como es el establecimiento de un mercado único, fronteras interiores, espacio único de libertad, seguridad y justicia, libertad de movimientos de personas, bienes y capitales, entre otros, todos ellos principios superiores que relacionamos de nuevo ahora para subrayar adecuadamente el nivel de protección y respeto que se otorga también, ineludiblemente, a la autonomía regional.

Ha de recordarse que esta situación en el articulado no es casual ni una consecuencia indirecta del deseo de los estados por una protección extendida del respeto a la soberanía nacional, sino que se trata también del resultado de

---

77. *D.O. Unión Europea 14.12.2007, nº 303/2 y 7 (1-16)*

78. *Sobre "El estado del proceso de descentralización en la Unión Europea y el lugar de la autonomía local y regional en el proyecto de Tratado Constitucional".*

la presión ejercida por los grupos regionalistas que, en buena lid y en el marco de una negociación a varias bandas, lograron que esta aparición se diera precisamente en el lugar que se dio. Por tanto estamos ante un principio informador al máximo nivel en el derecho originario, que puede ser invocado absolutamente como parte del entramado normativo del derecho de la Unión Europea y que como se establece en el artículo 4.3 es norma jurídica que los poderes públicos deben cumplir y hacer cumplir.

Asimismo, el respeto a la autonomía regional asoma en el texto del Tratado justo antes de la aparición, por ejemplo, de otros principios tan fundamentales para el funcionamiento de la organización como son los de cooperación leal (artículo 4.3), o los de atribución, proporcionalidad y de subsidiariedad (artículo 5.1); y justo después de principios como el principio democrático (artículo2) (Díez de Velasco, M.: 2008: 594; Mangas Martín, A.: 2012: 411) . No en vano, a pesar de la suma importancia de estos principios, incluso pese a la íntima conexión que guardan con el principio de autonomía regional - en especial nos referimos al de subsidiariedad-, no dejan de ser máximas invocadas para el mejor funcionamiento institucional de la Unión. "En realidad, subsidiariedad y autonomía están estrechamente relacionadas. El principio de subsidiariedad fue en primer lugar reconocido en el artículo 4.3 de la Carta europea de 1985 como una manifestación más del ejercicio de la autonomía. Así pues, la autonomía es un concepto más amplio que abarca la subsidiariedad" (Beltrán García, S.: 2010: 20). En otras palabras, estos principios -orgánicos en la tradicional distinción- serán herramientas que facilitarán la ordenada ejecución de las medidas impulsadas desde la Unión Europea, sin que su desarrollo dificulte el normal ejercicio competencial de las regiones, en este caso.

Sin embargo, la mención a la autonomía regional nos sugiere la consideración del respeto a un valor superior, como es la facultad de las regiones, como titulares de legitimidad democrática que son, a conducirse de forma autónoma de acuerdo con las funciones que tienen encomendadas y bajo el imperio de la ley. En otras palabras, lo que estamos apuntando en realidad es que merced a la colocación adoptada del precepto analizado en el Tratado, el principio de autonomía regional cobra una naturaleza jurídica similar a la de un principio de rango constitucional europeo y además, "el carácter constitucional del derecho primario se manifiesta de manera especialmente clara en los principios fundamentales", que vienen a ser "principios constitucionales" (Von Bogdandy, A.: 2010: 7).

Por otra parte, ya no cabe la menor duda de que con la entrada en vigor del Tratado de Lisboa –y más si lo ponemos en relación con otros textos normativos comunitarios, como la Carta de Derechos Fundamentales de la Unión Europea-, la autonomía regional se ha visto finalmente visualizada y reforzada ("Aunque la Carta no supone un aumento de competencias de la Unión, lo que sí comporta es que la autonomía regional y local, y la diversidad cultural y de tradiciones refuercen su papel como ámbitos de interés de la Unión en el sentido positivo" (Morgades Gil, S.:2010:7)), aunque quizá no en la misma proporción que se han visto consolidados los principios de subsidiariedad y de proporcionalidad como ejes rectores de las normas de funcionamiento de la Unión. Este es el diagnóstico generalizado entre la doctrina especializada, así como el del propio Comité de las Regiones, que lo adopta enteramente, tal y como puede comprobarse al acudir a su último Informe Anual sobre Subsidiariedad (2010), donde se subraya entre sus primeras conclusiones:

> "*The local and regional levels and the importance of self-government in the EU decision making process are for the first time explicitly acknowledged in the EU legal framework.*
>
> *As a consequence, the respect of the subsidiarity principle has been reinforced after the entry into force of the Lisbon Treaty* (R/CdR 57: 2011: 3)".

Pero no solo en el Tratado de la Unión Europea encontramos referencias a principios y valores del derecho europeo, elementos éstos que una vez localizados deben igualmente conectarse y relacionarse con el principio de autonomía regional. En el anterior Tratado de Maastricht se estableció que la Unión Europea debería respetar "la identidad nacional de sus Estados miembros, cuyos sistemas de gobierno se basaran en los principios democráticos" (artículo F), conectando de esta manera el respeto a la identidad nacional, con la debida observancia a los valores democráticos que se verán expresados en el Preámbulo de la Carta de los Derechos

Fundamentales de la Unión Europea. En el párrafo 3 del Preámbulo se preceptúa que "la Unión contribuye a defender y fomentar estos valores comunes dentro del respeto a la diversidad de culturas y tradiciones de los pueblos de Europa, así como de la identidad nacional de los Estados miembros y de la organización de sus poderes públicos a escala nacional, regional y local,...". Es decir, que dentro del elenco de valores democráticos dignos de la mayor consideración por parte de la Unión Europea, también se encontrará ya el respeto a la autonomía regional y local. En este sentido, aunque es cierto que la Carta no va más allá en cuanto a competencias sobre esta materia, "lo que sí comporta es la autonomía regional y local, y que la diversidad cultural y de tradiciones refuercen su papel como ámbitos de interés de la Unión en sentido positivo" (Morgades Gil, S.: 2010: 7).

En el párrafo quinto de ese mismo Preámbulo se cita igualmente el respeto al principio de subsidiariedad, lo que es lo mismo que apuntar hacia el respeto a las facultades de autogobierno de los niveles inferiores de administración y gobierno. Por lo tanto, tampoco sería muy exacto o riguroso afirmar que hasta el Tratado de Lisboa no había ningún ámbito de protección que se ocupara de la autonomía regional, puesto que como hemos comprobado, el Preámbulo de la Carta de los Derechos Fundamentales de la Unión Europea sí lo hace, y en cierta forma, al demandar el "fomento y la defensa" de la organización de los poderes públicos también a escala regional, induce a interpretar cualquier norma hacia el reconocimiento positivo de la autonomía regional.

Pero esta vinculación a los principios democráticos desapareció luego en el Tratado de Ámsterdam, por reglamentarse en el artículo 7 del Tratado de la Unión Europea un mecanismo de sanción cuando se materializara una falta de respeto a los mismos (Díez de Velasco, M.: 2008: 535). En realidad, la cláusula general relativa al respeto por parte de la Unión Europea de la "identidad nacional inherente a las estructuras fundamentales políticas y constitucionales" de los Estados miembros "fue incorporada al Tratado de Maastricht por el temor a que la mención y el reconocimiento de los valores y principios fundamentales en que se basa la Unión Europea tuviera como consecuencia que se desdibujaran las identidades diferenciadas de los Estados" (Morgades Gil, S.: 2010: 6).

Así entonces, el concepto de autonomía regional, a pesar de tratarse de un principio fundamental reconocible dentro del Título I del Tratado, parece un principio destinado a ser perfilado desde la jurisprudencia europea, como de hecho así se ha ido haciendo con otros importantes principios fundamentales, como el de primacía y el de efecto directo (Tajadura Tejada, J.: 2010: 32; Rubio Llorente, F.: 2013: 518), habida cuenta su falta de definición legal en vigor. Y en parte, en contra de lo que pueda parecer en un principio, no parece que un texto diseñado al efecto, o mejor dicho, una definición legal en toda la regla y en la actuales circunstancias, seguramente que redactada por un legislador generalmente más comprometido con el principio de soberanía nacional que con el de autonomía regional, fuera a tener mejor fortuna para ésta que una definición elaborada desde la jurisprudencia, que con toda seguridad hará las veces de un legislador *a posteriori* más independiente, experto, técnico y, en teoría más objetivo que un legislador, revestido éste de una visión más política que no estrictamente jurídica. En el capítulo de los principios, pues, el artículo 4.2 del Tratado de la Unión Europea se muestra como una moneda, en la que su cara figura como principio fundamental la soberanía y la estructura política fundamental del Estado, y en la otra, como reverso obligado y necesario, el respeto a la autonomía regional y local.

Del reconocimiento genérico que se vierte en el 4.2 del Tratado de la Unión Europea sobre la autonomía regional, al que se le concede por su colocación sistemática[79] nada menos que un "rango constitucional", surte un efecto inmediato y de especial relevancia. Tal y como reclama el Libro Blanco sobre la Gobernanza en la Unión Europea, el respeto a la autonomía regional que debe mostrarse desde la instituciones de la Unión Europea debe ser igualmente observado por los Estados miembros y el resto de instituciones nacionales, porque ese respeto hacia la autonomía regional - y local- pasa a formar parte de los principios rectores del funcionamiento de la Unión Europea, y por tanto, principios que deben ser escrupulosamente observados también por los estados miembros. Es la "protección jurídica" inmediata que, *erga omnes*, deriva del reconocimiento de la autonomía regional en el articulado inicial del Texto de Lisboa y que debería ser tranquilamente opuesta y alegada ante cualquier Tribunal, incluido el Tribunal de Justicia de la Unión Europea –por

79. *Tal y como veíamos en el Dictamen del Comité de las Regiones 2006/C 31/01 (D. O. Unión Europea 7/2/2006)*

parte de las regiones directamente- y ante cualquier intromisión ilegítima en la autonomía de las regiones, venga de de donde venga. "La articulación de las relaciones entre la Unión y los Estados miembros es, en mi opinión, de doble dirección ya que el respeto a la autonomías es exigible tanto a las Instituciones y organismos de la Unión como a los Estados miembros" (Beltrán García, S.: 2010: 15). Lo que el artículo 4.2 del Tratado de la Unión Europea sugiere en buena medida, pues, es que no solo la Unión Europea debe mostrarse respetuosa con los estados y su identidad nacional, también en lo referente a la autonomía regional y local, sino que dicho respeto sobre la misma autonomía regional debe igualmente ser observado por los Estados (Beltrán García S.: 2010: 15).

En suma, el respeto a la autonomía regional previsto en el artículo 4.2 del Tratado de la Unión Europea otorga un reconocimiento de rango constitucional y de observancia obligatoria no sólo para las instituciones de la Unión Europea a la hora de diseñar y ejecutar sus políticas –que deben respetar la estructura política fundamental de los Estados miembros-, sino también de un precepto que, desprendiendo todas las consecuencias jurídicas, debe ser respetado por los Estados miembros, cuyo marco de observancia traspasa el sistema interno y se proyecta en el ámbito de la Unión europea.

III.4.- La autonomía regional como principio de la Unión Europea

La autonomía regional, tal y como viene reflejada en el artículo 4.2 del Tratado de la Unión Europea, es un principio jurídico en cuanto se erige "en un estándar de legalidad en sí mismo, genera comprensión por medio de su capacidad de ordenar, y proporciona argumentos para la aplicación creativa del derecho" (Von Bogdandy, A.: 2010: 13-14). Así es, a través de la articulación del principio de la autonomía regional en el texto del tratado, el sistema jurídico será capaz de adquirir coherencia interna, un orden conjuntado en cuanto se buscará que todos sus preceptos, o al menos todos aquellos relacionados con ése, respondan al propósito declarado por el principio.

En otras palabras, los principios jurídicos, también y especialmente en el ámbito jurídico europeo, realizan la función de rellenar ("*gap-filling*") los vacíos normativos o lagunas legales que deja el sistema normativo sin precisar detalladamente (Lenaerts, K. - Gutiérrez-Fons, J.A.:2010: 1631). Y como principio que es no sólo concede la coherencia que el sistema requiere en cuanto a la temática referida, si no que igualmente nos "permitirá innovar" (Von Bogdandy, A: 2010: 14) esa parte del ordenamiento jurídico, siempre en la dirección que marca dicho principio.

La inconcreción con que se manifiesta la autonomía regional como principio no es óbice para su consideración como tal, "esto ya resulta de la vaguedad general de los principios" (Von Bogdandy, A.: 2010: 15), y difícilmente por esta razón "puede determinar lo legal o lo ilegal de un caso concreto" (Von Bogdandy, A.: 2010: 15). Lo que sí hará es informarnos, orientarnos hacia donde debe dirigirse la elaboración y aplicación de la norma, pero no resolverá el caso particular. Y es que su formulación imprecisa no se dirige en ningún caso a la resolución del caso concreto, sino a informar al resto del articulado del sentido que debe encerrar la interpretación de las normas.

La autonomía regional, como principio jurídico, se instituye como "una norma que de alguna forma ordena que se realice su pretensión en la mayor medida de lo posible, en relación con sus posibilidades fácticas o jurídicas" (Alexy, R.: 1988: 143). En el caso del artículo 4.2, la autonomía regional cristaliza como principio al cumplirse todos los requisitos demandados para ello, pero al carecer de contenido concreto en su redactado, no puede alcanzar un cumplimiento pleno, como sucedería en el caso de una regla (Alexy, R: 1988: 143), que por el contrario sí concreta su contenido. No obstante, el hecho de que sea formulado como principio sin mayor definición, no evita que, como cualquier otro principio, revista "carácter normativo, de modo que pueda servir lógicamente de fundamento racional de proposiciones normativas" (Massini, C.I.: 1999: 82) y que pueda ser invocada su observancia, pues permite sino un cumplimiento pleno, sí un seguimiento en el mayor grado posible (Alexy, R: 1988: 143).

El principio de autonomía regional, tal y como viene establecido en la letra del artículo 4.2 del Tratado de la Unión Europea tiene una total fuerza normativa y ello es así por su colocación sistemática junto al resto de los principios estructurales o "principios aplicables al funcionamiento de la Unión Europea", como otros autores los denominan (Diez de Velasco, M.: 2008: 574). La inclusión de la autonomía regional en el Tratado despliega efectos jurídicos solo ya atendiendo a los dispuesto en el artículo 4.3 y su ubicación en el Titulo I da al principio la categoría de fundamental. En este trabajo dentro de los principios fundamentales se lo ha clasificado dentro del capítulo de los principios de carácter competencial y de orden orgánico, en cuanto informan sobre el proceder de las instituciones europeas y de los estados miembros a la hora de ejercer el poder y relacionarse con las otras autoridades

En efecto visto así, el principio de autonomía regional entra de lleno en este grupo de principios denominados "aplicables al funcionamiento de la Unión Europea" (Díez de Velasco, M.: 2008: 584), en cuanto que, como el resto de principios de esta forma categorizados, no sólo trabajan a modo de brújula informando sobre la dirección, o dicho de otra forma, reflejando "el espíritu" que ha de presidir el ordenamiento jurídico europeo sino que, además, perfilan su método de funcionamiento en cuanto dictan cómo debe configurarse en sus previsiones normativas. Pero el principio de autonomía regional, a diferencia del principio de proporcionalidad o subsidiariedad que nos hablan sobre el modo de disciplinar y coordinar el reparto de competencias, algo sin duda muy concreto sobre el funcionamiento de la Unión, pero que no deja de ser una "orientación para el ejercicio de las competencias concurrentes" (Díez de Velasco, M.: 2008: 533), nos señala el modo en que Estados e instituciones europeas deben comportarse a la hora de ejercer el poder, y es, en este caso, preservando el espacio de autonomía de las regiones, porque éstas forman parte de la identidad nacional de los Estados miembros, y por ende, también del conglomerado institucional de la Unión.

El principio de autonomía regional ingresaría de este modo, y dentro de la clasificación ofrecida por Díez de Velasco, en un sub-grupo de esos principios más cercanos o agrupados en torno al principio democrático, en virtud del cual todos los miembros de la Unión Europea deben respetar y conducirse a través de valores democráticos (artículo 2), como exigencia previa ineludible, además, para poder formar parte de la Unión (artículo 49). El principio de autonomía regional funcionaría de un modo muy similar, en cuanto que demanda de los estados miembros y las instituciones europeas un respeto a la autonomía de las regiones, también como sello y marca necesaria para formar parte de la organización en tanto que el respeto a la autonomía regional forma parte del bloque de valores democráticos. Y todo ello debido a que, como hemos dejado claro ya en más de una ocasión, dicho respeto no es solo predicable de las instituciones europeas sino también de los estados miembros (Beltrán García, S.: 2010: 15). No parece entonces posible como un Estado que deje de respetar su estructura política interna, decidida democráticamente, pueda funcionar a su vez sin el menor problema dentro de la Unión Europea. Por tanto, el respeto al principio de autonomía regional condiciona, del mismo modo que lo hace el principio democrático - si bien éste en mayor intensidad-, el funcionamiento de un Estado en el seno de la Unión, al igual que lo hace con el propio funcionamiento des instituciones europeas.

De este modo, el principio de autonomía regional se escinde, sin dejar de relacionarse, del principio de respeto a la identidad nacional de los estados miembros y pasa a conceptuarse de modo individualizado como un principio más que hace posible el funcionamiento del conjunto del ordenamiento jurídico de la Unión. En efecto, la idea de que también el respeto al principio de autonomía regional está en el elenco de principios fundamentales o estructurales de la Unión, responde a esa idea general de "planificación interna" -en palabras de Ophüls C.F.- (Díez de Velasco, M: 2008: 536), por la cual, básicamente, los objetivos generales encerrados en los principios responden a la idea de una progresiva integración económica y política de los estados miembros. En esa integración política de los estados miembros, aparte de los principios ya citados, principalmente el principio democrático, deberá figurar el respeto a la autonomía regional como parte de esos valores compartidos dentro de una idea democrática del Estado y de la política, en cuanto se entiende que una forma más o menos descentralizada del poder forma parte de la estructura política fundamental de un estado democrático.

No es en este sentido y para todos los efectos nada trascendente que, por el hecho de ir incardinado en el núcleo del artículo 4.2, preferentemente dedicado al respeto a la identidad nacional de los estados miembros, y a su vez tan fuertemente limitado por el resto de conceptos relacionados, especialmente al de soberanía nacional, no venga el principio de autonomía regional expresamente definido en la letra del precepto. En realidad, la falta de definición puede explicarse, como también hemos dejado claro, a toda la filosofía que guarda el artículo, realmente muy protector de los valores estatales frente a posibles intromisiones del exterior, principalmente desde instituciones europeas (Díez de Velasco, M.: 2008: 575).

De todas formas, la característica de la no definición de un principio jurídico con fuerza normativa en el ordenamiento jurídico europeo no es exclusiva del principio de autonomía regional, el mismísimo "principio democrático" carece de certeza e incluso "la misma palabra "democracia" en el artículo 2 del Tratado de la Unión Europea no lleva consigo una definición" (Von Bogdandy, A.: 2010: 63) sin que a nadie quepa la menor duda de que dichos principios tienen un carácter fundamental y casi definitorio del carácter de la Unión Europea como organización supranacional. La autonomía regional, aún disfrutando de un reconocimiento expresado a través de una formulación incompleta, sí gozará de fuerza normativa de cara a su invocación como norma a seguir en el ámbito de la Unión, e incluso, fuera de él. No olvidemos en este sentido que la "Unión se fundamenta en principios y los principios limitan las acciones de los estados miembros y de la Unión" (Von Bogdandy, A.: 2010: 25).

En el Derecho Internacional existen igualmente otros ejemplos de principios jurídicos que se mencionan pero no se definen; la falta de definición legal de un principio jurídico en un texto normativo vigente, como el de la autonomía regional, en efecto, no es un caso aislado. Esto sucede sin ir más lejos con el conocido principio del "interés superior del menor"-o interés superior del niño-, principio jurídico que informa toda la legislación nacional e internacional en materia de jurisdicción de menores, establecido en el artículo 3.1 de la Convención Internacional sobre los Derechos del Niño. "El concepto que nos ocupa carece de definición legal, más debe ser identificado con la protección de los derechos fundamentales que el ordenamiento jurídico le atribuye, y en consecuencia cualquier actuación pública debe ir encaminada a prevenir que tales derechos sean lesionados y a repararlos en caso de que se haya producido su lesión" (Cabezas Salmerón, J.: 2013:4). En consecuencia, no parece sólido un argumento que pretenda negar el carácter de principio a la autonomía regional por su falta de definición, porque no se trata en absoluto de un elemento definitorio de tal categoría.

De todas formas merece recordarse que la tradición normativa europea no se apoya de forma incondicional en la positivización de los principios, y hasta bien entrada la década de los noventa con el Tratado de Ámsterdam – firmado en 1997-, no se encuentra por primera vez reflejado un primer elenco de principios en los que la Unión, como un poder ya diferenciado, pueda fundamentarse. Así en su artículo 6,1 dice:

> "La Unión se basa en los principios de libertad, democracia, respeto a los derechos humanos y libertades fundamentales y el principio de Estado de Derecho, principios que son comunes a los Estados miembros"

Por tanto, a pesar de todas las reservas constatadas, es ésta y no otra la principal atribución que podemos inferir del establecimiento de la autonomía regional en el artículo 4.2 del Tratado de la Unión Europea: la instauración – fruto de la reclamación, la negociación y un acuerdo posterior entre las partes- de un principio jurídico que, además de demandar una determinada orientación a la actuación y la labor legislativa de la Unión Europea, goza, como todo principio jurídico, de todo el "carácter normativo, de modo que puede servir de fundamento racional de proposiciones normativas" (Massini Correas, C. I.: 1999: 82; Von Bogdandy, A.: 2010: 23). Es decir, un principio jurídico estructural – la autonomía regional- cuyo carácter normativo permitirá su invocación como norma -"un principio jurídico es una norma que ordena a que algo se realice en la mayor medida de los posible" (Alexy, R.: 1988: 43)-, y por ende, el cumplimiento de la obligación que lleva implícita –el respeto de la autonomía regional en toda su extensión y en todas sus formas-, así como la creación de normas que concreten el despliegue del derecho a la autonomía regional que las entidades mantienen de forma "objetiva", tanto en el seno de la Unión Europea, como fuera de él. Es decir, la Unión se fundamenta en principios (artículo 2 Tratado de la Unión Europea) y los principios limitan las acciones de los Estados miembros y de la Unión (Von Bogdandy, A.: 2010: 25).

Y decimos que se trata de un principio jurídico que, además, como todos los principios y normas viene revestido de "objetividad". La obligatoriedad objetiva de las normas se refiere a que "ellas no reciben su fuerza obligatoria o su contenido, o ambos, de la mera creación del sujeto, sino que, de algún modo, ellas provienen de una realidad independiente del sujeto mismo" (Massini Correas, C. I: 1999: 83). Esto es importante anotarlo, pues a pesar de la tarea ímproba que se ha llevado a cabo por evitar que la autonomía regional goce de un contenido visible, principalmente desde los Estados, eso no quiere decir que su existencia dependa de la voluntad de éstos ni del momento en que decidan reconocerla. La autonomía regional, como principio jurídico que es, goza ya de un contenido propio de forma independiente al hecho de que los sujetos que pueden intervenir en su definición se lo quieran dar o no, y de una obligatoriedad normativa igualmente independiente a la voluntad de esos sujetos.

Es decir, estamos hablando de un principio jurídico que existe de forma previa a su reconocimiento establecido en el artículo 4.2 y con un contenido, que aunque pretenda ser silenciado, existe con obligaciones latentes previamente a que ningún Estado lo reconozca. De hecho, si bien se mira lo que se niega en todo caso es el reconocimiento del derecho –que tampoco se hace de forma expresa- o de las consecuencias jurídicas que ese derecho desprende, pero nadie niega la existencia de la autonomía regional como principio jurídico. Bien pensado, es lógico si se atiende a la cantidad de textos jurídicos, principalmente del Consejo de Europa –organización de la que los estados miembros de la Unión Europea forman parte-, todos ellos hablando de la autonomía regional como principio jurídico digno de reconocimiento y protección.

A pesar de la manifiesta dificultad de catalogar principios, dentro de la categoría de los principios jurídicos nos inclinamos por incluir al principio de autonomía regional en lo que serían "principios estructurales" de la Unión

Europea, esa clase de principios considerados como "fundamentales", es decir, aquellos que "disciplinan el sistema institucional de la Unión, sus competencias, sus métodos de actuación; en definitiva, su ordenamiento" (Rubio Llorente, F.: 2013: 518). O en otras palabras, los "principios fundamentales expresan un marco normativo general de referencia para todo el derecho primario, y aún más, para todo el orden jurídico de la Unión" (Von Bogdandy, A.: 2010: 22). Y como principios fundamentales, los incluimos en un sub-grupo de aquellos principios de carácter competencial y orgánico, de manera que determinan el sistema institucional y procedimental; en otras palabras, ayudan y condicionan la conducta de instituciones y estados, en este caso concretamente, en todo lo que tenga que ver con las entidades regionales.

Así, la autonomía regional es un principio jurídico reconocido en el Tratado de la Unión Europea (Morata Tierra, F.: 2011: 34), un principio estructural -o fundamental- de construcción normativa previa a su inclusión en la letra de los Tratados, y que desata efectos jurídicos inmediatos a partir de su enunciado en el texto, efectos que son exigibles a todos y por todos los poderes públicos ya que los preceptos incluidos en los Tratados son normas que originan derechos y obligaciones a tenor de lo dispuesto en el artículo 4.3 (Mangas Martín, A.- Liñán N., D.: 2012: 431). Tampoco cabe duda de que la plenitud del contenido y el alcance de los efectos normativos del principio de autonomía regional deberán ser más tarde completados por la labor del Tribunal europeo, pero gracias a su expresión positiva en el artículo 4.2 del Tratado de la Unión Europea, el principio de autonomía regional permite una invocación directa ante cualquier autoridad administrativa o judicial. Los diferentes métodos de interpretación de la norma a los que se ha acudido en este trabajo y la adecuada conexión del precepto con otros preceptos relacionados corroboran la tesis que se sostiene en favor de la catalogación como principio jurídico de la autonomía regional y el despliegue inmediato de sus efectos jurídicos.

No obstante, la lógica política e institucional indica que, a medio/largo plazo, las cosas han de transitar por un camino de mayor profundización del principio de autonomía regional, previa labor de consenso político entre los diferentes actores en juego. No debería ser suficiente esperar a un desarrollo jurisprudencial del fenómeno de la autonomía regional con los antecedentes que aquí se han expuesto y que resultan ser suficientes para ser invocados ante cualquier institución o jurisdicción. De hecho, así lo ha reclamado el Comité de las Regiones ya en más de una ocasión. Si nos basamos en que el proyecto de integración europea requiere de mayores dosis de legitimidad democrática en cada uno de sus pasos, si además, lo que se demanda es cada vez una mayor cuota de responsabilidad de las regiones en la implantación de las políticas europeas, dada su mayor implicación y su mayor proximidad a los administrados -Libro Blanco sobre la Gobernanza de 2001, de la Comisión Europea[80]-, los argumentos en pro de la participación directa de las regiones en los foros europeos inclinan la balanza a favor de que, al margen de su Comité, las regiones alcancen algún día el objetivo del máximo reconocimiento de la autonomía regional, tal y como en este trabajo se expone, como por otra parte no dejan de aconsejar los diferentes dictámenes tanto del Comité como incluso de la propia Comisión Europea.

Sin embargo, todo parece indicar, si se acude a la jurisprudencia y a los movimientos de las diferentes instituciones europeas, más centradas en la actualidad en temas financieros -en medio de un contexto de profunda crisis económica- y en asuntos de fronteras y seguridad exterior, que en el corto/medio plazo el principio de autonomía regional se seguirá desarrollando en función de lo previsto en el seno de cada uno de los Estados. En buena parte, bien mirado, el resultado que se busca en la redacción del artículo 4.2 Tratado de la Unión Europea también va un poco en esa dirección. El legislador europeo introduce realmente el principio de la autonomía regional en el texto del tratado, pero lo lleva a cabo sin mucho énfasis y a pesar de conocer el verdadero espíritu que informa el proceso integrador, que reclama sin ambages mayor presencia de las regiones, dejándose así llevar por visiones más estatalistas, induciendo a que la autonomía regional sea considerada como una cuestión todavía muy adjetiva del concepto principal, la soberanía nacional.

Pero aún a pesar de admitir las dificultades que encierra el proceso de reconocimiento de la autonomía regional, no parece sostenible seguir

80. *Comunicación de la Comisión, de 25 de julio de 2001, «La gobernanza europea - Un Libro Blanco» [COM (2001) 428 final - Diario Oficial C 287 de 12.10.2001].*

sosteniendo que la mención del artículo 4.2 no supone un un auténtico reconocimiento. No parece congruente con todo el proceso de elaboración de la norma acordar con una mención de la autonomía regional sin más consecuencias, cuando el mismo mensaje hubiera podido hacerse de otra manera sin aludir a los términos "autonomía regional y local". Podría haberse aludido, por ejemplo, a "entidades sub-estatales", o "infraestatales", a "niveles inferiores de gobierno"...Había otras fórmulas más convenientes si se hubiera deseado evitar la mención de "autonomía regional", lo más lógico si lo que se pretende es no otorgar consecuencias legales a esa alusión. Pero finalmente no se hizo de esa forma, sabiendo sin duda que dicha mención, realizada en esa parte del texto en concreto, desataría forzosamente consecuencias jurídicas, tanto por su posición en el articulado del tratado como por el reconocimiento que el principio dispone a través de su alusión y su irrupción, y como a nuestro juicio así ha sucedido finalmente a pesar de los esfuerzos limitadores del legislador europeo.

En este sentido, en este trabajo se discrepa de la opinión anteriormente vertida por Petrisch –y sostenida también por otros, como Méndez Vigo, o Corbett[81] , incluso por Palomares Amat (2005:120) o Sobrido Prieto (2005: 47)[82] al hablar de la versión de la Constitución Europea- por varias razones. En primer término, porque no necesariamente una interpretación literal que simplifica excesivamente el espíritu de un texto es la que debe primar sobre el resto de criterios o métodos de interpretación, principalmente en casos de confusión en la interpretación de las normas.

Pero es que, además, desde el mismo método de interpretación literal, la solución dada por el informe de Petrisch es muy discutible, por cuanto que la aparición del principio de la autonomía regional es realmente visible y manifiesta. Así, ni que sea desde un punto de vista gramatical no puede negarse esa presencia de ninguna de las maneras, por mucho que no haya un reconocimiento concreto en un artículo o un apartado aislado y con su

---

81. *Informe sobre el Tratado de Lisboa. Comisión de Asuntos Constitucionales –Parlamento Europeo-, 29 de enero de 2008, A-60013/2008. Ambos ponentes parlamentarios consideran que el artículo recoge solo los principios que presiden las relaciones entre la Unión Europea y los Estados miembros; "la autonomía local y regional sólo se concibe bajo el paraguas estatal" (Beltrán García, S.: 2010: 14).*

82. *Citada por S. Beltrán, 2010: 15.*

correspondiente desarrollo conceptual, como hubiera sido lo deseable. Al contrario, la mención expresa en el Título I, Disposiciones Comunes, rodeada del resto de principios fundamentales denota la importancia que se le pretende conceder al principio de autonomía regional y alerta de que es una variable que merece "respeto" de instituciones europeas, y por ende de estados miembros también. De hecho el precepto es claro al demandar que "la Unión respetará...también en lo referente en la autonomía regional y local". El respeto que se demanda a instituciones y estados miembros es un claro y diáfano mandato normativo que inevitablemente devenga consecuencias jurídicas y expresa un reconocimiento formal al aparecer nada menos que en el pórtico del Tratado.

Desde luego es cierto que esta redacción, como ya se ha señalado, no piensa en absoluto subrayar o enfatizar la virtualidad de la autonomía regional[83]. Hacerlo de esa forma significaría que, siendo consagrado expresamente dicho principio, todas las actuaciones al respecto, incluso la relación entre la Unión Europea y los Estados miembros, siguiendo el principio de eficacia, el cual "compromete a los Estados miembros a realizar los objetivos de una disposición comunitaria" (Von Bogdandy, A.: 2010: 33), colocaría el respeto al principio de autonomía regional a la altura del respeto a la soberanía nacional de los estados miembros, y esto es justo lo que en un inicio rechazan de plano los estados. Lo que éstos pretenden es, por un lado, una relación exclusiva con la Unión Europea, y por otro lado seguir teniendo el monopolio de la configuración y el alcance de la autonomía regional como un asunto interno.

Pero claro, irremediablemente, al señalar la autonomía regional con una mención expresa y seguidamente cerrando su concepto con los severos límites que lo perfilan se acaba por reconocer su existencia y su utilidad a los objetivos del Tratado. El legislador no podría, con toda seguridad y en ningún

83. *Como refleja Palomares, "en el artículo I-5, de Tratado en el que se establece una Constitución para Europa, dispone el compromiso de la Unión Europea en relación con el respeto del principio de la autonomía regional y local. Sin embargo, este reconocimiento se hace a título complementario y en el marco de un artículo dedicado a las relaciones entre la Unión Europea y sus estados miembros, donde se proclama que la Unión debe respetar la igualdad de los estados, así como sus funciones esenciales, especialmente las que tiene por objeto garantizar la integridad territorial, el orden público y la seguridad nacional". De ello puede deducirse que la Constitución Europea no prejuzga ni dispone de competencias en relación con el modelo de organización interna o el grado de descentralización política" (Palomares Amat, M: 2005: 120). Y aunque como ya se dijo, bien es cierto que el profesor Palomares habla del texto de la no nata Constitución para Europa, la redacción del artículo I-5 es idéntica a la del art.4.2 del Tratado de Lisboa, y en cualquier caso como se desprende del global de este trabajo, no estamos de acuerdo con que la mención del principio de autonomía regional se haga ya, en ese texto precedente, a título complementario.*

caso, hablar, describir y luego perfilar contornos sobre un concepto determinado, para luego afirmar justo lo contrario, que no existe. Simplemente no tiene sentido. El fenómeno de la autonomía regional no sólo se apunta en dicho precepto, sino que además se menciona, se moldea, se describen sus contornos –a través del respeto a las funciones del Estado, su integridad territorial, mantener el orden público y la seguridad nacional- y en definitiva, por todo ello, se lo señala y se lo reconoce.

Las reglas de interpretación de la Convención de Viena de 1969, sobre el Derecho de los Tratados. En su artículo 31 nos dice primeramente, como regla general de interpretación que:

> "1. Un tratado deberá interpretarse de buena fe conforme al sentido corriente que haya de atribuirse a los términos del tratado en el contexto de éstos y teniendo en cuenta su objeto y fin".

Desde este criterio la expresión autonomía regional debería interpretarse conforme al sentido corriente que el término encierra, sin necesidad de ir más allá, lo que iría a favor de las tesis que aquí sostenemos, surtiendo de esta forma todos los efectos jurídicos que entraña el reconocimiento de un principio jurídico. En este sentido es menester recordar, que éste, como todo principio jurídico, viene revestido de objetividad, cualidad por la cual el principio existe por sí mismo, no dependiendo de la actividad creativa de ningún sujeto o de su voluntad para certificar su existencia, ni por tanto requiere la manifestación precisa o el reconocimiento expreso para su cristalización; el principio jurídico es anterior e independiente a toda voluntad del sujeto (Massini Correas, C. I.: 1999: 83) y existirá aún careciendo de manifestación expresa; así entonces, aún con mayor acreditación de su existencia contará cuando, como en este caso, sí disponemos de una invocación expresa. Y en caso de querer persistir por la tesis de la duda, por entender lícitamente que se trata de una expresión ambigua, en el artículo 32 se nos dice:

> "Medios de interpretación complementarios. Se podrán acudir a medios de interpretación complementarios, en particular a los trabajos preparatorios del tratado y a las circunstancias de su celebración, para confirmar el sentido resultante de la aplicación del artículo 31, o para determinar el sentido cuando la interpretación dada de conformidad con

el artículo 31: a) deje ambiguo u oscuro el sentido; o b) conduzca a un resultado manifiestamente absurdo o irrazonable".

Desde este enfoque también llegaríamos a idéntica conclusión, al reconocimiento de la autonomía regional, por cuanto el resultado final de la redacción de este precepto vino tras un proceso de elaboración y negociación en que las diversas partes que participaron conocían el sentido de la expresión autonomía regional y acordaron, no sólo un significado sino las consecuencias de su inclusión en el precepto.

Desde nuestro punto de vista está claro que la voluntad, a la hora de su introducción en el texto de Lisboa, era concederle reconocimiento al hecho regional, como manifestación patente del deseo de muchos colectivos que solicitaron que así fuera recogido en el Tratado, con lo que difícilmente puede ya discutirse si estamos ante un verdadero reconocimiento o una simple mención sin ninguna consecuencia posterior. En efecto, una vez que se analiza detenidamente el proceso de elaboración del artículo 4.2 no puede caber ya ninguna duda que los estados miembros nunca dudaron que se trataba de un reconocimiento jurídico formal. En este caso, podremos trasladar el debate, por ejemplo, al alcance que tendrá ese reconocimiento jurídico de la autonomía regional[84], pero no sobre si ese reconocimiento existe.

Y el alcance del principio de autonomía regional se puede delimitar con bastante precisión si lo ponemos en relación con el resto de valores, objetivos y derechos fundamentales que informan el ordenamiento jurídico de la Unión. Y no solo con los preceptos del Tratado, sino con la interpretación que dan del mismo resoluciones y documentos procedentes de otra serie de órganos y organismos consultivos de la Unión Europea, como el propio Comité de las Regiones, órgano consultor de la Unión precisamente en materia regional cuyos componentes son representantes de autoridades regionales y locales, pero del que también forman parte significativa miembros de los grupos políticos que apoyan a los respectivos gobiernos de los Estados miembros.

---

84. "*Los Estados no se han puesto de acuerdo aún sobre la naturaleza jurídica y su contenido, y el alcance de la autonomía regional sigue abierto*" (Beltrán, S. 2009: 17).

Así, el ya citado Dictamen 2006/C 31/01 del Comité de las Regiones, "El estado del proceso de descentralización en la Unión Europea y el lugar de la autonomía local y regional en el Proyecto del Tratado Constitucional", abre su Parte II reflexionando sobre las repercusiones del reconocimiento en la fallida Constitución Europea de la autonomía regional y local. Dichas reflexiones cabe extrapolarlas al contexto normativo de Lisboa, en cuanto que en este aspecto la continuidad es la nota más característica. El Dictamen reconoce que el "Tratado Constitucional otorga a la autonomía regional y local un reconocimiento expreso al máximo nivel normativo, dotándola de este modo de rango constitucional, lo cual supone un paso importante en el deseo común de adecuar la Unión Europea a los legítimos intereses y expectativas de las entidades locales y regionales". (Parte II, 1.25), y aunque el texto admite "que el reconocimiento es genérico, y la concreción de su contenido queda reservada, en virtud del principio de autonomía institucional a los Estados miembros", opina que esa mención en el Tratado Constitucional "posibilita una participación más activa de las autoridades regionales y locales a nivel comunitario, y favorece la protección jurídica de la autonomía local y regional".

Siendo un dictamen de un organismo no menor, aunque no sean conclusiones vinculantes sino meras recomendaciones, se pueden extraer consecuencias legales en cuanto que la doctrina jurídica, aunque no es una fuente formal del derecho -una fuente secundaria podríamos decir-, si que es válida como argumento oponible ante los Tribunales y por lo tanto susceptible igualmente de originar consecuencias jurídicas. Sin embargo, a pesar de todo, si trasladamos este debate de principios al procedimiento judicial, esa colocación sistemática tan concreta debería resultar en el futuro un argumento de peso para que en litigios institucionales, en los que se dirima el papel de las regiones, el respeto a la autonomía regional se pueda defender con cierta garantía de éxito.

En realidad esta es una posibilidad cierta que ya ha sido seriamente apuntada por la doctrina tras la entrada en vigor del Tratado de Lisboa, reconociendo que dicho tratado "incorpora ciertas menciones a la dimensión regional, que quedan en el plano simbólico pero que, quizá, podrían orientar una jurisprudencia del Tribunal de Justicia de la Unión Europea más favorable a la participación regional en el proceso decisorio europeo y que muestran una cierta mayor sensibilidad por las reivindicaciones que tradicionalmente se habían hecho valer por las entidades regionales europeas" (Alonso de León, S.: 2011: 4). De esta forma, señala éste junto a otros autores, el nivel regional no queda disociado con respecto al derecho europeo (Carmona Contreras, A. M.: 2012: 142). Según algunos autores, en relación con el tema jurisdiccional, las referencias a la autonomía regional en el Tratado de la Unión Europea "no tienen una relevancia práctica inmediatamente visible en lo que se refiere a la capacidad procesal de las entidades regionales en la jurisdicción de la Unión Europea, pero no puede pasarse por alto que podrán ser valoradas en su momento por el Tribunal de Justicia de la Unión Europea al interpretar los requisitos para su incorporación, o inicio, de un proceso ante el mismo" (Alonso de León, S.: 2011: 5). Lo contrario, es decir, ignorar el reconocimiento establecido en el artículo 4.2 del Tratado de la Unión Europea, aparte de un incumplimiento de los Tratados, significaría vaciar el contenido de la norma, cosa que no parece pretender en ningún caso el legislador europeo y menos teniendo en cuenta la colocación sistemática del precepto.

Siguiendo en esta misma línea de argumentación, podemos leer lo siguiente entre la doctrina ya invocada: "Atendido el ámbito de competencias de las entidades regionales y la defensa del interés general que les incumbe, la solución de su legitimación para atacar los actos que les afectan, aún con los matices derivados del Tribunal (Tribunal de Justicia de la Unión Europea), es insuficiente" (Alonso de León, S.: 2011: 23). El matiz introducido sobre la defensa del interés general que les incumbe a las entidades sub-estatales se nos antoja un argumento central de mucho peso de cara a la admisión de la legitimidad activa de estas entidades. Francamente, no parece sostenible que una administración pública como la sub-estatal que ejerce el papel que le otorga la ley, administrar en nombre del interés general, no pueda defender debidamente y con plenas garantías su visión de ese interés ante un tribunal en aquellas ocasiones en que entienda que dicho interés se quiebra. De suceder así, de no intentar defender el interés público que representa, podría significar una grave omisión en el cumplimiento de su deber principal como administración pública: velar por el interés general. Y es que parece evidente que no siempre tienen por qué coincidir, ni mucho menos, los intereses de las regiones con los del Estado. Por lo que es justo y necesario que el derecho a la defensa de los propios intereses en dichas controversias, legítimo por ambas partes, sea convenientemente contemplado desde un tratamiento jurídico adecuado, entre otras cosas, porque "remover los obstáculos" en el terreno de los derechos y libertades es un deber para cualquier institución y máxime tratándose de temas como los que administran, todos de gran importancia por ser asuntos públicos. "Pueden imaginarse supuestos en que los intereses del Estado sean distintos o contrarios a los de la entidad sub-estatal a la que, por aplicación de estas normas, representa ante el Tribunal de Justicia de la Unión Europea" (Alonso de León, S.: 2011:26)[85].

Se trataría, por tanto, al presentar el caso ante el Tribunal de Justicia de la Unión Europea, de exponer los argumentos que hemos ido desgranando a lo largo de este trabajo. Sucintamente y sin ánimo de reiteración, diremos en primer término que debería sostenerse que atender el planteamiento de las regiones ante el tribunal es ante todo una obligación legal impuesta por la letra del Tratado, dada cuenta que la inclusión del principio de autonomía regional en la letra del artículo 4.2 conmina a que la interpretación y la aplicación de la norma se haga siempre desde la lectura más favorable a las regiones, habida cuenta el reconocimiento del principio de autonomía regional establecido.

En segundo lugar, el mismo artículo obliga a que las instituciones europeas –también el Tribunal de Justicia de la Unión Europea- respeten la identidad de los estados miembros, también en lo que respecta a la estructura política fundamental; esto conlleva que, en principio, debería respetarse el papel autónomo que las regiones disfrutan en el plano político interno, de tal que forma que variar su estatus en el marco europeo, sería una intromisión ilegítima en esa estructura política considerada. Es lógico que sea así y no del modo contrario, como hasta ahora se venía funcionando, si pensamos que la

85. *Tan evidente es que esto es así, como que el propio Estado Central, a través del Dirección General de Desarrollo Autonómico (Secretaría de Estado de Cooperación Territorial. MPTAP), publica con regularidad trimestral un Boletín Informativo sobre la Conflictividad entre el Estado y las Comunidades Autónomas, en el que se analiza al detalle y en conjunto todos aquellos asuntos en que Estado y Comunidades Autónomas litigan, incluso ante el Tribunal Constitucional, principalmente, por cuestiones de competencias. A estos efectos, consultar electrónicamente el boletín en: http://www.mpt.gob.es/es/areas/politica_autonomica/regimen_juridico.html.*

norma anterior a Lisboa "trata por igual a los particulares, portadores de intereses legítimos, pero privados –e individuales, añadimos-, y a las instancias territoriales de gobierno, que no sólo son portadoras de intereses públicos y generales sino que además forman parte constitutiva de las estructuras constitucionales de los Estados correspondientes" (Albertí Rovira, E: 2006: 159). Por último debería aludirse, de cara a una correcta interpretación de la norma, cuál era la intención real del legislador en el momento de la redacción del artículo, con lo que analizando el proceso de negociación y su resultado, se concluye en el firme propósito de reconocimiento de la autonomía regional.

En cuanto al cauce estrictamente procesal, debe admitirse que en la actualidad las cosas no han cambiado mucho con respecto a la situación previa a Lisboa. "Lo importante, a mi juicio, es destacar que no existe un cauce directo y claro para que la Comunidades Autónomas impugnen ante el TJCE las actuaciones de la Comunidad Europea que les afecten, como no sea de un modo directo e individual" (Albertí Rovira, E.: 2006: 159). Es decir, el Tribunal de Justicia de la Unión Europea ha optado siempre que ha sido posible por reconducir cualquier asunto relacionado a esta materia a través del principio de autonomía institucional de los Estados, por el cual cualquier litigio que sea impulsado por una región debe ser "remitido a la organización territorial interna de los Estados, según su sistema constitucional" (Alonso de León, S.: 2011:2), una posición, por otra parte, que venía desarrollada teóricamente desde la doctrina general del derecho internacional público. Es decir, debe señalarse genéricamente que el Tribunal de Justicia de la Unión Europea no ha estado hasta ahora, salvo en los casos que apuntaremos, por reconocer ni por facilitar el acceso autónomo de las regiones ante la Sala.

A su vez, nos permitiremos recordar es en este punto que "el principio de autonomía institucional deriva directamente del principio de competencias de las Organizaciones Internacionales. Según este principio, una organización internacional, como la Unión Europea, no tiene más competencias que las que explícita o implícitamente le han atribuido sus estados miembros. Así, el Tribunal fundamenta la autonomía institucional en el carácter exclusivo de la competencia de cada Estado miembro para determinar su organización territorial interna" (Huici Sancho, L.: 2010: 2). Por tanto, si atendemos a la norma europea –principio de atribución del artículo 5.2- imperante hasta la fecha, como a la legalidad internacional vigente, es comprensible que hasta la entrada en vigor del artículo 4.2 el Tribunal europeo no hiciera otra cosa que limitarse al camino trazado por los principios legales rectores en la materia y remitir el mayor grueso de demandas derivadas de las entidades sub-estatales a la organización territorial interna, según cada Estado la tenga establecida.

Y aunque ya con algún precedente significativo, esta vía jurisprudencial viene marcada desde la Sentencia del Tribunal de Justicia de la CE en los asuntos acumulados 21 a 24/72, del 12 de diciembre de 1972 (Juez Ponente: H. Kutscher), conocida por "*International Fruit Company* y otros", que tiene por objeto varias peticiones con arreglo al artículo 177 del Tratado CEE (actual artículo 267 Tratado de la Unión Europea), concretamente sobre una decisión prejudicial sobre la interpretación del reseñado artículo y la validez de varios reglamentos adoptados por la Comisión. En esta sentencia se declara, sentando jurisprudencia, que "cuando las disposiciones del Tratado o de reglamentos reconocen poderes o imponen obligaciones a los Estados miembros a efectos de la aplicación del derecho comunitario, la cuestión de saber de qué manera el ejercicio de esos poderes y la ejecución de esas obligaciones pueden ser encomendados por los Estados, a determinados órganos, depende únicamente del sistema constitucional de cada Estado". Es decir, sólo los Estados estarán capacitados para determinar el modo en que deben asumir obligaciones y ejercer poderes en cuanto al terreno comunitario procede, de modo y manera que nada podrán oponer al respecto las regiones en este sentido.

Sería una línea jurisprudencial constante en el tiempo, ciertamente con muy pocas fisuras hasta la actualidad, y así se comprueba diez años más tarde con la Sentencia del Tribunal de Justicia de la Unión Europea del 25 de mayo de 1982, Asunto 97/81, pfo.12, dictamina que

> "chaque État membre est libre de repartir comme il le juge opportun les compétences sur le plan interne et de mettre en ouvre une directive au moyen de mesures prises par les autorités régionales ou locales ».

El reconocimiento jurisdiccional posterior de las regiones habido, así como el mismo papel de actor relevante en el proceso integrador, ha sido la culminación evolutiva de un proceso informado en todo momento por la necesidad. La necesidad, claro está, procedente de los estados y de la propia Comisión de contar con las regiones para mejor implantar sobre el territorio las políticas diseñadas en Bruselas. Sin la participación de los entes sub-estatales, es evidente, esas políticas no pueden ser adecuadamente implementadas. Aún más, en la medida que el proceso se torna más complejo la necesidad de ofrecer visualización del proyecto requiere cada vez mayor presencia de las regiones en detrimento del papel único del Estado. Dicho con otras palabras, "en este contexto, los entes regionales y locales de los Estados miembros devienen sujetos activos del proceso de integración europeo y forman parte de la propia administración comunitaria en el ámbito de las competencias que les atribuye el ordenamiento jurídico interno" (Huici Sancho, L.: 2010: 1).

Pero la técnica para dar cabida a esa necesidad de dar presencia a las regiones en el foro europeo no vendrá necesariamente por reconocer su identidad procesal propia, sino por determinar a las regiones, primero, de forma progresiva y muy tímidamente, como actor que es parte integrante del Estado, lo que sería identificar, según la materia tratada, región y Estado. Esa dualidad de criterios se pone de manifiesto en algunas pocas resoluciones, que comienzan a modular convenientemente el concepto de "Estado", incluyendo en no pocos casos a las regiones, como parte de ese todo global y único que detenta la soberanía nacional.

Desde el punto de vista del Tribunal, esta forma suavizada de concebir al Estado, por la vía de acudir a su concepto más amplio, resolvía en primer término la necesidad apuntada, la de dar oportuna presencia jurisdiccional a las regiones, a la vez que permitía controlar adecuadamente el caso concreto, eso sí, en función siempre de los objetivos del Estado. Así, "con independencia de la forma jurídica que adopte, el Tribunal de Justicia había estimado comprendida en el concepto de Estado a toda entidad que, por habérselo encomendado el desarrollo de un servicio de interés público, tiene atribuidas facultades exorbitantes en comparación con las normas vigentes para las relaciones para las relaciones entre particulares" (Alonso de León, S.: 2011: 9). Ese era el concepto esgrimido en el asunto C-188-189, Sentencia del 12 de julio de 1990, Foster y otras[86]. Se trata de una fórmula, más eficaz en la práctica que en términos de técnica jurídica, que se dirige a englobar en el concepto de "Estado" a toda aquella entidad con la que se dé una función administrativa superior y exista además una relación, digamos, jerárquica en la pirámide administrativa. Una fórmula que de alguna manera puede dar cabida a la necesidad de dar cauce a la legitimidad regional de actuar ante el Tribunal, pero, que a nuestro juicio, no resulta suficiente. Debe admitirse, sin embargo, que es una técnica que puede funcionar para abrigar la necesidad del caso concreto, pero que no soluciona el problema de fondo, ni en un sentido ni en otro.

Acaso en la sentencia *Valonia contra Comisión*, Sentencia de 8 de marzo de 1987 (asuntos acumulados 62/87 y 72/87), se pueda ver uno de los ejemplos más clarificadores de las primeras dudas que suscitó la posibilidad de legitimación por parte de las regiones, que en este sí identificaba a las regiones con Estado, un camino que luego "fue cerrado completamente por el mismo tribunal, cuando la distinción entre uno y otro tipo de legitimación empezó a determinar la competencia del Tribunal de Justicia y la del entonces recién creado Tribunal de Primera Instancia" (Alonso de León, S.: 2011: 9). Pero, insistimos en ello, el camino que debería seguir la difícil legitimación de las regiones ante el Tribunal de Justicia de la Unión Europea no debe seguir siendo buscado por mucho tiempo a través del amparo del Estado, sino el que debería abrirse a través de sí mismas y a propósito de la nueva regulación de Lisboa.

En esta vía precisamente se reivindicó la 20ª Conferencia de Presidentes de Regiones con Poderes Legislativos en su Declaración de Barcelona, celebrada los días 15 y a6 de noviembre de 2007, que reclamaba el acceso directo de las regiones al Tribunal de Justicia de la Unión Europea "*en defensa dels seus drets i prerrogatives*", y lamentaba a su vez que no se hubiera aprovechado el

86. *El mismo autor cita en su estudio otras sentencias, invocadas en la propia sentencia de 12 de julio de 1990, en que el Tribunal de Justicia había admitido con anterioridad que las disposiciones de una directiva se pudieran invocar frente a diferentes grados de la administración y en diferentes terrenos: corporaciones locales (sentencia 22 de junio 1989, Fratelli Constanzo), administración fiscal (Sentencia de 19 de enero de 1982, Becker), a organismos públicos de sanidad (Sentencia de 26 de febrero de 1986, Marshall,) etc.*

proceso constituyente de la Convención para haber hecho real esta posibilidad (Martin Baumeister, B.: 2011: 248). Coincidimos con Alonso de León en que tampoco es especialmente relevante la vía del Comité de las Regiones, a efectos de legitimación, por cuanto será realmente complejo que una región pueda accionar individualmente y por cualquier tema que le afecte.

Llegados a este punto hay que fijarse en las posibilidades que se abren para las regiones en el caso, primero, de la presentación de un recurso de anulación ante el Tribunal. Dos son las posibilidades: equiparar regiones a Estado, siguiendo el camino trazado por la sentencia Comisión contra Valonia del año 87, con lo que supondría otorgar a los entes regionales una legitimación privilegiada. Y la segunda opción, relegar a las regiones, por defecto, a la condición de particular, con lo que cumpliendo con la legislación vigente, deberán aprobar la afectación directa e individual de ese acto[87]. Esta segunda opción es la que genéricamente ha presidido las tesis del Tribunal de Justicia de la Unión Europea, a pesar de las especificaciones realizadas con anterioridad sobre la concepción amplia de Estado que podría amparar la legitimidad sub-estatal y que se insinúa en el caso de Valonia. Así resultó ser en el caso de *Ámsterdam y VIA contra Comisión* (Sentencia 7 de febrero de 1990, asunto C-213/87), donde la cualidad de corporación local de la capital holandesa, es decir, de administración pública incardinada dentro de la jerarquía administrativa, por mucho peso específico que comprenda en el seno de su Estado, ni siquiera es tenida en cuenta.

Esta vía jurisprudencial, la de remitir a las regiones a su carácter de "particular" encuentra por primera vez un pronunciamiento específico en una resolución que ventila un asunto, de nuevo, entre la Región de Valonia y la Comisión. En el asunto C-95/97 (REC. I-03605), Valonia formula el recurso argumentando su pretensión en que la región asume la posición jurídica del Estado como parte en el proceso, dado que en fondo del asunto lo que se dirime en realidad es el alcance de sus competencias. En el Auto de 21 de marzo de 1997, el Tribunal zanja la cuestión dictaminando que "el concepto de Estado miembro, a efectos de las disposiciones institucionales, y en particular, de las relativas a los

87. *Así lo previene el artículo 263.4 del Tratado de la Unión Europea: "Toda persona física o jurídica podrá interponer recurso, en las condiciones prevista en los párrafos primero y segundo, contra los actos de los que sea destinataria o que le afecten directa e individualmente y contra los actos reglamentarios que la afecten directamente y que no incluyan medidas de ejecución".*

recursos jurisdiccionales, únicamente va destinado a las autoridades gubernativas de los Estados miembros de las Comunidades Europeas y que no puede ampliarse a los Gobiernos de las regiones o Comunidades autónomas, sea cual fuere la amplitud de las competencias que les sean reconocidas". En el mismo sentido se pronunciaría la Sentencia de 1 de octubre de 1997, Regione Toscana, C-180/97, o el Auto del Tribunal de Primera Instancia de 16 de junio de 1998, CA de Cantabria contra Consejo, T-238/97.

Ciertamente, en adelante y a través de estas resoluciones la cosa quedaba bastante clara y se sentaba la doctrina por la cual las entidades sub-estatales, de pretender interponer un recurso de anulación, deberían hacerlo a través del Tribunal de Primera Instancia y dentro de la categoría de "particulares", siempre y cuando, claro está, que se trate de decisiones (actos) de los que sean destinatarias y decisiones o actos (incluidos reglamentos y directivas) que les afecten de manera directa e individual (Sentencia de 10 de febrero de 2000 del TPI, Gobierno de las Antillas Holandesas contra Comisión, T-32 y 41/98). Esto equivale a decir "que el acto por sí mismo debe privarlas de un derecho o imponerlas una obligación (afectación directa) y perjudicarlas en razón de sus características propias y diferenciadas respecto de otros sujetos, de modo que resulten individualizadas como si fueran destinatarias del acto (afectación individual). No basta pues, que las perjudique o afecte de modo más negativo o gravoso que a otros, sino que les afecte de modo singularizado" (Albertí Rovira, E.: 2006: 159)[88].

Más complicado todavía resulta para las regiones el poder acceder a la posición de parte demandante en el caso de recursos por incumplimiento, por cuanto el TPI se ha expresado ya en alguna ocasión –dejando de lado la falta de cobertura legal-, mediante Auto del 23 de octubre de 1998 (Regione Puglia contra Comisión y Reino de España, asunto T-609/97) que inadmitía el recurso, "entre otras cuestiones, porque no era competente para conocer de

88. *El Tratado de Lisboa incorpora dos novedades: el acto impugnado no tiene por qué ser una Decisión, según reclamaba la jurisprudencia, y segundo, se menciona que los "actos reglamentarios que no incluyan medidas de ejecución", de los que no es necesario acreditar una afectación individual (Alonso de León, S: 2011: 11).*

un recurso interpuesto por una persona jurídica contra un Estado" (Alonso de León, S.: 2011:25).

Una vez perfilados los límites del principio de autonomía regional y fijada su posición del artículo 4.2 del Tratado de la Unión Europea, y vistas las consecuencias jurídicas que se derivan de su reconocimiento y entrada en vigor, en el siguiente capítulo se analiza cómo afecta todo ello a nivel institucional: instituciones europeas, estados miembros, regiones y entidades locales; y se reserva un apartado especial para las asambleas parlamentarias regionales, las que como depositarias de una parte importante de legitimidad democrática y especialmente concernidas por el reconocimiento del principio de autonomía regional, también se verán afectadas en buena medida por este nuevo escenario institucional.

CAPITULO IV.
EFECTOS DEL PRINCIPIO DE AUTONOMÍA REGIONAL EN EL TRATADO DE LA UNIÓN EUROPEA

A partir de la letra del artículo 4.3 del Tratado de la Unión se desprende que las normas y principios recogidos en el el Tratado son susceptibles de generar obligaciones para todos, tanto para ciudadanos como para administraciones e instituciones europeas. Y no solo eso, sino que los Estados están especialmente llamados a "adoptar todas las medidas generales y particulares apropiadas para asegurar el cumplimiento de las obligaciones derivadas de los Tratados o resultantes de los actos de la Unión". Es decir, los Estados miembros y en virtud del principio de cooperación leal invocado en el mismo precepto, son especialmente responsables que esas obligaciones se lleven a efecto y asegurar de esta forma que los objetivos y misiones trazados en el Tratado se pueden ir completando de conformidad con la legalidad establecida.

La obligatoriedad de los Estados en el desempeño de esta función se ve reforzada por la exhortación del Tratado a que se abstengan de poner en marcha cualquier "medida que puedan poner en peligro los objetivos de la

Unión". No solo se trata pues de cumplir y hacer cumplir, sino de procurar no entorpecer los objetivos del Tratado a base de practicar cualquier tipo de conducta renuente. De esta forma, la libertad de los Estados de perseguir sus propios objetivos en el seno de la organización, queda limitada precisamente porque su conducta se vea siempre circunscrita al marco general del convenio.

Por tanto, siguiendo esta linea de reflexión, se infiere que una vez que la autonomía regional ha alcanzado el reconocimiento normativo a través del artículo 4.3 y goza de la categoría jurídica de principio fundamental, se derivan unas consecuencias jurídicas inmediatas y unas obligaciones dirigidas principalmente a la observancia de dicho principio que afectan a todos los actores involucrados en el proceso de elaboración, aplicación y ejecución de las normas comunitarias, y por lo que se deduce del precepto analizado, son los Estados -junto a las instituciones europeas- los principales garantes de que este principio sea correctamente aplicado .

IV.1.- Respecto a las instituciones de la Unión

Del trabajo de investigación desarrollado hasta ahora se desprende que el principio de autonomía regional consagrado en el artículo 4.2 del Tratado de la Unión Europea -precepto por el cual se exhorta a la Unión Europea a respetar la identidad nacional de cada uno de sus Estados miembros, también en lo que se refiere a la autonomía regional y local-, se deducen toda una serie de obligaciones para sus instituciones, dirigidas en este caso a respetar el autogobierno de las regiones como consecuencia directa de hallarnos ante un principio estructural que despliega consecuencias jurídicas.

Y el hecho de que nos encontremos con este reconocimiento en un lugar tan destacado como es el capítulo de las "Disposiciones Comunes", tal y como también pusimos de manifiesto con anterioridad nos indica a las claras qué alcance se pretende para el compromiso que la Unión adquiere a través del artículo mencionado. Dicho está que, al hallarse en ese tramo del texto, estamos hablando de uno de los que se ha dado en llamar Principios rectores de la Unión (Olesti Rayo, A.: 1998: 5-6; Beltrán García, S.: 2010: 14), es decir de una de "aquellas normas o reglas que desde la perspectiva de la Unión europea se consideran fundamentales o básicas en el proceso de construcción europea".

Desde este punto de vista, parece claro que se trataría pues, de un principio fundamental con fuerza normativa que contiene un deber general, transversal, que irradia su efecto en toda la actuación normativa y ejecutiva de la organización para que, al igual que la identidad nacional de los estados miembros, la autonomía regional sea permanentemente contemplada como norma y método de actuación que presidirá cualquier acto o proceso en el seno de la organización que tenga que ver con el fenómeno regional. Por tanto, el mandato del artículo 4.2 del Tratado de la Unión Europea va más allá de una simple obligación de no interferir, se trata de una obligación de hacer, de promover y de llevar hasta sus últimas consecuencias y a todos los niveles, institucionales y normativos, el respeto por la autonomía regional.

Así, "el refuerzo de los elementos de estatalidad tiene una doble vertiente respecto de la autonomía regional y local: por un lado, se refuerza la posición de las autoridades centrales del Estado ante la administración europea; pero por otro, el deber de la Unión Europea de respetar la autonomía regional y local es un límite a la actuación de la Unión Europea y de los Estados respecto de su participación en ella" (Morgades Gil; S.: 2010: 16). Desde este momento, la fuerza normativa que desprende la inclusión del principio de la autonomía regional en el Tratado conlleva la obligación inexcusable de considerar el respeto a la autonomía regional, no solo ya en el campo institucional y estrictamente político de la Unión Europea, sino también en el terreno de la aplicación e interpretación de las normas.

Por otro lado, cabe considerar que la flexibilización del compromiso exigido a las instituciones europeas en cuanto a la no injerencia en asuntos internos de los Estados miembros, como varios autores indican desde hace tiempo (Albertí Rovira, E.: 2003: 200; Jáuregui Bereciategui, G.: 2005: 43; Pérez Medina, J. M.: 2004 15), queda en efecto realizada con la inclusión de la referencia expresa a la autonomía regional y local en el artículo 4.2 (Beltrán García, S: 2010:24).

Pero a su vez, de alguna forma, la no injerencia en los asuntos internos de un Estado, como cualquier principio jurídico, debería ser susceptible de modulación al calor de los profundos cambios sociales, políticos y económicos que experimenta una sociedad como la europea, que como en el resto del mundo, se halla sumida en un permanente estado de transformación (véase Dictamen CE "La Reforma de Europa para el siglo XXI", 10/07/2007, COM (2007) 412 Final). Y con ello no se está sosteniendo su invalidez como perspectiva normativa, de hecho todavía en vigor, pero sí su nueva lectura puesto que la sociedad europea de 1971, es obvio, no es la misma sociedad que la que ahora nos envuelve.

No estamos defendiendo, pues, justo lo contrario de lo que precisamente el artículo 4.2 trata de evitar: que la Unión Europea se erija, por encima de la soberanía de los estados miembros, en una suerte de árbitro inapelable que decida sobre cuestiones que sólo interesan al derecho interno de los estados. En absoluto, pero sí que es preciso que el mandato hacia la Unión Europea sobre el "respeto a la identidad de los estados miembros, también en lo que respecta a autonomía regional y local", se vea justamente perfilado por los límites de la lógica jurídica y en consonancia con el momento histórico que se atraviesa. Ya que como bien se ha advertido, la recta observancia del artículo 4.2 no debe implicar una prohibición a la acción de la Unión para , por ejemplo, toda violación de una posición constitucional doméstica (Von Bogdandy, A.: 2010: 55).

En otras palabras, el mandato implícito en el artículo 4.2 no es una norma inmutable en favor de los Estados y que pueda maniatar la acción de Unión en cualquier circunstancia, sino que puede y debe ser revisado en función de las circunstancias concretas. No se le puede pedir a la Unión Europea una actitud de "ceguera regional" absoluta ("*Landesblindheit*") como la que históricamente mostró en las primeras décadas del proceso de integración (Carmona Contreras, A. M.: 2012: 142), especialmente en asuntos que manifiesten un menoscabo evidente en la autonomía de una región y en favor de los Estados, incluso en el ámbito interno. Es necesario por ello insistir en que no cualquier rasgo de identidad nacional, entendida como un rasgo diferencial doméstico de carácter constitucional, debe ser considerado digno de respeto o de protección al amparo del artículo 4.2 del Tratado de la Unión Europea. No basta la mera invocación del precepto para eludir la normativa comunitaria, ni siquiera cuando verdaderamente nos hallemos ante un elemento diferencial y de carácter constitucional de un estado miembro. Deberá ser el análisis del caso concreto el que deberá ofrecer la solución a esa interrogante. "*Of course, the effect of Article 4 (2) TEU to derogate from secondary EU law can only apply in exceptional circumstances*" (Von Bogdandy, A. – Schill, S.: 2010: 1445).

Desde esta perspectiva y ya en el terreno institucional, sin duda alguna la Comisión Europea se erige en la institución central de la organización, en cuanto que en el artículo 17 del Tratado de la Unión Europea establece que ejercerá las funciones centrales de gestión e impulso de la misma. En ese mismo artículo se dispone que, como órgano rector de la Unión, la Comisión "velará por que se apliquen los Tratados... y supervisará la aplicación del Derecho de la Unión bajo el control del Tribunal de Justicia de la Unión Europea".

Desde este último punto de vista es importante conocer, por lo tanto, qué consecuencias jurídicas desprende el artículo 4.2 del Tratado con respecto a esta institución, porque siendo la Institución central de la organización y la que debe velar por el adecuado cumplimiento de los Tratados, a nadie se le escapa que desde su función de iniciativa e impulso institucional dependerá en gran parte el adecuado acomodo del principio de autonomía regional a la vida de la organización en su conjunto.

En principio y sobre el papel, de la Comisión cabe esperar una actitud pro-activa en favor del respeto al principio de autonomía regional, aunque solo sea por la arraigada y fructífera colaboración que mantiene de ordinario con las regiones, encargadas de aplicar sobre el territorio la mayor parte de las medidas que impulsa, y teniendo en cuenta, además, el mandato del Tratado de la Unión Europea sobre la exigibilidad de su independencia de criterio, no pudiendo ni aceptar ni solicitar instrucciones de ningún gobierno, órgano u organismo (artículo 17.3. párrafo 3º). Nadie sabe, por tanto, mejor que la Comisión, las ventajas que desde cualquier punto de vista pueden derivarse del hecho de que las regiones gocen de completa autonomía a la hora de actuar en el ámbito de la Unión, y así de hecho lo ha expresado en muchos de sus documentos oficiales dirigidos a perfilar el futuro de la organización, como es el caso del Dictamen CE "La Reforma de Europa para el siglo XXI"[89], o el ya apuntado "Libro Blanco sobre la Gobernanza Europea"[90].

De lo que se desprende pues, que la Comisión tampoco debería tener ningún problema en sostener una interpretación más ajustada del artículo 4.2 del Tratado de la Unión Europea, como la que aquí mantenemos, puesto que su independencia de criterio la tiene absolutamente garantizada en la letra de la ley y a través de sus documentos y dictámenes ya ha hecho gala de ello. De esta forma podemos considerar que el precepto invocado acaba ligando a la Comisión que a, partir de su entrada en vigor se ve en la obligación, no sólo de velar por su estricta aplicación en el marco institucional de la Unión Europea, sino de vigilar también que los Estados miembros cumplan igualmente con el mandato de respetar la autonomía regional en dicho marco comunitario. Asimismo, y como guardiana de los tratados, la Comisión está obligada a dar pasos todavía más firmes si cabe para consolidar el reconocimiento del principio de autonomía regional y promover su correcta aplicación en todos los órdenes, en mayor medida que cualquier otra institución u organismo. Y como órgano que vela por el cumplimento de los Tratados, debería igualmente además de promover, vigilar porque el respeto a la autonomía regional sea la norma en el territorio de la Unión.

De hecho, como decíamos es la propia Comisión la que en buena medida ya lo contempla la cuestión desde esta perspectiva -aunque no llegue a fiscalizar aún el respeto a la autonomía regional en los estados miembros-, y más precisamente desde que se vio la "necesidad de llevar a cabo una política regional y de cohesión comunitaria a través de los fondos europeos, principalmente el fondo europeo de cohesión y los fondos estructurales" (Margellos, T. M.: 1997; Alonso de León, S.: 2011: 4). Desde entonces se ha

89. *Dictamen CE del 10/07/2007, COM (2007) 412 Final.*

90. *Comunicación de la Comisión, de 25 de julio de 2001, «La gobernanza europea - Un Libro Blanco» [COM (2001) 428 final - Diario Oficial C 287 de 12.10.2001].*

ido avanzado desde la consideración de las regiones como simples unidades administrativas territoriales "a efectos de aplicar los fondos comunitarios" (Alonso de León, S.: 2011: 4) a reconocer la conveniencia de que existan instrumentos de relación directa y consulta entre Comisión y regiones, consideración plasmada en el documento "La Gobernanza europea. Un Libro Blanco", editado en 2001, instrumento que aquí ya se expuso en parte de modo oportuno. El de la Comisión en su Libro Blanco es un planteamiento realmente interesante desde cualquier punto de vista porque no se creó *ex novo*, ni basándose sobre especulaciones, sino que se aplicó a la vista de la práctica ya existente de varias décadas de funcionamiento (Palomares Amat, M.: 2005: 131). Aún antes, ya en el lejano 1988, consciente de esta necesidad de dar una adecuada atención al fenómeno regional, cuyo papel ejecutivo en la organización iba en aumento, la Comisión creó el Consejo Consultivo de los Entes Regionales y Locales, con la función de asesorar en la elaboración y ejecución de la política regional y sobre las repercusiones regionales de otras políticas y acciones comunitarias (Palomares A., M.: 2005: 131).

Por tanto, para llevar a cabo una correcta interpretación del artículo 4.2 del Tratado de la Unión Europea como la que se sostiene en esta tesis, y una aplicación adecuada del principio de autonomía regional, la Comisión ya cuenta con suficiente acervo jurídico y con una sobrada práctica cotidiana. En base a todo ello y sobre todo en cumplimiento del mandato inmerso en el Tratado de la Unión Europea, debe reclamarse de su ministerio mayor rigor y firmeza a la hora de velar por la estricta observancia del respeto a la autonomía regional y local. La voluntad política de la Comisión y su determinación decidida para superar "las deficiencias que la falta de respeto al principio de autonomía regional produce en el conjunto del sistema institucional de la Unión Europea" (Palomares Amat, M.: 2005: 132)[91], serán determinantes para que las regiones acaben de alcanzar su capacidad de realizarse en el marco organizacional de la Unión Europea. Superados esos escollos, no cabe duda que del trabajo conjunto de la Comisión y las regiones, ya en plena libertad de funcionamiento, sólo cabe esperar lo mejor para la

91. *"...El actual sistema de funcionamiento de la Unión no permite una interacción suficiente en el marco de una asociación a distintos niveles, en las que los Gobiernos Nacionales implicaran plenamente a sus regiones y ciudades en la elaboración de las políticas europeas. Las regiones y ciudades sienten a menudo que, a pesar de su creciente responsabilidad en la aplicación de las políticas comunitarias, su papel de intermediarios electos y representat5ivos, capaces de interaccionar con la población en materia de política comunitaria, no se aprovecha los suficiente". Comisión Europea: "La gobernanza europea. Un libro Blanco". Bruselas, 2001.*

organización, además de una mayor transparencia y una "mayor coherencia global de las políticas comunitarias atendiendo a su impacto territorial" (Palomares Amat, M.: 2005: 131).

Un compromiso análogo al de la Comisión debería demandarse del Parlamento Europeo en virtud del principio de equilibrio institucional. Sus contactos con parlamentos nacionales deberán hacerse extensivos y frecuentes a los parlamentos regionales, mirando así de tener en cuenta la variable regional en su labor legislativa. No obstante, en descargo del Parlamento Europeo debe consignarse que, al igual que parlamentos regionales y nacionales, la asamblea europea padece serias dificultades de adaptación al nuevo marco de toma de decisiones políticas en el ámbito de la Unión Europea. En este sentido, el impulso político de los agentes gubernamentales parece claramente más ágil y directo que las iniciativas parlamentarias, que adolecen de cierta "debilidad", mostrando "problemas de adaptación general a la evolución de los sistemas políticos" (Rozenberg, O: 2004: 5; Palomares Amat M.: 2005: 99), seguramente que por la lentitud congénita de la mecánica procesal parlamentaria, en contraste con la agilidad de las decisiones gubernativas menos condicionadas por la necesidad de consensos.

En otro orden de factores, dado que las fórmulas escogidas para el reconocimiento del principio de autonomía regional en el derecho de los tratados no son más explícitas en sus enunciados, deberá ser por su parte la jurisprudencia del Tribunal de Justicia de la Unión Europea -hasta que una nueva modificación de los tratados que acabe de clarificar la cuestión- la que también vaya completando la requerida labor exegética que el principio demanda. Desde este punto de vista, será en efecto el alto Tribunal Europeo, intérprete supremo del derecho originario y órgano que vela por el adecuado cumplimiento de los Tratados -artículo 19 Tratado de la Unión Europea, en relación a los artículos 251 a 281 del Tratado de Funcionamiento de la Unión Europea-, deberá ir modulando y modificando, a fuerza de sopesar la obligatoriedad de la norma y la realidad cotidiana del funcionamiento de la Unión, su perspectiva -hasta la fecha ciertamente restrictiva- con el derecho de las regiones a tener mayores cuotas de participación en las instituciones europeas, y especialmente en lo que se corresponde a interponer demandas por sí mismas ante su propia sala.

En efecto, desde un primer momento esta tesis sostiene que una parte importante del reconocimiento de la autonomía regional pasa indefectiblemente por admitir igualmente que las entidades regionales deben contar con mecanismos suficientes como para defender su capacidad de autogobierno allí donde éste se proyecte, incluido el ámbito institucional europeo. Máxime teniendo en cuenta, que como por ejemplo en España ya dejó claro su Tribunal Constitucional en su conocida sentencia 165/1994, el espacio jurídico y político europeo deja de tener carácter de "exterior". Desde ese ángulo, ello implicaría que las regiones podrían disponer ya de capacidad de accionar ante los tribunales europeos de igual forma que lo hacen ante tribunales nacionales.

En este sentido, debe reclamarse del Tribunal de Justicia de la Unión Europea que, de acuerdo con el reconocimiento realizado en al artículo 4.2 del Tratado de la Unión Europea, avance en esta dirección y por fin permita la posibilidad de que las regiones cuenten con legitimidad activa ante sus tribunales. Debe tenerse en cuenta que una correcta aplicación de la norma pasa por abrigar un cierto concepto histórico-dinámico del derecho, que lógicamente debiera moverse en la dirección indicada por los movimientos sociales que lo explican. No en vano, el "Derecho es algo que hacen los legisladores, los jueces, los funcionarios y todos los ciudadanos" (Frontera, J. C.: 2007: 225), es decir, la sociedad en su conjunto. Porque "cuando identificamos – simplemente- producción del derecho con legislador, separamos el fenómeno jurídico de la realidad social" (Frontera, J. C.: 2007: 225). Y por esta razón se debería exigir al Tribunal de Justicia de la Unión Europea, en cuanto al principio de autonomía regional se refiere, un mayor sentido de la realidad del que viene sosteniendo hasta la fecha, claramente insuficiente si atendemos a la verdadera presencia de las regiones en el engranaje institucional europeo. Es difícil justificar una interpretación de la norma definitivamente monocorde a través del tiempo, so pena de no incurrir en un inmovilismo absolutamente alejado de la realidad. "Es difícil encontrar un hecho humano que esté desvinculado de su contexto social e histórico, son dos magnitudes a las cuales deberemos recurrir de forma imprescindible para su comprensión" (Levaggi A.: 2004:1; Frontera, J. C.: 2007: 225). No cabe duda, pues, que a poco que las circunstancias le empujen a ello, el Tribunal de Justicia de la Unión Europea acabará por reconocer los efectos vinculantes del reconocimiento implícito en el artículo 4.2 del Tratado de la Unión Europea sobre la autonomía regional, también e incluso en cuanto a la legitimidad activa de las regiones ante su Sala.

Si bien, en realidad, lo cierto es que en la jurisprudencia de este Tribunal ya se han dado pasos que incitan a pensar que este cambio de criterio es posible y cuenta con varios precedentes que así lo demuestran. Es más, siendo rigurosos y centrándonos en la cuestión de la legitimación activa de las regiones ante el Tribunal de Justicia de la Unión Europea y sus efectos a partir del Tratado de Lisboa, tampoco podría sostenerse con rotundidad que este Tribunal haya sido siempre totalmente impermeable a la posibilidad de que las regiones pudieran defender legítimamente su propio criterio ante la Sala. En capítulos precedentes tuvimos la oportunidad de comprobar cómo en determinados asuntos –en vía de recurso de anulación- el Tribunal Europeo ha terminado por admitir la necesidad de que las regiones, ya sea a través de una consideración amplia del concepto "Estado", por la vía del principio de autonomía institucional –las regiones son también estado-, o incluso, en menos ocasiones, a través de una mínima posibilidad de defenderse como regiones de por sí, puedan contar con esa prerrogativa que ahora les está vetada en su condición de entidades sub-estatales.

Aparte de las comentadas en capítulos precedentes, tenemos prueba de la primera vía en el Asunto C-88/03, en el que el tribunal se pronuncia "sobre un recurso de anulación planteado por Portugal contra una decisión de la Comisión de 11 de diciembre de 2002, relativa al régimen que adapta el sistema fiscal nacional a las particularidades de la Región de las Azores en lo relativo a la reducción de los tipos del impuesto sobre la renta (D.O. L 150)" (Huici Sancho, L.: 2010: 12). Concretamente, el asunto versa sobre la posibilidad de que dispone, en este caso, la región de las Azores, de implantar un tipo impositivo en el impuesto de la renta de las personas físicas diferenciado al resto del estado portugués. La Comisión entiende que dicha diversidad impositiva debe ser anulada en cuanto que en realidad se trata de una serie de medidas selectivas que suponen un trato preferente para algunas empresas dentro del Estado. Portugal defiende, por el contrario, que "no son medidas selectivas, sino generales", y ello porque "no puede tomarse como marco de referencia la totalidad del territorio portugués", sino la región en donde realmente se aplica la medida. Contra la consideración restrictiva de la Comisión se presentan como coadyuvantes de las tesis portuguesas el Reino Unido y España. El gobierno español alega que "la descentralización, cuando existe, forma parte del marco constitucional de los Estados miembros. Sumarse a las alegaciones de la Comisión supondría ignorar la estructura constitucional" de los estados miembros (Huici Sancho, L.: 2010: 12).

En su sentencia de 6 de septiembre de 2006, resolviendo el Asunto C-88/03, el Tribunal de Justicia avaló los argumentos esgrimidos por Portugal y los estados coadyuvantes que participaron en fase de alegaciones, así como con idénticas tesis del Abogado General, en el sentido de que "el marco de referencia para determinar la selectividad de la medida no debe necesariamente coincidir con el territorio del Estado miembro considerado (...) No puede excluirse que una entidad infraestatal cuente con un estatuto jurídico y fáctico que la haga lo suficientemente autónoma del Gobierno Central de un Estado miembro como para que sea la misma, y no el Gobierno Central, quien, mediante las medidas que adopte, desempeñe un papel fundamental en la definición del medio político y económico en el que operan las empresas. En tal caso, el territorio en el que la entidad infraestatal que ha adoptado la medida ejerce su competencia, y no el territorio en su conjunto, en el que debe considerarse pertinente" (páginas. 57 y 58)". (Huici Sancho, L.: 2010: 14).

Asimismo, aquí se dan las claves para que una entidad pueda considerarse "autónoma" en relación a la Administración Central del Estado, y para que dicha autonomía pueda hacerse valer ante la Unión Europea y el resto de Estados miembros; básicamente, que se trate de una "autonomía real y efectiva" (Huici Sancho, L.: 2010:14). Es decir, que la autonomía regional sea completa hasta en el momento y en el uso de los mecanismos para definir los términos de la aplicación de la normativa comunitaria. Es cierto que esta consideración versa a los efectos de la aplicación del artículo 87.1 del TCE –

actual artículo 107.1 Tratado de Funcionamiento de la Unión Europea-, que prohíbe las ayudas que favorezcan a determinadas producciones o empresas, pero no veo inconveniente para que dicha conceptualización se extienda a todos los terrenos posibles, incluido el de la legitimación activa para las regiones.

La segunda vía jurisprudencial, ciertamente más directa, que no por ello la más reciente precisamente, considera –por la vía de hecho- que las entidades regionales tienen entera legitimidad activa para accionar en un proceso ante el Tribunal de Justicia de la Unión Europea, en este caso al amparo del anterior artículo 173 del Tratado Constitutivo de la CE –actual artículo 230 Del Tratado consolidado Constitutivo de la CE y 263 del Tratado de Funcionamiento de la Unión Europea-[92]. Se trata de un asunto relacionado con ayudas públicas concedidas en el ámbito local, en el que el Gobierno Regional Valón demanda (junto a la empresa *Glaverbel*) a la Comisión Europea, que previamente ha decidido prohibir dichas ayudas por cuanto podían afectar al intercambio entre los Estados miembros y falsear la competencia en el mercado común. Eran ayudas en forma de subvenciones dirigidas a modernizar plantas de fabricación de vidrio plano "flotado" de la empresa mencionada en la población de Moustier, provincia de Namur (región de Valonia), con unas condiciones de devolución ventajosas al objeto de facilitar el proceso de renovación de aquellas factorías. En Sentencia de su Sala 6ª, de 8 de marzo de 1988[93], asuntos acumulados 62 y 72/187, Rep. 1988/1573 se considera legitimado al gobierno valón para ser uno de los demandantes, al ser "el órgano competente para otorgar ayudas a empresas establecidas en Valonia". A la presentación de la demanda por parte del ejecutivo valón –asumiendo el rol de litigante del estado belga- y de la sociedad co-demandante, la empresa *Graverbel*, la Comisión no presenta oposición, y de forma llamativa, "el Tribunal de Justicia considera que no procede examinarlo de oficio", por lo que por la vía de hecho y sin ulteriores explicaciones, el ejecutivo valón queda totalmente legitimado

---

92. *"A tal fin, será competente-el Tribunal de Justicia de la UniónEuropea- para pronunciarse sobre los recursos por incompetencia, vicios sustanciales de forma, violación del presente Tratado o de cualquier norma jurídica relativa a su ejecución, o desviación de poder, interpuestos por un Estado miembro, el Consejo o la Comisión".*

93. http://eur-lex.europa.eu/smartapi/cgi/sga_doc?smartapi!celexplus!prod!CELEXnumdoc&lg=en&numdoc=61987J0062.

para demandar, abriendo de esta forma una vía que bien puede retomarse en el futuro. En este sentido, no podemos por menos que compartir la consideración de que, "esta es la puerta que abren algunas sentencias del Tribunal de Justicia de la Unión Europea al reconocer directamente la relevancia de que, para el cumplimiento del Derecho de la Unión, existan autoridades territoriales distintas de la Administración Central del Estado, dotadas de autonomía suficiente para decidir de forma que pueden diferenciarse de la misma" (Huici Sancho, Laura: 2010: 19).

En efecto, es cierto que la realidad se va imponiendo muy poco a poco, pero obstinadamente, incluso en el ámbito de la jurisprudencia, que no puede desconocer el marco político real -y no precisamente reciente- en el que a diario se desenvuelven las regiones a la hora de desplegar adecuadamente las políticas comunitarias y que requiere de instrumentos procesales acordes con esa realidad imperante. Y no se trata con ello de oponerse necesariamente al papel tradicional del Estado como principal impulsor del proceso de integración, ni de alimentar una antigua divergencia entre ambos niveles de administración, sino de completar adecuadamente, en base a la experiencia real y cotidiana, el mapa de competencias y legitimidades en el ámbito europeo. En definitiva, "no se trata sino de defender una interpretación del concepto de "Estado" que, en función de la especificidad del proceso de integración europeo, reconoce que éste no se identifica forzosamente con la administración central, sino que incluye también a todos los entes territoriales o funcionales que, dotados de autonomía y decisión propias, lo conforman. Es este Estado "plural" cuya "identidad nacional, inherente a las estructuras fundamentales políticas y constitucionales (...) también en lo referente a la autonomía local y regional" el que es miembro de la Unión. Así, parece desprenderse no sólo del nuevo artículo 4.2 del Tratado de la Unión Europea, sino también de las otras disposiciones que incrementan la presencia de los entes regionales, principalmente, pero también locales, en la Unión Europea. Es de esperar que la jurisprudencia del Tribunal avance en su reconocimiento" (Huici Sancho, L.: 2010: 19).

Sin duda ésta sería la aproximación más acertada para contemplar el proceso de integración europeo y la participación en el mismo de los entes regionales, un ""sistema multi-nivel" en detrimento de de un sistema basado únicamente en los gobiernos nacionales exclusivamente" (Palomares Amat, M.: 2003: 105), un sistema de estructura compuesta –"*Verbund*" (Von Bogdandy, A.-Schill, S.: 2011: 1420; Schönberger, C: 2004: 129) caracterizado por la participación de actores no estatales supranacionales, como la Comisión, el Parlamento Europeo o el propio Tribunal de Justicia de la Unión Europea, pero también por actores no estatales "infranacionales, ya sean "regionales o locales"" (Martín y Pérez de N., J.: 2003: 22). La adecuada articulación de la defensa jurídica autónoma de todos esos actores de un sistema multi-nivel y en el terreno jurisdiccional, es necesaria para que esa estructura compuesta que es la Unión Europea, como expresión del artículo 4.2 del Tratado de la Unión Europea (Von Bogdandy, A. y Schill, S.: 2011: 1420), funcione convenientemente. Solo de esta forma se solventaría el déficit que versa sobre "el papel testimonial que desempeñan los actores subnacionales en la esfera de actuación a nivel europeo" (Alonso de León, S.: 2011: 6; Nugent, N.: 2003: 502).

Por otra parte hay que contar también con que la nueva redacción del artículo 263.4 del Tratado de Funcionamiento de la Unión Europea dada por el Tratado de Lisboa, sobre los requisitos de legitimación para el recurso de anulación e interpretada a la luz del artículo 4.2 Tratado de la Unión Europea, abrirá sin duda, "en opinión de algunos autores, las puertas a una legitimación activa menos restringida en el recurso de anulación" (Alonso de León, S.:2011:23). En efecto, el artículo 263.4 dice así:

> "Toda persona física o jurídica podrá interponer recurso, en las condiciones previstas en los párrafos primero y segundo, contra los actos de los que sea destinataria o que la afecten directa e individualmente y contra los actos reglamentarios que la afecten directamente y que no incluyan medidas de ejecución".

Dos son las novedades centrales de la formulación del recurso en relación a las posibilidades de legitimación activa de las regiones con el Tratado de Lisboa. La primera consiste en que "ya no se habla de Decisiones, sino de actos, por lo que la posibilidad ya no se limita a las primeras, sino a cualquier acto de la Unión. La segunda novedad, mucho más interesante, es la relativa a los actos reglamentarios que afecten directamente al recurrente y no incluyan medidas de ejecución. En este caso, ya no es precisa la afectación individual" (Alonso de León, S.:2011:24). Ha de entenderse, en sentido amplio, que cuando el precepto habla de actos, no se limita a actos reglamentarios, sino a "actos de cualquier naturaleza, incluso generales, que sean directamente aplicables" (Von Bogdandy, A. - Schill S. y Bast J.: 2010: 396; Alonso de León, S.:2011:24). Y aunque existen voces contrarias que sostienen una interpretación más restrictiva del precepto (Alonso de León, S.:2011:24; Martín Delgado, I., Nieto Garrido, E.: 2010: 214), igualmente podemos comprobar cómo, a través precisamente del Texto de Lisboa, los primeros pasos legislativos para acercar a las regiones a la plena legitimidad activa, ya se han iniciado.

Es cierto que algunos autores significan que la legitimación activa plena sólo podría venir de una verdadera "modificación de los tratados" (Alonso de León, S.:2011: 44; Palomares, M.: 2004: 142), en cuanto que significaría dotar de plena personalidad jurídica a los entes infraestatales en el marco de una organización de ámbito interestatal –con lo que de facto sería casi equiparar jurídicamente, al menos en este entorno, estados y regiones-, alterando de este modo de forma importante los objetivos y condicionantes del Tratado y que, por otro lado, "atendido el ámbito de competencias de las entidades regionales y la defensa del interés general que les incumbe, la solución a su legitimación para atacar los actos que les afectan, aún con los matices derivados de la jurisprudencia del Tribunal es insuficiente" (Alonso de León, S.:2011:23)[94]. Pero no es menos cierto que la grieta necesaria para que esa circunstancia se dé –la necesaria modificación, como sostienen algunos- ya se ha materializado. Sin duda alguna, "en relación con la legitimación activa de los entes sub-estatales, una progresiva relajación de los requisitos para instar un recurso de anulación supondrá una mejora de su posición procesal frente a la jurisdicción de la Unión Europea, a la par que el resto de particulares" (Alonso de León, S.: 2011: 25). La jurisprudencia europea, se encargará, tras esos primeros y tímidos pasos de dar forma a esa acomodación necesaria

94. *"La aplicación de unas restricciones a la legitimación que están pensadas para los particulares resultan desproporcionadas cuando se aplican a un poder público cuyo ámbito de competencias está afectadas por un acto de Derecho de la Unión Europea. Ellos sin perjuicio de las soluciones de derecho interno, pero que no solucionan la débil posición que corresponde a las entidades regionales europeas en la defensa de su interés a través del recurso de anulación"* (Alonso de León, S.:2011:23).

para las regiones. Aún así, no estaría de más que se trabajara de forma efectiva en el ámbito interno una regulación más ambiciosa para que las comunidades autónomas tuvieran un acceso más franco y más acorde con el nivel de competencias que ejercen. "En España queda recorrido, dentro de las posibilidades que ofrecen las normas procesales de la Unión Europea, para conseguir un sistema más adecuado a los legítimos intereses de las Comunidades Autónomas" (Alonso de León, S.: 2011: 44).

Por tanto, la ampliación progresiva de la legitimidad activa de las regiones para accionar ante el alto tribunal europeo será, a no mucho tardar, otra de las notables consecuencias del reconocimiento de la autonomía en el artículo 4.2 del Tratado de la Unión Europea. De hecho, en puridad, hasta ahora era difícil que otra cosa ocurriera en este sentido, puesto que no podemos olvidar que el artículo 4.2 del Tratado de la Unión Europea no estuvo bajo la jurisdicción del Tribunal europeo justo hasta la entrada en vigor del tratado de Lisboa (Von Bogdandy, A- Schill, S.: 2010: 1422), y que se tenga registro, el enjuiciamiento de dicho precepto, en una mínima profundidad, sólo ha tenido lugar en un par de ocasiones, lo que de momento no es gran cosa para poder extraer muchas conclusiones en lo que a nuestro trabajo interesa. El primer paso en esta dirección, no obstante, ya se dio mucho antes con el citado asunto *Graverbel y Valonia* contra la CE, asuntos acumulados 62 y 72787, Rep. 1988/1573[95], en los que la entidad infraestatal actuó en todo momento con total autonomía en la defensa de sus intereses, en lo que supuso el primer gran hito del desarrollo europeo del principio la autonomía regional en el terreno jurisdiccional. El caso, que más arriba describimos, mantiene su virtualidad esencial en el hecho de que todas las partes en litigio, incluido el propio Tribunal, aceptaron el hecho de la que la región debía actuar de forma autónoma, con todas las consecuencias, sin mayores consignas ni intervención del estado belga, pues era el gobierno valón el agente origen del caso, sin que la intervención del estado fuera relevante en esta ocasión a efectos procesales. Si bien, todo sea dicho, esta posibilidad ha sido interpretada por la doctrina, más como un efecto de considerar a las regiones como estado, a través de una completa identificación de ambos entes públicos (Ortega Santiago, C: 2006: 127), que no como la posibilidad del inicio de un camino hacia una legitimación

95. *(vide pág. 8 de este apartado)*

autónoma de las regiones. Dicha interpretación expansiva de la idea de Estado, digamos de paso, favorece la legitimidad activa de las regiones, representado la tendencia más notoria del Tribunal especialmente en casos de incumplimiento que se imputan a los Estados, cuando en realidad son infracciones que se han de apuntar a las regiones por ser las autoras del incumplimiento (Alonso de León: 2011: 10). Esta propensión del Tribunal de Justicia de la Unión Europea a identificar región con Estado viene seguramente favorecida por la circunstancia de que en los Tratados no se utiliza el término "Estado" en sentido restrictivo, sino como conjunto de órganos jurídico-públicos en sus diversos niveles (Moreno Molina, A. M.: 1998: 47; Alonso de León, S.: 2011: 10).

La tendencia de este "concepto expansivo de estado" para conceder a las regiones la posibilidad de accionar ante el Tribunal de Justicia de la Unión Europea, también es cierto, se cerró con el asunto C-95/97, remitido al Tribunal de 1ª Instancia como T-70/97, en que los dos mismos litigantes Comisión y región de Valonia contendían de nuevo. El gobierno valón trató de hacer el mismo mecanismo argumental, alegando que la región asumía la posición procesal del estado belga, dado que lo que se debatía en el proceso era materia de su competencia. Pero esta vez no, el TJCE dictaminó (Auto de 21 de marzo de 1997) que como Estado debía entenderse de forma exclusiva "las autoridades gubernativas que son parte contratante en los Tratados constitutivos". Añadió, para acabar de sellar esa salida por largo tiempo, que el asunto sustanciado en el año 87 y que tenía como demandante a la propia región de Valonia, no conformaba un precedente válido, precisamente por no haberse cuestionado la admisibilidad del recurso por ninguna de las partes ni haber entrado a valorarse de oficio por parte del tribunal.

A partir de entonces, la doctrina que quedaría fijada jurisprudencialmente es que las regiones sólo podrían accionar, en recursos de anulación, como particulares, siempre y cuando demostraran un interés directo e individual –que no general-. Otras sentencias en esa misma dirección argumental se dieron en los asuntos C-180/97 y C-81/97, en ambos la *Región de Toscana contra la Comisión*. En cualquier caso, independientemente de la interpretación concedida al concepto de Estado por el Tribunal de Justicia de la Unión Europea, que la región de Valonia compareciese en aquella primera ocasión, en el año 87, de forma autónoma es un hecho que objetivamente abre camino a una profundización de la legitimidad activa de las regiones ante el Tribunal de Justicia de la Unión Europea.

En este sentido, el binomio formado por regiones y fiscalidad representa un campo abonado para la controversia sobre la posibilidad de las regiones de accionar por sí mismas ante el Tribunal de Justicia de la Unión Europea. La necesidad de algunas regiones de atraer inversiones en un entorno excesivamente rivalizado, junto con la necesidad de atender objetivos propios y la obtención de cada vez más competencias en este ámbito –que responden a un mayor grado de autonomía política-, generan en no pocas ocasiones que se tenga que discutir en el alto tribunal europeo sobre dos cosas: primera, sobre la adecuación a la normativa europea de esa imposición específica regional, en el sentido que pueda suponer una ayuda estatal que distorsione el Mercado Interior; y segundo, la posibilidad de las regiones de defender por sí mismas ante el Tribunal esa competencia.

En este ámbito la litigiosidad generada en el supuesto de las Haciendas Forales Vascas –bastante menos en el caso de Navarra- ha resultado especialmente abundante. Como es sabido la Constitución española del 78, en su disposición adicional 1ª exceptúa del régimen general de financiación de las Comunidades Autónomas los casos de Navarra y Euskadi –así como el artículo 41 del Estatuto de Autonomía, en caso vasco-, con lo que la legislación fiscal de los territorios aludidos corresponde a sus respectivos parlamentos regionales, a diferencia del resto de comunidades autónomas que se rigen por leyes estatales. En el caso vasco, particularmente, esta competencia se atomiza todavía más en los Territorios Históricos, a través de las Diputaciones Forales, y no en la propia comunidad autónoma. En cuanto interesa al derecho comunitario, era menester dilucidar si conforme a derecho la normativa vasca, en cuanto al Impuesto de sociedades se refiere, que buscaba atraer la inversión empresarial a través de diversos estímulos fiscales, puede ir en contra del correcto funcionamiento del mercado interior. En Sentencia de 11 de septiembre de 2008 el Tribunal de Justicia de la Unión Europea (asuntos acumulados C-428/06 y C-434/06, Rec. I-06747, UGT Rioja y otros contra

Juntas Generales del Territorio Histórico de Vizcaya) se pronuncia finalmente que dicho régimen no necesariamente ha de perjudicar el correcto funcionamiento del mercado interior.

Desde el punto de vista de la legitimidad procesal, la mayoría de los asuntos, sin embargo, tuvieron en principio un recorrido procesal fluido por llegar al tribunal europeo a través de cuestiones prejudiciales presentadas por tribunales españoles, como es el caso de la sentencia aludida; en otros casos similares, la legitimación que les ha dado pie a litigar ha sido en la categoría de particulares casi siempre, "sin acceso a la legitimación privilegiada de los Estados" (Alonso de León: 2010: 19). Las sentencias en los asuntos T-127, T-129 y T-148/99, que interpone el Territorio Histórico de Álava, la Comunidad HIstórica del País Vasco, y las mercantiles Gasteizko Industria Lurra, S.A. y DEMESA contra la CE van en esta dirección. Se concede legitimidad activa a las entidades sub-estatales en cuanto que particulares y, especialmente a la Comunidad Autónoma del País Vasco por entender que el asunto concierne a sus intereses y competencias, abriendo de esta forma la puerta a ejercer el papel de coadyuvantes de forma fija en los sucesivo (Alonso de León: 2010: 19). La sentencia del Tribunal de Primara Instancia de 9 de septiembre de 2009, que va en la misma dirección argumental, resuelve los asuntos T-30/01 a T-32/01, T-86/02 a T-88/02, sustanciando los recursos de anulación interpuestos por las Diputaciones Forales contra las Decisiones de la CE ordenando la prohibición de ciertas medidas fiscales de exención parcial del Impuesto de Sociedades. La legitimación de las entidades sub-estatales se resuelve también a través de ejercer el papel de "particulares".

No obstante, como ya quedó dicho en anteriores capítulos, el ejercicio de la defensa jurisdiccional de sus intereses por parte de las regiones, a través del mecanismo de ejercer el rol de "particulares" y por mucho que sea sostenido por la jurisprudencia europea, es claramente insuficiente si atendemos al nivel de sus competencias así como a su legitimidad institucional desde el punto de vista de la representación democrática que reúnen (Alonso de León, S.: 2010: 23), siendo además una ficción jurídica que resulta a estas alturas del proceso integrador ciertamente superable. El hecho de que se haya contado ya con antecedentes, ni que sean escasos, de relajación en los requisitos de acceso al Tribunal de Justicia de la Unión Europea indica que, en efecto, se trata de un escollo perfectamente removible desde la jurisprudencia y de una dificultad, casi más que jurídica, política.

De esta forma, una vez llegado el momento de ver superadas estas dificultades, a través de la ampliación de su legitimidad activa, las entidades sub-estatales completarán adecuadamente el elenco de sus capacidades para poder funcionar de modo autónomo en el entramado institucional de la Unión Europea al igual que si lo estuviesen haciendo en el plano interno nacional.

Como se ha sostenido con buen criterio, "ignorar el reconocimiento de las entidades sub-estatales tiene como resultado la deslegitimación, a ojos de éstas y de sus ciudadanos, del proceso de integración europea, especialmente en aquellos casos que existe un fuerte sentimiento nacionalista y cuando los mecanismos estatales de representación de los intereses sub-estatales en el exterior son insuficientes" (O'Leary, S; Fernández Martín, J. Mª: 1995: 311). Lo que se sugiere también, de forma implícita, con esta afirmación es que, dotar de mayor autonomía a las regiones en el ámbito comunitario, lejos de poner en peligro el sistema basado en la preponderancia de los estados, lo refuerza todavía más a través de dotarle de mayor legitimidad y representación. De algún modo, con el avance institucional de las regiones se trabajaría de forma preventiva en la inclusión de los nacionalismos más identitarios. Es más, "la falta de reconocimiento institucional tiene igualmente efectos negativos en la dirección inversa. La aplicación conjunta del principio de autonomía institucional y del juego del sistema interno de reparto de competencias en los Estados de estructura descentralizada lleva a la paradoja de que son las entidades sub-estatales las que han de aplicar la normativa comunitaria, en la que sus puntos de vista pueden no verse recogidos. A menudo los intereses e incluso los valores del gobierno central no tiene por qué corresponderse con el de las entidades sub-estatales" (O'Leary, S. - Fernández Martín, J.Mª: 1995: 311).

En cuanto al Parlamento Europeo debe señalarse que, hasta la fecha y desde la entrada en vigor del Tratado de Lisboa, no se ha significado de manera importante a la hora de velar por un mayor respeto del principio de autonomía regional en el marco de la Unión. Es cierto que a través del "mecanismo de alerta rápida" los parlamentos nacionales pueden acudir, dentro del plazo de seis semanas desde la recepción de la propuesta de la Comisión y mediante la presentación de un dictamen motivado, ante el Presidente del Parlamento Europeo para formular una solicitud de control, desde el punto de vista del principio de subsidiariedad, al objeto de que, en caso de requerirlo, el órgano parlamentario europeo demande una revisión de la medida o incluso la retirada de la misma. Y es igualmente cierto que en estos casos se prevé una eventual consulta a los parlamentos regionales que reúnan competencias legislativas, cuando proceda, un instrumento que ya aparecía en el Tratado por el que se establece una Constitución para Europa –Protocolo sobre aplicación de los principios de subsidiariedad y proporcionalidad- (Palomares Amat, M.: 2004: 118; Linde Paniagua, E.: 2004: 177 y ss.). Pero en ambos casos la intervención de la variable regional es absolutamente residual y no responde a la verdadera necesidad de atender dicho principio, que a nuestro juicio se convierte en exigible desde la entrada en vigor del texto de Lisboa. La referencia a la consulta a los parlamentos regionales, "cuando proceda", así es, "subordina la vía de participación de los parlamentos regionales a la voluntad de los parlamentos nacionales" (Palomares Amat, M.: 2004: 119). Y será de nuevo en sede de derecho interno, efectivamente, donde se deberá de determinar la participación de las asambleas regionales. Desde luego, ésta no parece en absoluto la fórmula más acorde con las necesidades de las regiones de una participación plena, o al menos proporcionada con respecto a su cuota de participación en el plano ejecutivo, en los procesos decisorios o legislativos, y siendo rigurosos, aunque la posibilidad de participación se menciones tampoco parece un avance serio en la deseada dirección.

Y parece igualmente obvio que en principio, debería ser el Parlamento Europeo uno de los principales valedores de dicho respeto, como por ejemplo lo es la Comisión Europea desde hace ya tiempo. En efecto, en el Protocolo citado, la Comisión "deberá tener en cuenta la dimensión regional y local de las acciones consideradas" a la hora de proponer un acto legislativo, y sólo en casos excepcionales podrá la Comisión exceptuar las consultas a los órganos locales y regionales; una dimensión a la que se apuntó de manera inexcusable viendo ya la necesidad en su Libro Blanco sobre la gobernanza europea del 2001. Pero el liderazgo del que ha hecho gala la Comisión a la hora de sostener e incluso fomentar cierta centralidad de la variable regional en el proceso de integración, no ha sido seguido por el Parlamento Europeo, sin duda dando la razón a aquellos que sugieren "que se puedan detectar varios déficits democráticos paralelos pero no idénticos: el del Parlamento Europeo y el de los Parlamentos nacionales y regionales" (Laprat, G.: 1991: 710).

Pero bien pensado más que paralelos serían déficits "en cascada", si se nos permite la expresión, porque si bien es cierto que el trasvase de poder "de los estados hacia el plano comunitario ha sido más rápido e intenso que el refuerzo del poder del Parlamento Europeo" (Palomares Amat, M: 2004: 96), la posibilidad de que parlamentos nacionales y sobre todo los regionales vieran reforzado su control sobre la competencia legislativa transferida al nivel europeo, ha sido prácticamente nula. Y este estado de cosas, que en el caso de los parlamentos y gobiernos regionales no ha mejorado ostensiblemente en los últimos años, no ha ayudado a que desde el punto de vista de la legitimidad democrática mejoren mucho las cosas, a pesar de que haya autores que sostengan, "que la evolución de los objetivos de construcción europea ha ido incidiendo en la búsqueda de una evolución democrática de todo el sistema" (Pliakos, A.: 1993: 217), dirigiéndose de desde el ámbito socio-económico al objetivo de lograr una "sociedad política".

Parece claro que, desde un punto de vista institucional, la forma en que mayor incidencia podría desprenderse de los trabajos del Parlamento Europeo en favor del respeto al principio de autonomía regional, sería a través de la colaboración del órgano parlamentario europeo con las diversas asambleas parlamentarias regionales con competencias legislativas, y no sólo con los parlamentos nacionales. "La asociación de los parlamentos regionales con el Parlamento Europeo en el proceso de decisión normativo comunitario debería tener como finalidad que éstos pudieran dejar constancia de sus intereses" (Palomares Amat, M: 2004: 135). Sólo la constante presencia de los intereses regionales a lo largo del proceso decisorio puede garantizar de forma eficaz que el principio de autonomía regional se respete en todo momento, y es en la vertiente legislativa donde el Parlamento Europeo puede hacer valer mejor, tanto su experiencia como su influencia. Las ventajas de esa continuidad de la presencia de las regiones en el desarrollo legislativo son evidentes, toda vez que "la participación regional en el marco de la Unión Europea acercaría a los ciudadanos al proceso comunitario, lo cual permitiría paliar, aún cuando fuera parcialmente, uno de los problemas más inquietantes a los que se enfrenta la Unión Europea: la aceptación del proceso por parte de los ciudadanos" (Palomares Amat, M.: 2004: 135).

En el marco de una posible asociación del Parlamento Europeo con los parlamentos regionales, el profesor Palomares Amat presenta en el trabajo citado una propuesta interesante que, básicamente, extendiendo los acuerdos del Parlamento Europeo con los parlamentos nacionales a los parlamentos regionales, sugiere la implantación de varios mecanismos de cooperación que incluirían diversos instrumentos, como el intercambio de informes y documentos, la organización de encuentros bilaterales o multilaterales, la implantación de oficinas técnicas encargadas de canalizar los contactos, y la cooperación estrecha entre los órganos del Parlamento Europeo y los parlamentos regionales encargados de articular todas las medidas, e incluso, la participación de representantes de parlamentos regionales, "con voz pero sin voto", en los trabajos de las comisiones del Parlamento Europeo que afectasen a las competencias regionales.

Son todas ellas medidas perfectamente realizables, teniendo en cuenta que tanto en el Parlamento Europeo como en los parlamentos regionales se encuentran representantes que comparten grupo político. Sería trasladar esa capacidad de actuación en diversos frentes, del terreno estrictamente de partido político al terreno parlamentario. No en vano, es un hecho que en reuniones de partido es frecuente ver cómo se coordinan políticos del nivel regional, del nivel nacional y del nivel europeo, y tampoco es extraño observar, como incluso a través de una misma carrera política profesional se alternan los diversos roles atendiendo al nivel territorial. Por otro lado, tampoco se puede ignorar el hecho de que desde hace algún tiempo ya, en diversos parlamentos nacionales europeos, existen comisiones y departamentos especializados en la elaboración y desarrollo del derecho comunitario como muestra del grado de imbricación que pretenden con el sistema comunitario y cuyo mecanismo bien se podría extender al nivel parlamentario regional (Saulnier, E.: 2002: 11), y por último, debe recordarse que muchos gobiernos regionales disponen de oficina de representación oficial en Bruselas, además de las nacionales.

Es decir, con todo ello queremos señalar que existe un caldo de cultivo idóneo para que la red política regional pueda descansar sobre la estructura institucional europea, y especialmente en el sistema parlamentario, sin que todo ello tenga que suponer una gran alteración, con lo que los trabajos de cooperación de los parlamentos regionales con el Parlamento Europeo serían perfectamente realizables. En cualquier caso, lo que sí queda claro es que al Parlamento le queda mucho camino para poder atender de forma idónea al fomento y respeto que requiere el nuevo concepto de autonomía regional que invoca el artículo 4.2 del Tratado de la Unión Europea.

Sin duda alguna en el terreno donde la necesidad de ejercer la autonomía de las regiones se hace más patente es en el proceso de toma de decisiones en el ámbito institucional europeo, momento crucial en el que cristaliza el impulso legislativo, que será a la postre, una vez el proceso finaliza, el conjunto normativo de reglas que regirán la vida diaria de los ciudadanos europeos. En el momento actual las cosas distan todavía mucho de acercarse a lo que impone claramente el reconocimiento de la autonomía regional, que no es otra cosa que el incremento sustancial de la presencia de las regiones en la toma de decisiones en el espacio institucional europeo.

Uno de los momentos más significativos de la presencia regional en las instituciones europeas es la participación de las regiones, eventualmente, en las diversas formaciones del Consejo en donde se debatirán las propuestas normativas llegadas desde el seno de la Comisión Europea. Según algunos autores, reforzar la fase externa, en el marco de un proceso continuo, es de gran importancia de cara a optimizar la presencia de las regiones en las instituciones europeas (Beltrán García, S.: 2012: 151). Y decimos "eventualmente", porque no existe ningún mecanismo jurídico que expresamente señale la posibilidad de que las representaciones estatales en las distintas formaciones del Consejo incluyan ningún representante regional -y es evidente, menos aún la participación autónoma-.

Debido a la presión ejercida desde el grupo de países que mayor estructura compuesta mostraban tradicionalmente, principalmente belgas y alemanes, con el paso de los años, algunas "regiones con poderes legislativos más sensibles presionaron a sus Estados a defender la adopción de un artículo que modificara los tratados constitutivos a fin de permitir que representantes regionales pudieran participar en la única institución europea en la que los Estados eran los partícipes y que, de hecho, constituía el centro de decisión de las políticas europeas" (Elvira Ayuso, L.: 2008: 8). De esta forma, desde el Tratado de Maastritch y por iniciativa belga, se introdujo el artículo 146, que luego pasó a ser el artículo 203 del Tratado Constitutivo de la Comunidad Europea, en el que se establece que "el Consejo estará compuesto por un representante de cada Estado miembro de rango ministerial, facultado para comprometer al Gobierno de dicho Estado miembro". Fue entonces, a través de esta fórmula indirecta, como se facilitó la eventual entrada de un representante regional en las formaciones del Consejo y se permitió, pensando en aquellos estados con una clara vocación federal de participación, introducir representantes regionales en su delegación nacional ante el Consejo. Y aún cuando en muchos casos esa presencia se da realmente, es cierto que su virtualidad queda absolutamente diluida en cuanto que la preponderancia del criterio del estado es la tónica general en el grueso de las delegaciones estatales. Así las cosas, como bien se ha dicho, esta fórmula, claramente insuficiente, "dibuja una puerta cuya llave sigue estando en manos del Estado" (Elvira Ayuso, L.: 2008:9).

Se trató en el momento de su aprobación, qué duda cabe, de una técnica de consenso que sirvió a unos intereses muy concretos y muy localizados en el tiempo. A través de ese mecanismo se logró conciliar el espíritu federalista de belgas, austríacos y alemanes, con la doctrina oficial del cuerpo institucional europeo, marcada por el principio de autonomía institucional de los Estados miembros y por la jurisprudencia del caso *International Fruit Company*, por el cual y básicamente, la organización internacional deberá respetar la organización interna de sus miembros. Pero desde el punto de vista de los resultados se puede afirmar que, ni siquiera con la entrada en vigor del Tratado de Lisboa, el nivel de participación de las regiones ha variado de forma ostensible, y sólo en los casos señalados se ha continuado con dicha predisposición participativa, aún así, con evidentes limitaciones a favor de los Estados, excepto en el caso belga, en el que la falta de acuerdo entre Estado y regiones puede llegar al bloqueo mutuo de su participación con un voto de abstención a la decisión sometida a debate "para no apartarse del acuerdo tomado" en fase interna (Elvira Ayuso, L.: 2008:9).

Desde luego que la nueva lectura que se propone en este trabajo del artículo 4.2 está muy lejos de la situación actual de las regiones para que dispongan de una facultad cierta de incidencia real en las negociaciones del Consejo –y del Comité de representantes permanentes de la Unión Europea (COREPER)-. Pero ello no debe ser óbice para que las cosas comiencen a girar en torno a la nueva lectura que señala el principio de autonomía regional consagrado en el texto de Lisboa, máxime cuando, a la vista tanto de los hechos como de las opiniones doctrinales apuntadas, el sistema actual no acaba de satisfacer ninguno de los objetivos propuestos, y sobre todo el principal: facilitar la participación regional en las formaciones del Consejo. Como ya hemos tenido oportunidad de argumentar sobradamente, el artículo 4.2 empuja a considerar una especie de vis atractiva en favor del interés de las regiones a la hora de interpretar los tratados, por lo que en este sentido se impondrá, más tarde o más temprano una modificación de los tratados, una vez constatada de forma general que la actual legislación no da pie para incrementar la presencia de las regiones en las diversas formaciones del Consejo.

La mayor dificultad del actual sistema reside precisamente ahí, en que mientras las regiones acudan al Consejo bajo el paraguas de su Estado, están de alguna forma compelidas a seguir el principio de unidad de acción. Así es, "la toma de decisiones en el Consejo en nombre del Estado exige una unidad no solo de los actores que intervienen sino también de objetivos" (Beltrán García, S.: 2012: 153). Parece pues, si convenimos en la absoluta certeza de esta última premisa, que de querer verdaderamente que la variable regional sea importante en el resultado final de las decisiones del Consejo, si realmente se desea que la Unión avance en equilibrio interinstitucional y en el progreso de legitimidades democráticas que dibuja el mapa de las administraciones públicas en su sus diversos niveles, el actual sistema debe ser superado y suplido por otro en su lugar que dé salida real a las aspiraciones y necesidades de las regiones.

Hasta ahora nos hemos referido a cómo el principio de autonomía regional informa sobre el modo de proceder de las instituciones de la Unión Europea desde el nivel de la elaboración de las normas, y su tratamiento intermitente y puntual a cargo de la jurisprudencia. No obstante, dicho principio se puede ver ya presente en la aplicación concreta de algunas de las políticas europeas. En este sentido encontramos obligaciones de hacer, en sentido positivo, en cuanto la Unión Europea deberá, a partir de la lectura del 4.2 Tratado de la Unión Europea, dirigir toda su actuación con el norte fijado en el principio al principio de autonomía regional. A nivel instrumental, nuevamente sería el principio de subsidiariedad el mecanismo a través del cual funcionaría ese respeto, en cuanto que siempre que sea posible -y se trate de una competencia no exclusiva de la Unión-, en términos de eficiencia y eficacia, será el nivel inferior de administración el que implante y ejecute la competencia establecida, especialmente en todo aquello que afecte al territorio regional o su competencia.

A nivel normativo se ha sostenido en este trabajo que toda la producción legislativa de la Unión deberá siempre tener en cuenta la variable regional, toda vez que en cuanto principio fundamental, el respeto a la autonomía regional coadyuvará a completar, integrar y hará las veces de herramienta de interpretación de todo el sistema normativo en este terreno, de tal modo, que toda norma o reglamento, en caso de conflicto, deberán ser interpretados desde esa clave, siempre a favor de la autonomía regional. En este sentido, no parece que haya discusión acerca de que "la obligación de la Unión de respetar ambas autonomías entraña una mayor atención hacia aquellos preceptos de los tratados que contemplan la referida dimensión" (Beltrán García, S.: 2010: 19).

En el terreno de lo concreto son particularmente interesantes toda aquella gama de efectos inmediatos que, sin necesidad de ulteriores interpretaciones, el Tratado de Lisboa despliega ya desde su entrada en vigor, no sólo en el ámbito estricto del Tratado de la Unión Europea, sino también en su relación con el Tratado de Funcionamiento Ambos tratados cuentan con idéntico valor jurídico y ambos deben ser "complementados evitando las contradicciones" (Beltrán García, S.: 2010: 18). Es interesante esta observación última en cuanto que desde un punto de vista estrictamente argumental, las alusiones – frecuentes- que el Tratado de Funcionamiento (Tratado Funcionamiento de la Unión Europea) realiza sobre la necesidad de atender especialmente la variable regional en las políticas europeas no hace otra cosa sino que abundar en la tesis defendida en este trabajo, que no es otra que la presencia del principio de autonomía regional en el derecho originario europeo, especialmente a través de la mención en el artículo 4.2 del Tratado de la Unión Europea.

Por otro lado, se podría sostener ya que, de hecho, y contemplando esta variedad de efectos en tan diversos terrenos a los que acude el Tratado de Funcionamiento de la Unión Europea, la mención a la autonomía regional inmersa en el artículo 4.2 del Tratado de la Unión Europea, irradia, desde su entrada en vigor, los efectos propios de un principio fundamental en pleno funcionamiento. A partir de aquí, de lo que se trataría, pues, y es lo que de forma continuada hemos puesto de manifiesto desde diversos ángulos a lo largo de este trabajo de investigación, es que, más que un reconocimiento expreso del principio de la autonomía regional por la vía de modificación de tratados, con las dificultades propias que encierra una magna operación de política y diplomacia internacional de semejante alcance -lo que hace realmente difícil la consecución de un objetivo de una naturaleza tan sensible desde el punto de vista político-, lo que realmente se requiere y resultaría más eficaz es el completo despliegue de efectos jurídicos que es posible ya desde la actual legislación. Se comprueba entonces una vez más como en efecto, en los terrenos de administración más alejados de los procesos decisorios políticos, donde la tensión del reparto del poder se inclina a favor de los estados sin ninguna discusión, es decir, a la hora de de la recepción por parte de los ciudadanos de las políticas establecidas en Bruselas, es cuando mayor fuerza cobra la presencia regional y mayormente se constata la necesidad de que su participación, en aras de ver cumplidos los principios de eficacia administrativa y de legitimidad democrática.

Comenzando por el ámbito de la política europea agraria, y en especial sobre el bienestar de los animales (art. 13 Tratado de Funcionamiento Unión Europea), destacaremos la necesidad de tener en cuenta "las tradiciones culturales y el patrimonio regional" (Beltrán García, S.: 2010: 19) a la hora de elaborar políticas en materia de pesca, agricultura, investigación, transporte, mercado interior, desarrollo tecnológico o espacio. La dimensión regional se deberá también tener en cuenta, resulta evidente, en el fomento del desarrollo cultural- "florecimiento"-, en el que se deberá respetar "la diversidad nacional y regional" (art. 167 Tratado de Funcionamiento de la Unión Europea). (Beltrán García, S.: 2010: 19). Resulta imprescindible la atención al desarrollo cultural desde la vertiente regional por parte de la legislación europea, por tratarse precisamente de uno de los vehículos de manifestación del fenómeno regional más importantes y necesarios, y en este sentido, dada la naturaleza cada vez más "regional" del proyecto europeo, se echa de menos que esta alusión no haya adquirido una posición más relevante dentro del Tratado de Funcionamiento de la Unión Europea.

El Tratado de Funcionamiento de la Unión Europea muestra atención especial al asunto de las redes transeuropeas de comunicación, por la importancia que encierra de cara a los objetivos de cohesión económica y territorial, y al mercado interior, como espacio sin fronteras de libre circulación de personas, capitales, bienes y servicios (Beltrán García, S.: 2010: 19). En este sentido, el artículo 170 del Tratado de Funcionamiento de la Unión Europea es particularmente revelador de la importancia creciente que las regiones adquieren en el entramado social y económico europeo, y el impacto de su entrada en vigor es de aquellos que repercuten directamente en la vida cotidiana de sus ciudadanos. En este precepto, se recuerda la suma importancia y la necesidad de enlazar dichas redes de tal forma que los entes regionales y locales y sus administrados puedan disfrutar de las plenas ventajas de dicha conectividad. Se pone de manifiesto pues, que no se puede pensar en conectividad de redes de comunicación y telecomunicación transnacionales, sin diseñar esa conexión europea en clave regional, una prueba más de que la reglamentación europea pensada desde los estados, luego debe ser ejecutada, desde el primer momento, desde las regiones. El compromiso de que la interconectividad de las redes alcance su mayor dimensión, abriga también a las regiones insulares, sin litoral y periféricas a las que debe procurarse enlaces sólidos con las regiones centrales de la Unión, según el artículo 170 párrafo 2º.

Continuando en el terreno de los servicios públicos, el artículo 196.1.a, establece que la Unión "prestará apoyo a la acción de los Estados miembros a escala nacional, regional y local" continuando en la dirección de implicar, en esto sí, a regiones y municipios directamente, "y aunque establezca en primer término la responsabilidad del Estado, ello no contradice a los principios de autonomía local y regional que tal y como se ha comentado se justifican en razón de un sujeto soberano" (Beltrán García, S.: 2010: 19), En esta misma línea se muestra con mayor vigor, en el terreno de los servicios de interés general, "en los que se reconoce el papel esencial y la extensa capacidad para prestar, encargar y organizar los servicios de interés económico general a las autoridades nacionales, regionales y locales" (Beltrán García, S.: 2010:19). En suma, las alusiones del Tratado de Funcionamiento de la Unión Europea sobre la necesidad de contar con regiones y entidades locales en el desarrollo del proceso integrador son constantes, como no podría ser de otra manera, justo en la misma proporción que regiones y entidades locales participan y protagonizan de la articulación social y económica del espacio político europeo.

Sin embargo, esta importancia manifiesta de las regiones en la administración e implantación de las políticas públicas no obtiene su correlativo –en cuanto a efectos- en lo que a participación en procesos decisorios se refiere, al menos en términos de proporcionalidad. Este déficit institucional es ya antiguo, tanto como la reprobación de la doctrina por este estado de cosas: "en los casos en los que los entes regionales disponen de poderes legislativos, no parece adecuado, política y jurídicamente, excluir su participación en el proceso comunitario de adopción de decisiones legislativas sin afectar al principio de atribución de competencias. En este marco, cabe tener presente que el artículo 5 del Tratado por el que se establece una constitución para Europa

-actual artículo 4.2 Tratado de la Unión Europea- dispone que la Unión respeta la autonomía regional y local " (Palomares Amat, M.: 2003: 88). Los argumentos a favor de que semejante disfunción continúe alegando razones organizativas, habida cuenta la gran cantidad de regiones y entes locales a emplazar, no son argumentos suficientes, por tratarse de inconvenientes resolubles desde el estado de la técnica en la actualidad. Con esa justificación, pues, la "autonomía regional y local en su dimensión de asuntos europeos de forma institucionalizada se reconduce al Comité de las Regiones"(Palomares Amat, M.: 2003:88).

En suma, los efectos que despliega el artículo 4.2 en las instituciones europeas son múltiples, inmediatos y de considerable profundidad, pero pueden resumirse en pocas palabras al señalar la obligatoriedad de aplicar e interpretar las normas siempre en favor de las tesis regionalistas, como consecuencia del reconocimiento del principio de autonomía regional en el Tratado de la Unión Europea. Deberán, en efecto, respetar la identidad nacional de los Estados miembros –considerando la identidad nacional desde un punto de vista constitucional, sin confundir este concepto con soberanía nacional-, pero también en lo que toca a la autonomía de las regiones y los entes locales, lo cual aleja definitivamente la posibilidad de acatar solo la voluntad de los Estados miembros y considerar la opinión de las regiones en todos aquellos asuntos que les puedan afectar e interesar, si quiera de forma potencial. La Comisión Europea debe velar porque el reconocimiento del principio de autonomía regional inmerso en el artículo 4.2 sea algo más que un deseo y se convierta en una norma de estricta aplicación en todos los órdenes e instituciones comunitarias, y debe hacerlo con independencia de criterio y hasta las últimas consecuencias, por tratarse de una misión, la de vigilar el cumplimiento de las normas, que explícitamente le reservan los Tratados. La participación de las regiones, como consecuencia de la combinación de todos los factores anteriores, deberá incrementarse en los procesos decisorios y la jurisprudencia deberá abrir nuevos caminos, sin necesidad de modificar los tratados, para que las regiones puedan también presentar sus reclamaciones por sí mismas ante el Tribunal de Justicia de la Unión Europea.

IV.2.- Órganos de la Unión Europea. Especial referencia al Comité de las Regiones

Hasta la fecha, el Tratado de la Unión Europea contempla que la iniciativa de la participación de las regiones en los debates legislativos, en determinados temas y con ciertas condiciones, se venga realizando en plano interno, a través de la participación en los mecanismos de formación de la voluntad previstos por la ley nacional del Estado miembro, o a través del Comité de las Regiones, que ciertamente, como ya quedó dicho, ha adquirido mayor protagonismo con el texto de Lisboa.

El Comité, al menos, debe ser consultado en materias vinculadas a transporte, empleo, Fondo Social Europeo, educación, formación profesional, juventud y deporte, cultura, salud pública, redes transeuropeas, cohesión económica, social y territorial, medio ambiente y energía (Beltrán García, S.: 2010:20). Pero por otra parte, como señala la autora citada, es llamativo e "incomprensible" que por ejemplo en el terreno de la cooperación transfronteriza el Comité de las Regiones fuera ignorado por los miembros de la Convención. Se trata de un síntoma claro que tampoco desde este nivel institucional se pretende un abanico competencial demasiado extenso y libre de rigideces para el Comité o para las regiones mismas. No en vano, aún y con la entrada en vigor del texto de Lisboa, estamos absolutamente de acuerdo con la consideración de que "el respeto hacia la autonomía local y regional desde las Instituciones de la Unión corre el riesgo de no cumplirse" (Beltrán García, S.: 2010:18).

Y desde luego, da toda la sensación de que efectivamente ahí se quería dejar por sentada la cuestión de la participación de las regiones en los procesos decisorios, desoyendo las voces que desde los *lobbys* regionalistas reclamando una participación más directa en todos los ámbitos. El mismo Comité ya lo demandaba en su Dictamen 2006/C 31/01, sobre "El estado del proceso de descentralización en la Unión Europa y el lugar de la autonomía local y regional en el proyecto de Tratado Constitucional". Allí de alguna forma se felicitaba por adquirir mayor relevancia en el nuevo texto constitucional, pero a la misma vez instaba a "la Comisión Europea a institucionalizar los instrumentos necesarios para hacer factible una participación real de los representantes de los organismos regionales y locales, tanto en la elaboración de las políticas desde su fase inicial como en la aplicación, por parte de las autoridades regionales y locales, de la legislación comunitaria" (2.14).

Es de lo que se trata en realidad ahora, de solventar el antiguo debate sobre la funcionalidad de los dos modelos posibles: uno el de las regiones, en busca de su propia autonomía institucional; el otro, el de estados e instituciones europeas –siguiendo el mandato de los estados-, por el que las regiones, habida cuenta la "incompatibilidad jurídica" -en virtud de los objetivos de los tratados y del principio de atribución competencial- (Palomares Amat, M.: 2003: 87) de funcionar de forma autónoma en el marco comunitario, deben seguir canalizando sus iniciativas de forma concertada dentro del ámbito del estado, complementando esa limitada capacidad con la intervención autónoma, pero igualmente mediatizada, en el seno del Comité de la Regiones.

Pero bajo nuestro punto de vista, desde la entrada en vigor del artículo 4.2 del Tratado de la Unión Europea, y como consecuencia directa del incremento en la autonomía de las regiones a la hora de actuar en el marco de la Unión, el papel del Comité de las Regiones deberá forzosamente variar en su cometido. El mismo Comité, en el Dictamen 2006/C 31/01, reconoce su función hasta ahora como la de "un intermediario cualificado entre las instancias comunitarias y las entidades locales y regionales" (1.31) cuyas competencias se vieron entonces efectivamente ampliadas. Pero llevado el respeto a la autonomía regional hasta las últimas consecuencias, su papel de intermediario por lógica debe verse modificado, en la misma medida que las regiones van adquiriendo capacidad propia a la hora de conducirse en el entramado institucional comunitario.

Eso no significa en absoluto, que el Comité deje de tener sentido o se vacíe de contenido, porque su abanico de competencias sobre impulso, coordinación y supervisión en asuntos regionales comunitarios va bastante más allá de la representación estricta de los entes regionales. El universo local y regional es más complejo de lo que a primera vista aparenta, y sería un error limitar su campo de acción nada más que a los gobiernos regionales. Sin ir más lejos, en el citado Dictamen 31/01, el propio Comité "insta a las regiones a que entablen un diálogo permanente con las grandes ciudades para trabajar conjuntamente en temas de común interés, hacia un mayor aprovechamiento de las oportunidades de participación que ofrece el Tratado" (2.18).

Europa, tal y como sucede en el resto del mundo, es cada vez más un territorio dominado por la fuerza expansiva de las grandes ciudades (a nivel económico especialmente, en el que acaparan enormes porcentajes del PIB de cada uno de sus estados, y también en los terrenos cultural y político), las cuales a su vez, requieren de visibilidad y capacidad de gestión propias en aras de alcanzar sus propios objetivos como grandes urbes y ser capaces de responder con agilidad a sus necesidades incrementales. En este sentido, en la misma medida que el papel de los estados cede protagonismo al papel creciente de las regiones en la nueva gobernación, éstas por su lado contemplan cómo las grandes conurbaciones o áreas metropolitanas van progresivamente acaparando competencias que requieren para responder a sus propios nuevos retos y cada vez encuentran mayor y mejor encaje en la escala jerárquica de poder. Esas grandes áreas de población con necesidades específicas, van creando a su vez, merced a las virtudes de la sociedad en red, nuevas identidades propias así como élites políticas que buscan erigirse como eficaces gestores de esas nuevas áreas en detrimento o rivalidad a los gestores de otros niveles.

Parece evidente, que estas nuevas entidades, a caballo entre las regiones y los municipios, requerirán de foros y de organismos a través de los cuales puedan hacerse oír en el entramado institucional comunitario. Justamente, por tanto, esa densa y nueva diversidad del universo local y regional, con múltiples redes y asociaciones regionales y locales, con nuevos actores de gran capacidad y presencia, precisa de un órgano como el Comité que desde su privilegiada atalaya institucional sea capaz de sintetizar y manifestar, así como de coordinar esfuerzos para que las demandas del mundo local y regional se vean adecuadamente atendidas. Municipios, grandes ciudades y áreas metropolitanas, comarcas y provincias, así como otros tipos de entidades menores y asambleas parlamentarias que puedan surgir fruto de la asociación de éstas, y cuya posibilidad de actuación –principalmente por cuestión de tamaño y peso territorial- en el ámbito comunitario es todavía más compleja que en el caso de las regiones, requiere de ese foro para mantener un mínimo de incidencia en el proceso de construcción europea.

En definitiva, a través del Comité de las Regiones, constatadas la considerable dificultad jurídica y la escasa operatividad que demuestran las otras vías posibles de participación para las asambleas regionales, y siempre contando con las modificaciones reglamentarias internas que fuesen convenientes, se podría canalizar la participación de estas asambleas con competencias legislativas, incluso de mejor modo que a través de la creación de un "consejo consultivo de las regiones" con conexión directa con el Parlamento Europeo (Palomares Amat, M.: 2003:129).

La propuesta que aquí se sostiene, a través del Comité de las Regiones, sería una forma de centralizar todas las iniciativas regionales en un solo organismo dedicado a ello, órgano por otra parte mayormente sensibilizado ante el hecho regional que el Parlamento Europeo –en el Comité hay mayor presencia de diputados regionales-, lo que a primera vista resultaría más eficaz que dejar que el Parlamento Europeo cree una comisión aparte en la que las iniciativas quedarían muy probablemente diluidas por los propios intereses prioritarios de la Cámara Europea. Sin embargo, el autor citado se remite a una solución dependiendo del tamaño y la materia, ya que según su parecer "una asociación individual y directa de las regiones puede ser más eficaz que una relación colectiva en aquellos ámbitos en que los problemas a tratar –desde el aceite de oliva, hasta las dificultades derivadas de los factores como la insularidad- afecten de una manera más específica a unas regiones que a otras. En tal contexto, una presencia individual puede resultar más eficaz para la definición de las políticas de la propia Unión Europea. Obviamente, en otros ámbitos donde los problemas afectan a todas las regiones, los órganos de representación colectiva pueden erigirse en órganos idóneos de contacto" (Palomares Amat, M.: 2003:130-131).

De todas formas, dicho autor, en sede de conclusiones se acaba decantando por una fórmula más atemperada, la cual basándose en el establecimiento del principio autonomía local y regional, consiste en "la participación a título consultivo, de los parlamentos regionales en el procedimiento de adopción de decisiones comunitario" (Palomares Amat, M.: 2003:144). En cualquier caso, coincidiendo con Palomares, aunque desde ángulos diversos, la solución de la participación de los parlamentos regionales en el marco comunitario parece estar más dentro del actual esquema institucional de la Unión Europea que en cualquier otra iniciativa externa, evitándose así la laboriosa decisión de crear un nuevo organismo que canalice esa participación dentro de un clima que reclama austeridad en el presupuesto comunitario de la Unión.

Por último y en relación con el Comité, como uno de los órganos supervisores del estricto cumplimiento del principio de subsidiariedad, a partir de la entrada en vigor del Tratado de Lisboa se prevé un mecanismo que facilitará la mejor aplicación, tanto del principio de subsidiariedad, como el de proporcionalidad. No olvidemos la suma importancia que el Comité confiere a la correcta aplicación de dichos principios, dado que "aumentan la garantía del ejercicio de las competencias y que ello hace posible un acercamiento a la toma de decisiones comunitarias a la ciudadanía y por ello se logra una participación más directa de los ciudadanos en el proceso –de integración- europeo" (Comité de las Regiones 2006/C 31/01). Pues bien, en el Protocolo nº 2 se establece que la Comisión deberá consultar, antes de formular una propuesta de acto legislativo, a los entes regionales y locales –cuando proceda-. Pues bien, esta formulación que a priori pudiera leerse de forma restrictiva en perjuicio de los intereses regionales, entendiendo que la consulta sólo procedería cuando las regiones tuvieran competencias exclusivas o compartidas en la materia objeto de acto legislativo, desde la entrada en vigor del artículo 4.2 –cuyo reconocimiento alcanza rango constitucional, según el Comité, en ese mismo dictamen- la interpretación debe ser realizada en términos amplios, "abarcando también el potencial interés. Así la consulta previa, cuando proceda, se extiende a cuestiones que son de interés para las entidades sub-estatales no estrictamente ceñidas al ámbito de sus competencias" (Beltrán García, S.: 2010: 20).

Finalmente, las consecuencias que se desprenden del reconocimiento del principio de autonomía regional, en cuanto al Comité de las Regiones, atendiendo a la nueva gama de circunstancias que pueden desplegarse con el previsible aumento de la presencia de las regiones en el ámbito institucional europeo, y el predecible cambio de rol del Comité ante esta circunstancia, aparte de la renovada importancia institucional que le otorga el Tratado de Lisboa.

Como conclusión, señalaremos que desde el campo de los efectos que irradia la entrada en vigor del artículo 4.2 del Tratado de la Unión Europea, el Comité no dejará de representar ese papel privilegiado de "intermediario cualificado" entre las regiones y las instituciones comunitarias que le reservan ahora los tratados, pero parece evidente que a medio/largo plazo, y en la medida que las regiones vayan adquiriendo un peso específico propio en el escenario institucional europeo, ese rol deberá ir atendiendo también y en mayor medida a otro tipo de actores con intereses similares, pero que todavía no dispondrán de autonomía y capacidad propias suficientes para moverse en el ámbito exterior. Estamos hablando de municipios, grandes ciudades y áreas metropolitanas, organismos provinciales, comarcas, asambleas parlamentarias regionales y asociaciones de entidades territoriales de nivel inferior, todas con una cuota de legitimidad democrática considerable y responsabilidad pública a la hora de ejercer sus competencias. Igualmente, tampoco es incompatible el hecho de que las regiones gestionen completamente sus propios intereses en el marco europeo de forma individual y que por otra parte dispongan de un foro de reflexión y debate común en el que seguir valorando propuestas de interés de todos sus miembros.

IV.3.- Estados miembros

Por otro lado, no son pocos los autores que sostienen que el resultado de la mención en el artículo 4.2 del Tratado de la Unión Europea, que demanda respeto a la autonomía regional, no solo va dirigida a las instituciones europeas, sino que implica un deber de los Estados miembros a que dicho valor sea igualmente atendido en su debida forma (Beltrán García, S.: 2010: 15; Huici Sancho, L.: 2011: 19; Morgades Gil, S.: 2010: 16). "La articulación de de las relaciones entre la Unión Europea y los Estados miembros, es de doble dirección ya que el respeto a las autonomías es exigible tanto a las Instituciones y organismos de la Unión como a los Estados miembros" (Beltrán García, S.: 2010: 15).

Otros autores conectan esa obligación de respeto del artículo 4.2 con el mandato implícito en el artículo 2 del mismo texto: "el respeto a la identidad nacional está ligado, así, por una parte, a que los Estados respeten los valores del artículo 2, pero por otra, con el Tratado de Lisboa, está ligado al respeto de las estructuras fundamentales políticas y constitucionales de los estados y al respeto de la autonomía local y regional" (Morgades Gil, S.: 2010: 7; Mouton, J.-D.: 2004: 466). Es decir, visto desde cualquier ángulo, lo que queda muy claro con la entrada en vigor del texto de Lisboa es que la Unión Europea está obligada al respeto de la identidad nacional de los Estados miembros, incluida la autonomía regional y local, pero siempre y cuando ésos respeten por su parte también los valores fundamentales del artículo 2, que incluyen el "respeto a las minorías", por una lado, y cumplan, como propugna el Preámbulo de la Carta de Derechos Fundamentales de la Unión, con el respeto por "la diversidad de culturas y tradiciones de los pueblos de Europa", lo que supone un claro límite al poder que los Estados ejercen sobre sus propios entes territoriales, por mucho que de forma previa y según los "principios de igualdad soberana y no intervención del derecho internacional no hay mucho que añadir respecto a la libertad de decisión de un país a modificar su organización interna" (Beltrán García, S.: 2010: 15). Aunque es evidente que el reconocimiento implícito al principio que contiene la autonomía regional en el artículo 4.2, "entraña un deber de atención por parte de los Estados miembros a su propia esfera interna (mientras no haya cambios estructurales) para que las Instituciones y organismos de la Unión puedan cumplir su obligación de respeto"(Beltrán García, S.: 2010: 15). Y como remate a esta reflexión, no olvidemos que todo estado, de forma independiente a lo establecido por sus preceptos constitucionales, como miembro de la Comunidad Internacional está obligado a respetar sus compromisos internacionales (Mangas Martín, A.: 2012: 409).

En otro orden de factores, pero todavía en el terreno de los efectos desplegados por el reconocimiento del principio de autonomía regional nos quedaría, no obstante, preguntarnos qué sucede ante la posibilidad de que un Estado, al sentirse por ejemplo perturbado en sus derechos como tal, o sintiendo su soberanía agredida, decida separarse de la Unión Europea como miembro de pleno derecho. ¿Cedería en este caso la exigibilidad de respetar el principio de autonomía regional al que le conmina la normativa europea como estado miembro?

Es evidente que, de la lectura del artículo 4.2 del Tratado de la Unión Europea, que subraya las "funciones esenciales del Estado", señalando con claridad "las que tienen por objeto garantizar la integridad territorial, mantener el orden público y salvaguardar la seguridad nacional" -lo que no deja de ser una descripción de lo que es la esencia de un Estado (Morgades Gil, S.: 2010: 8)-, así como de la lectura de otros preceptos de éste y otros tratados, debe concluirse que estamos en una organización internacional cuyo carácter principal es estar fundamentada en sus Estados miembros. Así, "la Unión Europea manifiesta de esta forma fundamentarse en los Estados, cuyos elementos constitutivos no van a quedar perturbados por la integración europea hasta el punto de dejar de serlo. Esto se refuerza con la inclusión expresa en el Tratado de la Unión Europea del derecho de los Estados de retirarse de la Unión, lo que es coherente con la idea de que éstos mantienen una existencia política autónoma" (Morgades Gil, S.: 2010: 8).

Por lo tanto, el Estado siempre conservará la potestad de separarse de la organización, en cuanto entienda que su existencia política autónoma, o cualquier otra causa que entienda invasiva hacia su soberanía, le dé motivos suficientes para tomar esa resolución tan grave. En ese caso, teóricamente deja de estar obligada por los preceptos que rigen el funcionamiento de la organización, y por tanto, podría pensarse en principio que no le afectaría el respeto que demanda el artículo 4.2 hacia la autonomía regional y local.

Sin embargo entendemos que esto no es así, que independientemente de lo que el Estado resuelva a la hora de decidirse si continuar o no en el seno de la Unión, permanece la obligación de respetar la autonomía de las regiones. Esto se fundamenta, como quedó claro en capítulos anteriores, en la circunstancia de que estamos ante un principio jurídico, el de la autonomía regional, que por serlo cuenta con todas las notas definitorias de su existencia como tal; es decir, que se trata de un precepto con fuerza normativa autónoma y de existencia previa a su inclusión al conjunto normativo, al que además completa y sirve de eje directriz que facilita la interpretación de las normas. La inclusión del principio de autonomía regional en el artículo 4.2 del Tratado de la Unión Europea, lo que ha provocado, precisamente, es la concesión de carta de naturaleza a dicho principio a nivel internacional, sirviendo como fundamento de derecho que facilita a las regiones reclamar la gestión autónoma de sus intereses, independientemente del entorno normativo ante el que nos hallemos.

Pero por otra parte es cierto que es complicado que la Unión Europea disponga de un mecanismo directo, desde su propio cuerpo legislativo, con el que obligar al país que ha decidido separarse cumplir con la obligación de respeto del principio de la autonomía regional. En todo caso, si lo que se pretende es incidir de alguna forma sobre un Estado miembro que ya se ha separado, la Unión deberá buscar otro tipo de mecanismos, más en la órbita política que no la jurídica. E inmersos en esa dinámica política, la Unión Europea sí dispone de instrumentos de actuación conjunta para poder presionar en determinada dirección, así como acudir, a través de sus Estados miembros, a la adopción de medidas en el seno de otra organización internacional, como pueda ser el Consejo de Europa o de Naciones Unidas (Díez de Velasco, M.: 2008: 1026), a través de medidas de reacción, de observación, de "acuerdo regional", o llegados a un caso muy extremo, medidas incluso coercitivas (incluyendo el uso de la fuerza). Será precisamente ante estos organismos internacionales u otras asambleas similares, ante la imposibilidad de hacerlo en el seno de la Unión Europea, donde en este caso hipotético las regiones podrían hacer oír su reclamación en pos de un pacífico disfrute del autogobierno.

No faltan voces que sostienen al respecto que precisamente por todo ello "la cláusula de secesión reconocida en el Tratado de Lisboa (artículo 50 Tratado de la Unión Europea) supone un peligro para la existencia de la Unión, en la medida en que entrega a los estados un instrumento de primer orden para controlar el curso del proceso de integración en todo momento" (De Miguel Bárcena, J.: 2015: 1). En efecto, por muchos mecanismos que haya *a posteriori* al objeto de disuadir a los miembros de violentar los principios rectores del funcionamiento de la Unión, como en este caso puede ser el de autonomía regional, lo cierto es que los Estados no dejan de guardarse un importante mecanismo de presión con el sólo hecho de amenazar con su salida de la organización. Qué duda cabe desde esa perspectiva que los problemas que puede aparejar la salida de un miembro, de forma independiente a su peso específico en la organización, pueden forzar a la organización a no tomar determinadas acciones que sus objetivos le aconsejarían.

En el plano de lo concreto, debiéramos considerar que la introducción de la cláusula de respeto al principio de autonomía regional, debería tener un efecto directo a la hora de articular el modo de "participación" de las regiones en los procesos decisorios del proyecto europeo, especialmente en lo que toca a los instrumentos de derecho interno. Es evidente que en la actualidad es claramente insuficiente, o así por lo menos se refleja en gran parte de la doctrina. En algunos casos, como en el español, sobre el que más adelante nos detendremos, el proceso de toma de decisiones, sobre el que se creía o se pretendía que "reforzaría la cohesión interna de los Estados" (Beltrán García, S.: 2012: 1), no ha logrado esos altos objetivos, ni de lejos. "De hecho, el modelo actual, en lugar de contribuir a la cohesión entre las administraciones, es una fuente adicional de controversia" (Beltrán García, S.:2012: 1).

En definitiva, el artículo 4.2 del Tratado de la Unión Europea también despliega efectos, en clave de obligaciones, para los Estados miembros y en varias direcciones, los cuales tienen el deber de respetar asimismo la autonomía de sus regiones, tanto en el ámbito interno, como también ahora en el ámbito exterior europeo. La nueva concepción de respeto a la identidad nacional que sugiere el artículo 4.2 del Tratado de la Unión Europea abarca también a la de sus dimensiones local y regional, y su efecto expansivo provoca una obligación de los estados de proteger y fomentar la diversidad cultural y lingüística, y de promover la mayor participación de las regiones en el proceso de integración europeo. El principio de autonomía regional ha devenido pues, en un principio estructural cuya exigibilidad normativa permanece de manera independiente a la trayectoria de un Estado en la organización, perdurando incluso en el caso de que eventualmente un Estado decida su salida como miembro de la misma.

No obstante, en buena parte de los países europeos se han buscado fórmulas participativas más bien restringidas que no colman en absoluto las aspiraciones de las regiones de incidir verdaderamente en los procesos decisorios. Es cierto que las dificultades organizativas ante la ingente cantidad de actores que irrumpirían en el proceso con la entrada de las regiones en los tratos decisorios están ahí, y desde no luego no ayudan a encontrar una solución rápida. Pero como indicamos en anteriores capítulos, de aparecer voluntad política para ello, ese sería un problema técnico resoluble. El problema reside precisamente ahí, en que no existe una verdadera voluntad de solución ni se espera que aparezca a corto plazo. La dificultad principal es que los Estados, especialmente a partir de la última ampliación en el número de miembros de la organización, buscan, cada vez más, un mayor control del proceso integrador, siempre moviéndose a nivel estratégico en clave nacionalista, alejándose claramente de lógica integradora que el impulsó el proyecto (Requejo Coll, F.: 2013: 1). No es entonces que en los foros europeos de la unión se piense ya o se deje de pensar acerca de si las regiones deben participar o no en los procesos de integración, como indica este último autor, el asunto se complica con la aparición de nuevos estados que provocan que nuevamente los intereses nacionales y la naturaleza de la organización vuelvan a ponerse en el centro del debate, dejando de lado la consideración de otros tipos de arquitecturas posibles en las que las regiones cobren mayor protagonismo. Dicho de otra forma, la mayor dificultad se halla en que la participación de las regiones no es un tema de debate que figure en ninguna agenda, aunque luego se deje ver como el permanente problema de fondo que emerge en todas partes y que nadie quiere resolver. Tan es así que algunos autores han querido ver en la falta de resolución del problema regional en la Unión y el paralelo debilitamiento de los estados, el germen de muchos de los conflictos que laten en los Estados miembros. "La emergencia de los movimientos separatistas puede tener su origen en el propio proceso de integración, que debilita a sus estados miembros institucionalmente y no articula un poder constituyente unitario a escala europea" (De Miguel Bárcena, J.: 2015: 1).

Sin embargo, hemos de añadir que si bien es cierto que los Estados deben ser los impulsores y responsables de que los métodos de participación de las entidades sub-estatales se realicen de forma conveniente en su propio territorio, ha de subrayarse que ante la entrada en vigor del Tratado de Lisboa y su reconocimiento del principio de autonomía regional, es deber de los Estados procurar los mecanismos suficientes para que esa participación sea realmente efectiva, en un principio. Es decir, que esa participación regional realmente tenga incidencia en dichos procedimientos y cuente con resultados materiales en aquellos temas que son de especial interés para las regiones, para que en fases posteriores esa participación regional acabe desembocando en una verdadera autonomía de acción en el ámbito europeo, eso sí, bajos los principios de lealtad institucional y legalidad.

De todas formas, atendiendo a la anterior premisa, con reclamar que las entidades sub-estatales alcancen verdadera incidencia en los procesos decisorios no se estaría llevando a cabo nada más básico que demandar que se cumpla con aquello que se estableció en su momento en la Carta de Autonomía Local de 1985, firmada y ratificada por la gran mayoría de países europeos –incluyendo España desde el año 1989-, en cuya Exposición de Motivos se estableció bien claro que "participación significa que los entes sub-estatales han de poder ejercer una influencia real. Desde esta perspectiva y por analogía, la participación en el Consejo debería conducir, también a un derecho de incidir por parte de las regiones en la posición del Estado" (Beltrán García, S.: 2012: 137)[96].

Es por tanto y como ya expusimos en capítulos precedentes, precisamente a la luz de este último texto, como debe interpretarse la alusión al respeto a la identidad nacional de los estados miembros, toda vez que esa identidad

---

96. *Habitualmente se entiende por "participación" de las regiones, siguiendo la clasificación de García Morales (2009:51-54), cuando las entidades menores actúan en el marco de una competencia del estado, pero que incide en su propia esfera de administración, como por ejemplo las relaciones internacionales. Se distingue participación de "cooperación", siendo este caso cuando estado y regiones tienen ambas competencias y actúan en situación de igualdad. (Beltrán García, S: 2012: 136).*

nacional, en los estados compuestos, es multiforme y la cláusula de respeto logra provocar un "efecto expansivo" de sus consecuencias que termina por abarcar a las entidades sub-estatales, tanto regionales como locales, merced a la ampliación de la salvaguarda que "abarcará también a las culturas y lenguas regionales" (Beltrán García, S.: 2010: 22).

Por lo tanto, lo que postula la inédita visión de la identidad nacional que adquiere a partir de ahora una nueva y más amplia concepción jurídica, es una actitud proactiva del Estado en el fomento y la defensa de su propia identidad nacional, pero no y nada más desde la tradicional forma de concebirla, generalmente solo reaccionando a las intromisiones en la política o cultura mayoritarias del estado en cuestión, sino también defendiendo y preservando las culturas y lenguas minoritarias, y atendiendo a las diferentes sensibilidades de sus gobiernos regionales u/o locales. Interpretamos que esta nueva forma de acometer el concepto de identidad nacional debe ser una norma de conducta más que una tendencia, y por tanto exigible legalmente ante los tribunales desde que la autonomía regional pasa a formar parte del articulado del Tratado como principio con consecuencias normativas.

Ejemplo claro de este nuevo prisma, que la jurisprudencia por su parte también ha comenzado a labrar, lo tenemos en la Sentencia del Tribunal de Justicia de la Unión Europea de 5 de marzo de 2009, en la que como respuesta a una petición de decisión prejudicial formulada desde el Tribunal Supremo español acerca de la legalidad de destinar un 5% de los ingresos de explotación del año anterior a financiar películas de cine y de televisión europeos, de entre las cuales el 60% debía destinarse a la financiación de obras realizadas en una de las lenguas oficiales del Estado español, y coincidiendo con el dictamen emitido por el Abogado General (caso Eurojust contra España), destacó que "es legítimo que un Estado miembro defienda y promueva una o varias de sus lenguas oficiales. En este sentido el Tribunal recuerda que la diversidad lingüística forma parte de la diversidad cultural" (Beltrán García , S.: 2010: 23).

Esta interpretación amplia, pero congruente, de la obligación inmersa en la letra del artículo 4.2, la de respetar por su parte la estructura fundamental propia, en lo que autonomía local y regional se refiere, iría ciertamente más en consonancia con lo que establece la Carta de Autonomía Local de 1985, la cual dispone la obligación de los Estados de respetar –la autonomía de regiones y municipios- mientras no se decidan cambios, dentro de la ley (Beltrán García, S.: 2010:24), refiriéndose al artículo 6 de la carta que propugna que las partes han de consultar, siempre que sea posible, a sus entidades locales en todos los procesos de planificación que les afecten. Es decir, parece más que sentado y acorde con la lógica y la tradición jurídica europea labrada en los últimos sesenta años[97], que ni si quiera los propios Estados miembros son absolutamente libres y soberanos de alterar arbitrariamente su propia estructura política fundamental, menoscabando de esa forma la autonomía de entidades locales y regionales. El imperio de la ley es la última barrera que, desde luego, concierne también a los Estados en su propia conducta de administración y gobierno.

No obstante, sí que corresponde de todas formas introducir un matiz a esta afirmación general, y que los Estados, siempre que su estructura política y normativa se lo permita, mantienen lógicamente el derecho de remodelar el mapa de las entidades sub-estatales en cuanto que entiendan que por motivos de orden administrativo, el servicio público a los ciudadanos estará mejor cubierto con la modificación operada en su sistema territorial. Este sería el caso francés, que en junio de 2014 acometió una profunda transformación de su mapa regional, no exenta de severas críticas, en el que se pasa de las 22 regiones creadas en 1972 a las 14 ahora propuestas, de las que solo 6 conservarán su condición actual (Bretaña, Île de France, País del Loira, Aquitania, Córcega, Provenza-Alpes-Costa Azul y Norte-Paso de Calais). Debe añadirse que esta radical transformación del mapa regional vendrá acompañada de la transferencia de nuevas competencias a las regiones con el objetivo de potenciarlas, unas competencias que van a ser extraídas, en su mayor parte, de funciones que detentaban hasta ahora los "departamentos" –entidades similares a nuestras provincias-[98].

97. *Recordemos que el Comité de las Regiones, entre otros organismos, considera que "la autonomía de los entes regionales y locales debe garantizarse al máximo nivel normativo y que la modificación de su estatus no debería realizarse sin su participación". Dictamen sobre el estado de la descentralización en la Unión Europea y el lugar de la autonomía local y regional en el Proyecto de Tratado Constitucional, D.O. Unión Europea C 031, 7 de febrero de 2006.*
98. *El objetivo anunciado por el Presidente francés, Mr. Hollande, es eliminar del mapa territorial los departamentos, pero al no reunir suficiente mayoría parlamentaria se pospone el objetivo al 2.020. Las regiones ahora reunirán en su entorno competencial los transportes públicos regionales, la enseñanza media, la prestación de subvenciones para fomento de la economía y el empleo, los equipamientos rurales y las carreteras no nacionales. Las ayudas sociales quedan para las llamadas "intermunicipalidades". El proyecto está hallando una fuerte resistencia en algunas regiones. El Presidente Languedoc-Rousillon, Christian Bourquin, juzga la fusión de su región con la Midi-Pyrennes*

Por tanto, como primera conclusión, en cuanto a los efectos que irradia el reconocimiento de la autonomía regional en el ámbito europeo sobre los Estados, en forma de obligaciones, diremos que como efecto directo e inmediato, y que supone a nuestro juicio un reconocimiento del principio de autonomía regional a nivel internacional, será también la obligación por parte de los Estados de respetar la no alteración o intromisión ilegítimas del derecho de las entidades sub-estatales a ejercer su autonomía política conforme marcan las leyes de su Estado, así como la obligación, por parte de las instituciones europeas de no interferir en esos elementos fundamentales de la estructura política de los estados miembros, limitación siempre modulada por la naturaleza del caso concreto.

En derecho comparado encontramos diversos casos, algunos ya apuntados de forma somera, en que los Estados observan el principio de autonomía regional, también en el ámbito exterior de sus fronteras. Son, es cierto, esos mismos estados que han impulsado el nacimiento del principio de autonomía regional, y que no podían ser ajenos, habida cuenta su estructura política compuesta, a que dicho principio siguiera siendo respetado en la esfera de decisión europea. Como en su momento hemos puesto de manifiesto, quizá el más significativo de todos ellos por su sistema más acabado sea Alemania, en el que su Tribunal Constitucional Federal a través de su conocida "Sentencia Lisboa" (*Lisbon Decision*) de 30 de junio de 2009, por la cual se aprobaba la constitucionalidad del Tratado de Lisboa con respecto a la Ley alemana, entiende haciendo referencia expresa al artículo 4.2, que la identidad nacional, incluyendo la estructura federal del estado, merece la misma protección jurídica que cualquiera de los derechos fundamentales del individuo, la forma republicana del estado, el estado del bienestar o el estado de derecho (fundamento jurídico 343, 353, entre otros). De tal manera, que esa estructura política compuesta merece una protección legal absoluta ante cualesquiera instituciones, sean nacionales o extranjeras, por lo que difícilmente la autonomía de los estados federados, dado el nivel de protección concedido por la ley alemana puede de ser objeto de intromisiones ilegítimas por el propio Estado.

como una "humillación". En todo caso se trata de una reforma "que no responde necesariamente a vínculos históricos o culturales" (Diario La Vanguardia, 4 de junio de 2014; LLuís Uría, corresponsal en París).

Este nivel de protección de la autonomía de los estados alemanes federados, de rango constitucional, se corresponde con un nivel elevado de participación del los *landër* alemanes en las posiciones gubernamentales en los diferentes niveles de debate y decisión del proceso normativo europeo. De hecho, se puede afirmar que los "*landër* alemanes han visto su posición institucional en derecho constitucional interno progresivamente mejorada de forma paralela a la profundización del proceso de integración europea" (O'Leary, S.-Fernández M., J. Mª: 1995: 315; Constantinesco, V.: 1989: 11). En efecto, las sucesivas reformas legislativas operadas al ritmo de profundización del proceso de integración europeo, reformas que tienen su origen ya en la ley de ratificación alemana del Acta Única Europea (O'Leary, S.-Fernández M., José Mª: 1995: 315), se dirigieron de forma indubitada y con determinación a que los intereses de los *länder* se vieran adecuadamente representados en la posición del estado alemán ante la Unión Europea, gracias a un mecanismo normativo que facilitaba dicha participación a través del *Bundesrat*, de tal forma que se reconociera constitucionalmente la posibilidad de que los *länder* impusieran su opinión al gobierno federal con respecto a sus posiciones en Bruselas, especialmente en aquellos temas en los que una competencia exclusiva o sus intereses esenciales se vean afectados.

Es sintomático pues, y a nuestro juicio debería marcar el camino para otros estados con dudas al respecto, el hecho de que el Estado alemán no sólo ha observado el principio de autonomía regional, sino que, en la medida de que avanzaba el proceso europeo, y consciente de que su estructura compuesta es parte indisociable y fundamental de su estado, el avance de la autonomía regional en el exterior ha supuesto a la postre una mejora ostensible del estatus de los estados federados en el interior, y ello, lejos de ir en detrimento de la unidad del estado alemán ha reforzado sus vínculos internos, a juzgar por el nivel de desarrollo socio-económico y el sólido liderazgo político en la escena europea que su estado central disfruta en la actualidad.

Fruto del avance de su autonomía regional en el ámbito europeo los *länder* han desarrollado una notable conciencia crítica de su entorno competencial en el exterior (Suszycka-Jasch; M.; Jasch, H.C.: 2009: 1252), evolucionando hacia un "gran celo de su autonomía en el nivel europeo" (Alonso de León, S:

2011: 35). Y aunque están muy limitados a la hora de comparecer por sí mismos ante los Tribunales, sí que los länder pueden solicitar formalmente, a través del Bundesrat, que el Estado Federal interponga un recurso ante el Tribunal de Justicia de la Unión Europea, en el que pueden comparecer como coadyuvantes en materias de su competencia legislativa. La aprobación por el Bundesrat del recurso solicitado vincula al Estado en su presentación (Alonso de León, S: 2011: 35), salvo en casos excepcionales que dicho recurso verse sobre materias sensibles como defensa, asuntos exteriores o inmigración (Kirchhof, F: 2004: 893).

El sistema alemán de participación de los estados federados en el ámbito de decisión europeo sea quizá el que mayor equilibrio guarda entre los intereses de los estados federados y los objetivos del estado central. Pero el que sin duda más lejos llega en el respeto a la autonomía regional es el sistema belga. Así es, las regiones belgas tienen protagonismo de primer orden en las fases de decisión previas y en las formaciones del Consejo de la Unión Europea en la elaboración de normas, tanto en materias que sean de su competencia como en materias que, aunque no lo sean, tengan un interés por indirecto que sea. Y hasta tal punto tienen poder de decisión, como dijimos, que en caso de no estar de acuerdo el voto belga en el Consejo queda bloqueado dando un resultado de nulo. Algunos autores consideran que esto no deja de ser una desventaja para los intereses del Estado belga en su conjunto (Elvira Ayuso, L: 2008:9), que ve como su criterio deja de cubrirse por la falta de acuerdo entre Estado y regiones, a lo que cabría oponer que, según la consideración de los diversos entes públicos belgas, la verdadera voluntad del Estado no es real si no se realiza con el acuerdo con sus regiones.

En el terreno jurisdiccional también es Bélgica donde "la protección de los intereses de las Regiones tiene una mejor tutela" (Alonso de León, S.: 2011: 34). La solicitud de interponer una demanda judicial ante el Tribunal de Justicia de la Unión Europea, en materia de competencia exclusiva de las regiones, se examina por un órgano de composición mixta estado-regiones cuya denegación de actuación sólo puede llegar a través de un acuerdo unánime de sus miembros. Si no se alcanza la unanimidad, el Gobierno está obligado está obligado a presentar la demanda. Sólo en caso de que la competencia sea compartida, la decisión descansará del lado del Estado federal (Alonso de León, S.: 2011: 34).

Un sistema parecido al alemán es el de los estados de Austria (República Federal). Como en el caso alemán, el gobierno austríaco y a pesar de permitir la participación de sus entes federados en la composición de su delegación estatal (que no en el COREPER), el Estado central mantiene en determinados casos una "cláusula especial para imponer su posición ante la regional" (Elvira Ayuso, L.: 2008: 10). Se podría decir, que, a diferencia del caso belga y a semejanza del estado alemán, las regiones en Austria se hallan en un nivel de protección medio de su autonomía regional en el ámbito europeo, debido a un sistema que busca equilibrar o armonizar los intereses regionales y los estatales. Aún así, las regiones en Austria guardan en el terreno jurisdiccional un carácter vinculante de la solicitud de interposición de demanda ante el Tribunal de Justicia de la Unión Europea en cuanto el asunto tenga que ver con su competencia exclusiva, siempre y cuando no haya oposición de otro *Land* o poderosas razones de estado impidan su asunción por el estado federal. "La actuación de la Federación sería además la de mero intermediario de la actuación de los *Länd*, que cobra todo el protagonismo" (Alonso de León, S: 2011: 35).

En el otro extremo del nivel de protección de la autonomía regional en el ámbito exterior podríamos situar a Francia, Italia y el Reino Unido, estados que básicamente guardan una estructura constitucional centralista (O'Leary, S.- Fernández Martín, J. Mª: 1995: 317), pero en claro proceso de devolución competencial a las entidades sub-estatales, especialmente en caso italiano e inglés. El Reino Unido, por su lado, a día de hoy mantiene un proceso de realización del derecho de autodeterminación de Escocia, ya con fecha de referéndum, de resultado todavía incierto. En nuestra opinión, el caso escocés no obstante, no se trata de un matiz diferenciado dentro de la estructura del sistema político inglés, sino un proceso de autodeterminación autónomo que no se enmarca en el normal desarrollo del sistema político británico.

Dicho esto, observamos que en un sistema que ha sufrido una constante evolución en los últimos años, las aportaciones de las entidades sub-estatales a la formación de la voluntad del estado británico en el proceso decisorio europeo tenían lugar a través de los representantes de las mismas en el Parlamento de Londres. En el gobierno central había tres carteras ministeriales que, de hecho, se ocupaban en teoría y exclusivamente de los asuntos de dichas regiones, aunque en la práctica se convirtieron en agentes gubernamentales que se ocupaban de una mejor implantación de las medidas del gobierno central en dichas regiones (O'Leary, S.-Fernández Martín, J. Mª: 1995: 317). Como conclusión, podría decirse que el sistema británico de participación regional en el ámbito exterior europeo, excepción hecha del proceso escocés, dispone todavía de mucho margen de mejora en favor de las entidades sub-estatales cuyo protagonismo en los procesos decisorios es ciertamente escaso. No obstante, queda la incógnita nuevamente de qué va a suceder con el anunciado referéndum sobre la separación o no de Reino Unido de la Unión Europea, y en ese caso, factible, que sucedería con el respeto al principio de autonomía regional una vez ya fuera de los estándares europeos de valoración.

En el caso de Italia, que mira de construir su sistema regional estableciendo semejanzas con el sistema de comunidades autónomas de España (Constantinesco, V.: 1989: 11; D'Antenna, A.: 2012: 1) y en parte también con el de Alemania (D'Antenna, A.: 2012: 1), sus regiones dependen completamente del criterio gubernamental para definir su posición en asuntos europeos, y más desde la publicación de la sentencia del Tribunal Constitucional italiano nº 303/2003, por la cual se establece que el Estado central podrá "sustraer" responsabilidad administrativa a las regiones –competencias- sobre materias concretas, incluso en caso de competencias expresamente conferidas a las regiones, en el caso de que considere que dichas competencias pueden ser mejor atendidas desde la perspectiva estatal, basándose en el principio de "subsidiariedad vertical". En el caso italiano se puede afirmar, por tanto, que estamos ante un proceso de descentralización todavía en desarrollo y los estándares de regionalización pueden muy bien variar en función de la posible evolución jurisprudencial que el principio de autonomía regional pueda sufrir en el futuro (Huici Sancho, L.: 2011: 19). Pero cabe decir, en cualquier caso, que la posibilidad comentada que el Estado italiano pueda "rescatar" competencias desde las regiones en virtud de la interpretación exclusiva de la eficacia a la hora de ejercer las competencias, introduce un elemento de tensión en la relación entre regiones y estado central que podría ir en contra de cómo ha de entenderse el principio de autonomía regional según los estándares europeos. En este sentido, ha de tenerse en cuenta que "el reconocimiento de la autonomía regional y local se encuentra directamente relacionados con la naturaleza con la naturaleza de la Unión Europea como organización internacional" (Huici Sancho, L: 2011: 18). Es decir, el respeto al principio de autonomía regional forma parte de la esencia de la organización europea y su respeto es deber de primer orden.

En la siguiente tabla se muestra el nivel alcanzado de autonomía regional por parte de las regiones italianas, también en los procesos decisorios europeos (Bilancia, P.; Palermo, F., Porchia, O.: 2010: 130):

Table 5: Indicator scores for institutional governance capacities of Italian regioni in the EU.
Legal status of regional self-government 2
Autonomy of regional institutions 1
Legislative powers of regions 1.5
Administrative powers of regions 0,5
Financial autonomy of regions 0,5
Role of regions in national and EU policy-making 1
Regional powers in external relations 1
Aggregate score of regional governance capacities (∑) 7,5
(Score: strong/high = 2, weak/low = 1, non-existent = 0)

Fuente: - Bilancia, P., Palermo, F., Porchia O.: "European fitness of Italian Regions". Perspectives on Federalism. Vol.2., nº 2. Pg. 144. C. di S.Paolo. Torino, 2010.

Es cierto que hasta ahora a esta tesis se podía oponer la existencia del principio de autonomía institucional de los Estados miembros, por lo que se hacía difícil que ninguna instancia jurídica o institucional exterior pudiera evitar una intromisión ilegítima del Estado en la autonomía de una región, pero al menos ahora en el entorno normativo europeo, una lectura del artículo 4.2 del Tratado de Lisboa en concordancia con la Carta de Derechos Fundamentales de la Unión Europea, así como teniendo en cuenta la Carta de Autonomía Local, permite claramente que la doctrina de la *International Fruit Company* pueda cambiar ahora de signo. Es decir, que más allá de la consideración de la no injerencia en los asuntos internos de un Estado miembro se considere que, precisamente, como consecuencia primera del reconocimiento del principio de autonomía regional, se atienda las razones de los entes territoriales menores por ser igualmente tributarios de derechos, y aunque no sean firmantes de los tratados, son portadores de legitimidad democrática cuyos perfiles legales son dignos de toda protección.

IV.4.- Respecto a los ejecutivos de las regiones y entidades locales

Por supuesto, la libertad de actuación comprendería la capacidad de las regiones de acceder al Tribunal de Justicia de la Unión Europea, incluso para demandar al propio Estado y no simplemente a la Comisión, a los organismos o instituciones europeas, que por diversas razones (principalmente razones que tienen que ver con los términos de la implantación de las políticas europeas, ámbito que más afecta a las regiones) no aplica conforme a derecho la normativa europea, en aquellas cuestiones que son de su interés o competencia. Para ello, esta vez sí, lo preferible sería impulsar una modificación de los Tratados, especialmente la Sección Vª del Tratado de Funcionamiento de la Unión Europea, sobre "el Tribunal de Justicia de la Unión Europea" (artículos 251 en adelante de la Tratado de la Unión Europea), y especialmente el artículo 263, punto 2, a través de una mención expresa, que diera paso a las regiones para poder interponer recursos de anulación de actos derivados de las instituciones europeas, abandonando definitivamente el tratamiento de simple persona jurídica que en la actualidad mantiene. Después de todo, no se trata de una posibilidad tan aventurada si tenemos en cuenta que "es evidente que las regiones son personas jurídicas bajo el derecho nacional y tienen, en principio, derecho a legitimación activa de acuerdo con el artículo 230.4 CE (actual artículo 263 Tratado de Funcionamiento de la Unión Europea)" (Martín Baumeister, B.: 2004: 39).

De hecho, la asimilación por la vía de hecho y derecho que hasta ahora viene llevando a cabo el Tribunal de Primera Instancia entre particulares y regiones para poder permitir que éstas accionen ante en Tribunal de Justicia de la Unión Europea -pues no deja de ser una toda una ficción jurídica asimilar particulares con entidades públicas-, no permitiendo que las regiones se incluyan en el concepto genérico de estado, no parece muy conforme a derecho. Efectivamente, como bien se señala "dicha asimilación es errónea conceptualmente y comporta una serie de problemas jurídicos de diversa índole. Desde una perspectiva general, la actuación, en sus relaciones jurídicas, de un ente público se fundamenta en la noción de potestad, noción que no puede ser equiparable a la noción de derecho subjetivo, propia de una relación jurídico privada" (Palomares Amat, M.: 2003:139). De lo que se trataría pues, es que tal capacidad se llevara a su grado máximo, es decir tal cual lo gozan los otros actores comúnmente denominados "privilegiados", siempre partiendo de la base que ese derecho lo disfrutan ya en el ámbito interno y no sería más que una traslación de esa capacidad al ámbito europeo.

Nos preguntamos en principio, si debido a esta autonomía de acción de las regiones, a través de la nueva lectura dada al artículo 4.2 del Tratado, podría resultar la capacidad de ser ellas mismas impulsoras legislativas en el ámbito europeo al margen de los mecanismos establecidos o que se establecieran. Es decir, si pudieran, a la vista de la experiencia cotidiana de la ejecución de las políticas públicas que les vienen diseñadas, impulsar nuevas iniciativas legislativas propias, de forma individual, al menos en el campo de su afectación. No estamos hablando simplemente de participación, desde la vertiente del debate legislativo, sino desde el puro impulso inicial, es decir, desde la presentación de un proyecto que pueda verse sometido a debate en las sesiones del Consejo.

En principio no se ve inconveniente para que esto se llevara a cabo, bajo determinadas condiciones, principalmente que se tratara de una iniciativa cuya potencialidad fuera de interés general para todo el sistema institucional. En otras palabras, se trataría de facilitar el impulso de iniciativas legislativas de origen regional que fueran más allá del interés estrictamente subjetivo, evitando de esta manera que el mecanismo se convirtiera en un método de reclamación individual que conducirían a situaciones poco efectivas. De materializarse este mecanismo u otro similar, seguiríamos en la lógica de inyectar mayor legitimidad al sistema, un déficit tradicionalmente invocado y todavía no bien resuelto.

Por último, en este apartado se responderá a una cuestión que podría ser objeto de debate llegado el momento en que las regiones puedan ver normalizada su participación a todos los niveles en el proceso de integración europeo. Alcanzada la plenitud en el ejercicio de sus facultades en el seno de la Unión, las regiones inundarán con su actuación cotidiana el panorama institucional, cuyo ritmo y métodos de funcionamiento cambiarán por completo el escenario hasta ahora conocido. Los actores y sus procesos se multiplicarán, y con ello, casi con toda seguridad, cambiarán igualmente la lógica de actuación y la dinámica misma de las propias instituciones europeas, a partir de ahora también pendientes de las reacciones de los nuevos agentes. El foco de atención exclusivo que hasta ahora se mantenía sobre la voluntad de los Estados miembros variará, y con todo ello lo hará igualmente los equilibrios de poder que permitían hacer avanzar la organización. Hasta tal punto esto puede ser así que, pese a lo que digan los tratados constitutivos y en la práctica, la naturaleza de la organización variará de forma inevitable. Pero, ¿hasta qué punto esa mutación y diversificación de los actores en juego puede hacer variar la naturaleza jurídica de la organización?

No cabe duda de que los Estados persistirán en la dinámica de seguir con el control de la organización, así como tampoco cabe duda de que las regiones proseguirán en el intento de seguir aumentando su influencia en todos los foros europeos en la misma medida que el proceso de integración vaya profundizándose y éstas sigan ejerciendo la ejecución de las políticas europeas. Pero todo eso no deja de ser una hipótesis de trabajo, aunque eso sí, completamente fundamentada en la experiencia habida hasta la fecha, que nos habla de cómo se van desplazando los equilibrios de poder de forma independiente a la voluntad de los actores.

En la realidad, vista a medio plazo y analizada conforme a la ley, la naturaleza jurídica de la organización no va a variar en principio por mucho que en el terreno de lo concreto las cosas adquieran su propia dinámica. La Unión Europea va a seguir siendo una organización fundamentada en los estados (Morgades Gil, S.: 2010: 8; Beltrán García, S.: 2010: 14), y precisamente, en parte también como prevención para que las cosas no funcionaran del modo que aquí hemos anticipado, la redacción del artículo 4.2 del Tratado de la Unión Europea se presente tan hermética en ese sentido, subrayando la necesidad de que permanezca en la esfera de poder del Estado el "garantizar la integridad territorial, mantener el orden público y salvaguardar la seguridad nacional", lo que no deja de representar "una vuelta más de tuerca al papel preponderante del Estado" (Beltrán García, S.: 2010: 14).

De todas formas, si son modificados o no los tratados en esa dirección, con el objetivo de ampliar la naturaleza jurídica de la organización para dejar de ser sólo una organización interestatal, solo el tiempo lo dirá. En cualquier caso no es necesario que eso suceda para que las regiones se realicen de forma conveniente en el ámbito europeo. Es perfectamente compatible la cohabitación de regiones y sus Estados miembros, en un plano casi de igualdad en el ámbito europeo, y reservar la iniciativa de modificar los tratados y el espíritu de la organización a los Estados miembros sin que se resienta el conjunto del sistema normativo europeo. Al contrario, "dada la diversidad del estatuto de los entes regionales y las características del complejo proceso de decisión comunitario, la participación directa regional ante las instituciones europeas puede convertirse en el medio más eficaz y respetuoso con la diversidad y la estructura política de los Estados miembros" (Palomares Amat, M.: 2003: 106). En definitiva, se trata de nada más y nada menos que de cumplir íntegramente con la letra y el espíritu del artículo 4.2 en su conjunto, reservando a cada uno de sus actores su papel, respetando siempre con escrupulosidad si se quiere sus límites, pero sin menoscabar las posibilidades y los derechos de cada uno de ellos, de forma independiente a su posición en la escala de poder. De esta forma, además de lograr la realización plena del principio de autonomía regional, estaríamos solventando las grietas de legitimidad democrática que perjudican la credibilidad de la organización, a causa de una insuficiente participación regional en el proceso de integración, y de la que tanto eco han encontrado en la doctrina (Palomares Amat, M.: 2003:139).

IV.5.- ¿Efectos para las asambleas parlamentarias regionales?

¿El de la autonomía regional, se trata de un principio sólo predicable de los respectivos gobiernos regionales, o por el contrario, puede alcanzar a otras entidades regionales susceptibles de adquirir capacidad propia, como es el caso de los parlamentos regionales? ¿Debería agotarse la autonomía en el gobierno autónomo, y llegado el caso, representar éste los intereses del parlamento regional? En buena parte la pregunta queda ya contestada con la exposición anterior, pero el tema merece una explicación algo más detallada.

Las asambleas regionales, especialmente aquellas que cuentan con competencias legislativas, son igualmente depositarias de una cuota considerable de la soberanía y merecen por ello, de acuerdo con el nivel de representación adquirido y la responsabilidad derivada del ejercicio de sus competencias, poder actuar de forma autónoma ante las instituciones europeas. Pero es obvio que si las propias regiones, representadas por sus gobiernos autónomos, se ven compelidas a salvar enormes obstáculos para poder estar presentes en los procesos decisorios comunitarios en situaciones que vayan algo más allá de la simple consulta, u otras formas de actuar de modo autónomo en el marco europeo, qué no sucederá con los parlamentos regionales, prácticamente inexistentes en el derecho originario europeo.

Téngase en cuenta por otra parte que, si la resistencia presentada por los Estados para que las regiones gocen de una autonomía más que lógica y por tanto tiempo reclamada, es muy notable -con toda la batería de argumentos que se vierten en contra, entre ellos principalmente, la gran dificultad en la organización de los procesos de elaboración de iniciativas y negociación posterior-, la presencia de las asambleas regionales doblaría el número de actores en el escenario europeo, contando por tanto que la resistencia sería aún mayor. Pero eso no quiere decir que tampoco en este caso se deba omitir cualquier intento por vertebrar mecanismos para hacer que eso sea posible, y aunque en un primer estadio la dificultad aconseje priorizar la participación de los gobiernos regionales, el principio de autonomía regional introducido en el artículo 4.2 del Tratado de la Unión marca la dirección de lo jurídicamente deseable, una directriz que deberá verse cumplida en algún momento, dado que "la participación parlamentaria regional reforzaría la lógica federal que preside la Unión Europea en detrimento de una lógica exclusivamente intergubernamental" (Palomares Amat, M.: 2003: 144). La fundamentación legal para ello se encuentra igualmente en "una serie de principios generales existentes en el marco del derecho comunitario europeo: el principio de atribución de competencias, el principio de subsidiariedad, el mandato de proximidad al ciudadano como criterio de adopción de decisiones. A ellos podría añadirse, en el Tratado por el que se establece una Constitución para Europa –ahora inmerso en el 4.2 del Tratado de la Unión Europea-, del principio de autonomía regional y local". (Palomares Amat, M.: 2003: 144).

Por tanto, estamos en condiciones de afirmar que el principio de autonomía regional puede alcanzar para que entidades diferentes a los gobiernos regionales como las asambleas regionales con competencias legislativas puedan conducirse de forma autónoma, toda vez que encontramos fundamento jurídico para ello en la actual legislación europea. Y por ello precisamente también podemos sostener que no es estrictamente necesario desde un punto de vista legal -sin dejar de reconocer que sería lo más conveniente-, el acometer una modificación de los tratados que expresamente se refiera a esta posibilidad con respecto a los parlamentos regionales, puesto que analizada la situación desde diferentes ángulos, tal y como buena parte de la doctrina sostiene "el reconocimiento del principio de autonomía local y regional, por primera vez en el marco del derecho originario, puede ser el punto de partida de una serie de desarrollos jurídicos posteriores que permitan, a través de una interpretación jurisprudencial e institucional extensiva, la participación regional en el proceso de elaboración normativa" (Palomares Amat, M.: 2003:144).

Ya se ha argumentado la necesidad de que las regiones cuenten con la legitimación activa necesaria para defender sus propios intereses. Y también hemos concluido que desde la entrada en vigor del artículo 4.2 del Tratado de la Unión Europea, gracias al reconocimiento que se realiza del principio de autonomía regional, esa necesidad ha encontrado una vía de solución sin necesidad de recurrir a una modificación de los tratados. Se trataba de una cuestión casi de de justicia material, decíamos, dado que esa falta de legitimación activa "se traduce en una indefensión jurídica de unas entidades – regiones- dotadas de autoridad política y poderes legislativos que el ordenamiento comunitario debería reconocer, como comunidad de derecho" (Palomares Amat, M.: 2003: 139). Esa falta de legitimación activa, colisionaba seriamente con algunos de los fundamentos más importantes sobre los que se basa la propia existencia de la Unión Europea. En efecto, "desde una perspectiva más global, esta situación plantea una difícil armonización con algunos de los valores y principios sobre los que se sustenta la Unión Europea, como son el principio de democracia y del estado de derecho o el reconocimiento de la autonomía local y regional" (Palomares Amat, M.: 2003:139).

Pero llegados a este punto nos queda preguntarnos, si esta legitimación activa válida para litigar ante el Tribunal de Justicia de la Unión Europea por parte las entidades regionales, es predicable sólo de los gobiernos regionales, o por el contrario, una vez reconocida a éstos, podríamos hacerla extensiva también a las asambleas legislativas regionales. La cuestión cobra sentido desde el mismo momento en que nos hallamos igualmente ante entidades con personalidad jurídica propia, al menos en derecho interno, y vienen investidas de idéntica representatividad y legitimidad que los gobiernos regionales, a los que, no olvidemos, sustentan y controlan en su labor cotidiana, misión constitucional que desde un estricto punto de vista democrático reviste la misma importancia que el propio ejercicio de gobierno.

Es más, en puridad, en el caso de las asambleas parlamentarias contamos con un mapa de la representatividad más acabado si cabe que en el caso de los gobiernos regionales, desde el preciso instante en que en ese arco parlamentario contamos con la presencia de todos los partidos políticos regionales con representación asamblearia. E igualmente, en el estricto plano legislativo hemos de reconocer que si la Unión Europea, como fruto del propio proceso de integración y en el caso de los gobiernos regionales, ha ido acometiendo tareas a nivel de ejecución cuyas competencias eran propias de los gobiernos regionales, a la hora de legislar ha ido adentrándose también en terrenos que eran competencias legislativas de las asambleas regionales. Por ejemplo, como bien se señala, hablando del recorte gradual de competencias pertenecientes a las regiones y en cuanto al principio de subsidiariedad, "hemos de anotar que su entrada en la agenda vino motivada por la movilización "*bottom- up*" de algunos actores regionales, abanderados por los *Länder* alemanes como reacción al fenómeno conocido como *"creeping competences*", que consistía en la adquisición progresiva de un creciente número de competencias por las instituciones supranacionales –en virtud de la cláusula de flexibilidad contenida en el artículo 308 TCE- con el consiguiente menoscabo gradual del ámbito competencial constitucionalmente garantizado o políticamente atribuido a las regiones en el interior de cada estado miembro" (Ares Castro-Conde, C.: 2007: 7).

Por tanto, es necesario recordar que lo que en realidad originó la irrupción de las reclamaciones regionales en el proceso de integración europeo fue la necesidad de salvaguardar la capacidad de legislar de las regiones – o al menos incidir-, en materias de sus competencias, más que otro tipo de aspiraciones gestoras o políticas. En principio, en base a estas premisas, deberíamos estar por la solución de extender esa capacidad a las asambleas parlamentarias para que fueran capaces también de defender sus intereses legítimos en ese terreno, especialmente en su terreno competencial, el legislativo.

En primer término ha de convenirse que dicha capacidad hoy en día tampoco se predica de los parlamentos nacionales, que retienen esa posibilidad de litigar sólo a través del Estado al que pertenecen. Personalmente, creo que debieran disfrutar de esa capacidad, y es probable que en futuro la tengan, pero los instrumentos actuales de comunicación con la Comisión y el Parlamento Europeo parecen de momento ser capaces de colmar este tipo de aspiraciones en el caso de los parlamentos nacionales. Sin embargo, en el caso de las asambleas regionales es diferente, no cuentan con ningún tipo de conexión similar, fuera de los mecanismos de alerta rápida para el control del principio de subsidiariedad y los canales abiertos a través del Comité de las Regiones.

Por otra parte, recordemos una vez más, que tanto el Tribunal de Justicia de la Unión Europea, como su Tribunal de Primera Instancia han señalado que "a efectos de las disposiciones relativas a los recursos jurisdiccionales, el concepto de estado miembro se refería únicamente a las autoridades gubernamentales de los estados miembros y no puede ampliarse a los gobiernos de las regiones, sea cual fuere la amplitud de las competencias que les sean reconocidas" (Palomares Amat, M.: 2003: 139). Este sentir jurisprudencial nos queda claro que en un desarrollo posterior cambiará de sentido en cuanto a los gobiernos regionales, merced a la inclusión del principio de autonomía regional en el artículo 4.2 del Tratado de la Unión Europea, pero va a ser difícil que en principio la capacidad de litigar ante el Tribunal de Justicia de la Unión Europea pueda extenderse a las asambleas regionales por mucho que disfruten de los mismos argumentos a favor que los gobiernos regionales.

En suma, resulta del todo procedente interrogarse acerca de hasta dónde alcanza, desde un punto de vista orgánico, el principio de autonomía regional. Es una cuestión que aparece con poca frecuencia en la doctrina especializada, generalmente dándose por sentado que la autonomía regional debe o puede ser disfrutada únicamente por el gobierno regional autónomo, representante legítimo de la expresión política popular. Y ciertamente en la gran mayoría de casos sucede esta forma, hay que admitirlo. Pero en el caso de las regiones con competencias legislativas, y especialmente en aquellas cuyas competencias legislativas alcanzan la mayor parte de los asuntos públicos, la responsabilidad que ostentan sus asambleas parlamentarias es ciertamente de gran calado, empezando por el control puntual de la labor cotidiana del gobierno regional y continuando con la responsabilidad de velar por el ejercicio de sus propias competencias legislativas. Los argumentos legales a favor de extender la autonomía regional a estas asambleas parlamentarias parecen claros y favorecen la posibilidad de que en un futuro se haga realidad.

Pero quizá, dentro de esa densa red de instituciones y centros públicos de gestión, el caso de los parlamentos y asambleas legislativas regionales sea el más claro. "La falta de participación de los entes regionales, y en particular, de los parlamentos regionales, afecta a la diversidad y disminuye la eficacia" de las iniciativas comunitarias (Palomares Amat, M.: 2003:100). En el caso de las asambleas legislativas regionales, el desequilibrio que se ha manifestado entre la responsabilidad de su función y su incidencia en los procesos decisorios a nivel europeo, es bien patente. Las asambleas legislativas regionales y con respecto al derecho comunitario, "en el plano interno y en el ámbito de sus propias competencias, les corresponde en primer lugar el desarrollo y aplicación del derecho derivado, que puede comportar en algunos casos la transposición de directivas comunitarias. En segundo lugar, les corresponde el control y el impulso político del gobierno regional respectivo, tanto por lo que se refiere a la aplicación del derecho comunitario que sea de su competencia, como al posicionamiento de éste en la formación de la posición común del estado en la Comunidad" (Palomares Amat, M.: 2003: 82) , por tanto funciones de impulso, de aplicación, transposición y de control del derecho comunitario, que luego no se ven correspondidas con un "estatus especial" del que gozan otros organismos y actores, principalmente estados, institucionales europeas y parlamentos nacionales a la hora de incidir en la elaboración de la norma comunitaria. En efecto, así como por ejemplo los parlamentos nacionales han podido adquirir cierto nivel de incidencia en el proceso integrador, principalmente a través del mecanismo de alerta rápida, de cara al control del principio de subsidiariedad[99], y a través de otros instrumentos institucionales, como la Conferencia de Órganos Especializados en Asuntos Comunitarios de los parlamentos de la Unión Europea -COSAC-, la Conferencia de Parlamentos o la Conferencia de Presidentes de Parlamentos de la Unión Europea, las asambleas regionales no han logrado ese grado de influencia debido a los problemas inerentes del propio sistema ya que "el procedimiento de alerta rápida, tal y como está regulado, no se adecua a la naturaleza y a las características de la actuación parlamentaria" (Palomares Amat, M.: 2011: 37) a nivel general, con lo que menos se adaptará a las necesidades de la actuación parlamentaria regional. Es natural, ante estado de cosas se hace indispensable que los parlamentos regionales adopten una estrategia proactiva constante de cara a establecer una relación fluida y continua con la Comisión Europea, principal impulsor de las iniciativas legislativas europeas, al objeto

99. *A través de dicho sistema "se dispone de la posibilidad de que los parlamentos nacionales puedan dirigir a los presidentes del Parlamentos Europeo, del Consejo o de la Comisión un dictamen motivado sobre la conformidad de un propuesta legislativa con el principio de subsidiariedad" (Palomares Amat, M.: 2003:118), en un plazo de seis semanas.*

de evitar la tendencia de esta institución a concebir a los estados como un todo y procurar que sus criterios sean tenidos mayormente en cuenta (Palomares Amat, M.: 2011: 38).

Desde la perspectiva de órganos de representación colectiva, la articulación de una relación directa entre parlamentos regionales con la Unión Europea, cuenta con la ventaja de contar ya con estructuras en funcionamiento con cierta experiencia en la que los parlamentos regionales podrían integrarse y canalizar su participación comunitaria, y nos referimos precisamente a los que acabamos de mencionar, que siendo grupos de asociativos de parlamentos nacionales podrían suponer redes efectivas ya bien rodadas y bien dispuestas igualmente para las asambleas regionales (Palomares Amat, M.: 2003:125) .

La otra posibilidad, ciertamente más improbable, sería que las asambleas regionales participaran de forma indirecta pero a través los foros parlamentarios regionales establecidos por las propias asambleas como la CALRE O la NORPEC[100], eso sí, una vez se les diera carta de naturaleza para poder actuar como organismos dentro del entramado institucional comunitario, siendo éste, de hecho, uno de los objetivos fundacionales de ambas organizaciones, de hecho, "el objetivo último de ambos órganos es la plena participación de los parlamentos regionales con competencias legislativas en el marco de la Unión Europea. Así la razón fundamental alegada por el Parlamento Escocés para la creación de la NORPEC es la inexistencia de un mecanismo de relación directa entre las asambleas regionales y las instituciones comunitarias en los ámbitos de competencias legislativas regionales" (Palomares Amat, M.: 2003:126).

No obstante, debe decirse que estos foros cuentan con serios inconvenientes que dificultan su eficacia a la hora del logro de los objetivos citados, y que tienen que ver mucho con sus escasos medios y la discontinuidad de su propia dinámica. Así, en dichos foros se observa "es apreciable el desequilibrio existente entre los objetivos marcados y los expresamente previstos. Ambos órganos se configuran como foros de intercambio de información y discusión cuando su finalidad última es la de articular una participación en el sistema

100. *NORPEC, Red de Comisiones de Asuntos Europeos de los Parlamentos Regionales.*

institucional de la Unión Europea. Por tanto es constatable la escasa operatividad, al menos inicial, que ambos foros presentan con respecto a los efectos de una asociación efectiva y real de las asambleas regionales dotadas de poderes legislativos con las instituciones comunitarias en los ámbitos de sus competencias" (Palomares Amat, M.: 2003:128).

Ni siquiera en el caso de la Conferencia de Órganos Especializados en Asuntos Comunitarios de los parlamentos de la Unión Europea (COSAC), en principio se entiende que un organismo con mayor contacto con las instituciones europeas, al derivar directamente del Parlamento Europeo, las iniciativas de este tipo parecen destinadas a mejor fortuna: "no obstante en aras a la efectividad real de estos foros, conviene tener presente que la COSAC, también adolece de importantes limitaciones en cuanto a su participación efectiva y real en el proceso de adopción de decisión comunitario" (Palomares Amat, M.: 2003: 128). Por tanto, la posibilidad de participar a través de estos foros especializados, aunque ha sido defendida con cierto ahínco por los propios organismos citados, se observa casi tan difícil de llevar a la práctica como la de que los propios parlamentos regionales actúen por sí mismos, aún el reconocimiento expreso del principio de autonomía regional del artículo 4.2 del Tratado de la Unión Europea: "el planteamiento de una participación directa e individual de los parlamentos regionales no carece de problemas de índole política, jurídica e institucional... la participación parlamentaria regional no cuenta con un acuerdo unánime de los estados miembros" (Palomares Amat, M.: 2003:129).

En definitiva, el reconocimiento del principio de autonomía regional, como principio fundamental, entra de lleno a formar parte de la naturaleza de la Unión Europea como organización internacional (Huici Sancho, L.: 2011: 18), de tal forma que es difícilmente comprensible la organización sin la observancia y el respeto a dicho principio, como valor que forma parte del conjunto de los valores máximos que inspiran a la Unión.

Una vez acometidos los efectos jurídicos de amplio alcance que se proyectan con el reconocimiento del principio de autonomía regional en el ámbito de la Unión Europea, en el siguiente capítulo se estudia cómo dicho principio se relaciona con otros principios de naturaleza semejante o con los que se conecta, ya sea por su temática, por su ubicación en el Tratado o por su contraste a través de debates ideológicos o doctrinales de carácter competencial o territorial que han surgido en los últimos años.

V.- EL PRINCIPIO DE AUTONOMÍA REGIONAL Y SU RELACIÓN CON OTROS PRINCIPIOS.

Resulta conveniente acometer en este trabajo la relación entre el principio de autonomía regional y otros institutos jurídicos semejantes, como son el principio de subsidiariedad, el de cohesión territorial, el principio de igualdad soberana y de libre determinación de los pueblos y el derecho a decidir, por varias y poderosas razones. La primera porque, a pesar de haber dejado bien sentado cuáles son los perfiles del principio de autonomía regional a partir de la letra del artículo 4.2, eso no obsta para que en determinados momentos la comparación entre algunos de esos principios se preste a confusión habida cuenta que todos ellos de tocan algún aspecto que tiene que ver con la situación jurídica de un territorio en situación de autogobierno.

En cuanto al principio de subsidiariedad y el de cohesión territorial se trata de dos principios de profundas raíces europeas y que desde casi los primeros tiempos de la Unión han estado de alguna manera presentes en su sistema de valores. La subsidiariedad, por su parte se encuentra perfectamente definida desde el año 85 en la Carta Europea de Autonomía Local y en ese mismo documento aparece también ya un concepto de solidaridad territorial en favor delas entidades locales financieramente más débiles. Por otra parte, al tratarse de un principio eminentemente territorial, es obvio que tanto solidaridad y cohesión territorial como subsidiariedad son principios que ejercen una importante incidencia en el de autonomía regional y de alguna forma marcan límites a su ejercicio. No obstante, la consideración de la subsidiariedad y su influencia en el principio de autonomía regional guardará diferentes matices dependiendo del marco regulador en el que se sitúen, ya sea al del Consejo de Europa, ya sea al de la Unión Europea.

Por otro lado, bien pudiera suceder que desde el reconocimiento de la autonomía regional en el derecho europeo pudiera sugerirse que, al actuar las regiones en el ámbito internacional con mayor grado de autonomía, se pudiera posteriormente reclamar, en base a ello, derechos de autodeterminación o simplemente un difuso derecho a decidir, y en realidad esto no puede ser así, por los motivos que seguidamente se indicarán. Ese ha sido el temor y el origen del recelo que ha llevado a la falta de acuerdo de los Estados (Beltrán García, S.: 2011: 17) sobre cómo reflejar normativamente de forma más explícita el principio de autonomía regional.

En otro orden de cosas, también resultaba necesario un nuevo esfuerzo clarificador, a nivel conceptual, en tanto en cuanto desde el regionalismo europeo se han verificado a lo largo de las últimas décadas movimientos independentistas que claman por mayores cuotas de significación y realización propia en el ámbito de la sociedad internacional, cuando no directamente la secesión respecto del Estado que las acoge. Es cierto que como señalan no pocos informes, tanto del Consejo de Europa como desde el Comité de las Regiones[101], en los últimos tiempos y al socaire de la grave crisis financiera que explotó a finales del año 2007 se han verificado movimientos recentralizadores en algunos países europeos que han amenazado por un lado el respeto debido a la autonomía regional, y que por otro, han servido de justificación material para que el independentismo en algunas regiones en concreto acabara reclamando la soberanía de su territorio regional. En este sentido parecía necesario aclarar, desde la fundamentación jurídica, hasta qué punto esos movimientos independentistas de base regional están legitimados para reclamar un espacio de decisión propio diferenciado al del estado central.

Por otro lado, el marco institucional y global, en donde el Estado parece perder protagonismo a favor de las entidades inferiores y otros actores políticos, ya sea por la consagración absoluta del principio de subsidiariedad, ya sea porque sencillamente y desde un punto de vista práctico las regiones pueden operar con mayor agilidad de gestión por su cercanía al ciudadano, o ya sea por la

101. *Informe de monitorización del Congreso de Poderes Regionales y Locales (CLRA), del Consejo de Europa, de 28 de febrero de 2013, "Democracia local y regional en España" (CG/MON (23)5, así como Dictamen del Comité de las Regiones, de 12 /04/ 2013, "La descentralización en la Unión Europea y el lugar del autogobierno local y regional en la elaboración y ejecución de las políticas de la Unión Europea" (2013/C 139/08), D.O. Unión Europea del 17 de mayo de 2013.*

complejidad de las sociedades modernas en el marco de la mundialización (Morata Tierra, F.: 2002: 1) el recelo al incremento del protagonismo de las regiones, como niveles de gobierno más adecuados a estas nuevas necesidades y sujetos activos del proceso de integración europeo (Huici Sancho, L.: 2011: 1; De Miguel Bárcena, Josu: 2015: 1), provoca que desde el mismo espíritu de participación que invoca el principio democrático se vea como lógico el denominado "derecho a decidir" por parte de la colectividad de habitantes, en algunos territorios de base regional. Deberemos analizar entonces, si el derecho a decidir puede predicarse de aquellas regiones que, desde su autonomía, reclaman mayores cuotas de realización colectiva.

Este conflicto de intereses entre el estado de base nacional que protege su soberanía e integridad territorial y las regiones con afanes de autodeterminación, parece requerir, en pleno siglo veintiuno, de una articulación jurídica perfeccionada que los guíe en una determinada dirección, más allá de las directrices a veces excesivamente genéricas que ofrece el Derecho Internacional a través de las resoluciones de la Corte Internacional de Justicia de La Haya, y en caso de no haberla en la actualidad, como construir soluciones concretas en los ordenamientos nacionales que resuelvan de forma armónica ese choque de legitimidades.

Entre la doctrina internacionalista existe una convicción generalizada en esa dirección, que "el contenido del derecho de autodeterminación en un contexto post-colonial es muy ambiguo y no está nada claro si el moderno derecho de autodeterminación autoriza a una secesión unilateral dentro de un estado moderno" (Versbegaite, I.: 2011: 2). Es cierto que esa ambigüedad ha podido ser también, sino provocada sí facilitada por determinadas posturas. En algunos casos, por ejemplo, se echa de menos un posicionamiento más contundente por parte de los Estados a la hora de definir el principio de autonomía regional, que por supuesto despejaría muchas de las dudas existentes sobre los perfiles de este principio y el alcance del derecho de autodeterminación (Beltrán García S.: 2011: 17), pero sobre todo cuesta creer que a estas alturas de la historia y con los intereses tan importantes en juego no se disponga ya de ese concepto jurídico, codificado de forma clara y precisa, que elimine tanta incertidumbre como este tema genera.

La ambigüedad y la falta de consenso por organizar encuentros políticos y convenios internacionales que despejen esta serie de incertidumbres con respecto del alcance del derecho de autodeterminación, tienen un origen similar al problema que ha sufrido la autonomía regional para su reconocimiento y la configuración de su contenido y no es otro que los intereses estatales en juego. En efecto, la autodeterminación es también un arma de posicionamiento geo-estratégico que hacen valer los estados más influyentes -y no tan influyentes- de la sociedad internacional -lo que antaño se denominaban "potencias"- en función de sus propios intereses, tanto a nivel interno como a nivel externo. Así, encontraremos posiciones políticas y teóricas de distinto signo, lógicamente, según los objetivos nacionales de cada Estado, mirando en el conflicto que surge como un posible reflejo de lo que incluso podría ocurrir en su propio territorio. Así se ha demostrado en los casos más recientes de Kosovo y Crimea, en que diferentes Estados se han posicionado a favor o en contra de la declaración unilateral de independencia - haciendo uso uso de su libre derecho de determinación- en función de sus propios objetivos geo-estratégicos (Veiga Rodríguez, F.: 2010: 1). Encontramos razones parecidas en los conflictos de Tibet (Velázquez Elizarrarás, J.C.: 2007: 426), en Sahara Occidental (Garduño García, M.: 2013:1) o las Malvinas.

Pero a pesar de que las razones geo-estratégicas son poderosas y de un enorme peso específico en el funcionamiento global de la sociedad internacional, en este trabajo y llegado el momento nos centraremos más en las variables jurídicas de la cuestión, que por cierto encierran también una gran complejidad, especialmente en lo que respecta a la relación del principio de autonomía regional con el de libre determinación de los pueblos, como la relación de la autonomía regional con el llamado "derecho a decidir".

V.1.- Principio de subsidiariedad *versus* principio de autonomía regional.

Si hay un principio entre todos aquellos relacionados con el de autonomía regional de especial importancia es precisamente el de subsidiariedad. Primero porque de alguna forma ha presidido desde los primeros tiempos las relaciones entre los Estados miembros y las instituciones europeas, organizando adecuadamente el terreno competencial y dándole normas más o menos objetivas de seguimiento. En segundo lugar, porque su presencia también en el seno del Consejo de Europa, y para la casi totalidad de Estados del continente, le ha dado una categoría de casi principio filosófico del derecho europeo, si se permite la expresión, en cuanto ha consolidado entre el elenco de normas y principios de derecho público europeo una norma de actuación para todas las administraciones de cómo el poder debe relacionarse con el ciudadano, y esto debe ser ante todo en términos de eficiencia y proximidad.

El principio de subsidiariedad se consolida y así lo entiende gran parte de la doctrina europea, en el artículo 4,3 de la Carta Europea de la Autonomía Local:

> El ejercicio de las competencias públicas debe, de modo general, incumbir preferentemente a las autoridades más cercanas a los ciudadanos. La atribución de una competencia a otra autoridad debe tener en cuenta la amplitud o la naturaleza de la tarea o las necesidades de eficacia o economía.

En particular, parece haber acuerdo en que "la subsidiariedad se presenta aquí con su contenido consolidado, al menos en lo que se refiere a su noción vertical sobre el reparto de funciones: se trata de un criterio de distribución de competencias que impone un cambio total, no sólo lógico, sino sustancial, de las modalidades de identificación y distribución de las funciones" (Merloni, F.: 2010: 499). Y obsérvese de nuevo que no hace referencia solo a la administración local, sino que establece que "el ejercicio de las competencias públicas debe, de modo general, incumbir a las autoridades más cercanas a los ciudadanos", independientemente de la estructura política que muestre el estado o de la administración que hablemos, ya sea local, regional o estatal. La competencia será simplemente ejercida por aquel nivel de administración que esté más cerca del ciudadano, nada más. Solo la dimensión de la tarea ejercida o la eficacia o el criterio económico podría provocar que variara esta máxima. Por eso es realmente importante destacar que, si la autonomía regional no cuenta con una formulación legal mínima en el escenario normativo europeo anterior al actual artículo 4.2 del Tratado de la Unión Europea, sí al menos puede recabar ya un primer fundamento jurídico en la Carta europea de Autonomía Local, exigible ante cualquier tribunal, por cuanto habla entre otras cosas del principio de subsidiariedad entendido de esta forma, como norma general que demanda que, sea la administración que sea, la gestión de la competencia debe acercarse al ciudadano por encima de todo.

Y eso es precisamente lo que, por otro lado, hace de la subsidiariedad un principio, su vocación de ser norma general de actuación sin tener en cuenta los sujetos implicados ni las circunstancias concretas de su utilización. De todas formas, aún así ha de admitirse que la aproximación al concepto "principio de subsidiariedad" debe hacerse con todas las cautelas dada la considerable "dificultad de una aproximación exclusivamente técnico-.jurídica" (Palomares Amat, M.: 2011: 6). En pocas ocasiones y en el marco de la Unión un concepto ha generado tantos desacuerdos y a la vez tanta seducción a la doctrina (Palomares Amat, M.: 2011: 5).

Entonces, visto todo ello, cuando se habla de principio de subsidiariedad se hace reconociendo la doble dimensión sobre la que descansa la división del poder dentro de un Estado – a veces combinado con el nivel competencial supranacional-. En otras palabras, convenir sobre cómo se realiza el reparto de competencias dentro del esquema administrativo que conforma la organización del Estado: un fundamento racional-funcional, por el que simplemente es mayormente lógico que esas competencias que incumben a una determinada comunidad se dirijan o se gestionen lo más cerca posible de los individuos afectados, por cuanto las soluciones mejor responderán a los problemas planteados si aquellas se implementan desde la inmediatez o desde la proximidad; y un fundamento de legitimidad, puesto que el poder político reside en la soberanía popular, por lo que estando en un sistema representativo, mucho más legitimada estará la decisión que parte más próxima del representado que no aquella que por su distancia desconoce el objeto y el sujeto de la gestión. Así podría articularse el principio de subsidiariedad tal y como viene formulado en esta Carta, una "auténtica subsidiariedad", en cuanto que es un "criterio de distribución de competencias que penetra en el interior de los ordenamientos de los Estados que firmaron y ratificaron la Carta" (Merloni, F.: 2010: 499).

Por su parte, más allá de la Carta Europea de Autonomía Local, el Tratado de la Unión Europea, da su propia definición del principio de subsidiariedad en el artículo 5.3, por el cual

> "La Unión intervendrá, en los ámbitos que no sean de su competencia exclusiva, solo en el caso de que y en la medida que los objetivos de la acción pretendida no puedan ser alcanzados de manera suficiente por parte de los Estados miembros, ni a nivel central ni a nivel regional ni local, sino que puedan alcanzarse mejor, debido a la dimensión o a los efectos de la acción contemplada, en el nivel de la Unión".

En ámbito de la Unión el principio de subsidiariedad se configura como "un principio constitucional básico que ha de inspirar con carácter imperativo las relaciones competenciales y su ejercicio entre los diferentes niveles de gobierno de la CE (UE) y entre éstos y sus ciudadanos" (O'Leary, S. – Fernández Martín, J. Mª: 1995: 300). En este caso el concepto exige, también, dos condiciones: la necesidad y el valor añadido de la acción de la Unión Europea (Palomares Amat, M.: 2011: 10). Así, será la eficacia el valor último y la guía que regirá la forma de actuación de las administraciones, en el marco de la Unión y siempre que hablemos de competencias no exclusivas -compartidas y las de fomento, coordinación y apoyo- (Mangas Martín, A.: 2006: 2008), la que caracterizará el principio de subsidiariedad. El problema es que la eficacia no deja de ser *a priori* un criterio subjetivo y que dificulta resolver cuál es el nivel de gobierno que mejor responde a las exigencias de ese criterio (Palomares Amat, M.: 2011: 10). Quizá el problema de acertar con el criterio de la eficacia en la repuesta de la medida se solventaría si también acudimos a examinar la norma comunitaria conforme a otros dos criterios acumulativos: la dimensión comunitaria del problema y la necesidad de actuar (Mangas Martín, A.: 2008: 11).

No obstante, es menester diferenciar la diferente función que ha desarrollado el principio de subsidiariedad en la Unión Europea hasta la entrada en vigor del actual artículo 4.2 del Tratado de la Unión Europea, y la que desempeñaba en el Consejo de Europa, tal y como viene establecido en la Carta Europea de Autonomía Local de 1985. Mientras que en la Unión se venía conceptuando como un método de ordenar las competencias entre los Estados miembros y la Unión Europea principalmente, o en otras palabras, "en la Unión Europea, la subsidiariedad es un sistema de protección de los Estados contra eventuales intentos de desplazamientos de competencias hacia la Unión" (Merloni F.:

2010: 498)", la subsidiariedad tal y como se contempla desde el Consejo de Europa ha resultado ser siempre un principio principalmente de alcance estatal, destinado a influir sobre todo en la ordenación constitucional de los países que afirman y ratifican sus tratados.

Será gracias al reconocimiento de la autonomía regional en el Tratado de la Unión, cuando se reforzará definitivamente la dimensión regional y local, y por fin el principio de subsidiariedad alcanzará la ordenación competencial de todos los niveles de gobierno desde el local, pasando por el regional y estatal y llegando hasta el supranacional. En este sentido, merced al reconocimiento inmerso en el artículo 4.2 de la autonomía regional, el principio de subsidiariedad acabará reforzando su dimensión vertical más acabada en su función principal de estructurar el reparto de competencias. De esta forma el principio de autonomía regional, por tanto, se eleva a una categoría superior en el ordenamiento europeo, a una categoría de fundamental, obligando a que otras principios y normas enfoquen también su interpretación contando con la variable regional y profundizando de esta forma en el alcance de su legitimidad democrática. De este modo puede comprobarse que principio de subsidiariedad y principio de autonomía regional están íntimamente relacionados aunque no sean en absoluto identificables. El primero de ellos se conceptúa "como una manifestación más del ejercicio de la autonomía" (Beltrán García, S.: 2009: 20).

Es decir, la subsidiariedad nos habla sobre el modo de ejercicio de las competencias, lo cual no deja de ser un aspecto parcial del ejercicio del autogobierno regional, pero que no colma ni mucho menos su contenido. De hecho, esto lo podemos ver claramente si acudimos a la letra del artículo 5.1 del Tratado de la Unión Europea[102], cuando nos habla del principio de subsidiariedad como referido a un principio rector del "ejercicio" de las competencias en el seno de la Unión. De tal forma que la subsidiariedad se configura como un principio fundamental, pero de carácter instrumental (Mangas Martín, A.: 2008: 10), que eso sí, informa acerca de la distribución, legislación, aplicación y la interpretación normativa sobre el ejercicio de las competencias (O'Leary, S.– Fernández Martín, J. Mª: 1995: 300 y 320), y que así organiza la interacción de los dife-

102. *Centro del mismo Tratado y dando una idea de la importancia del principio en el mismo proceso de integración, podemos ver reflejada la idea de subsidiariedad también en el Preámbulo del Tratado y dentro del artículo 1.*

rentes niveles de gobierno en todos los temas funcionales (Palomares Amat, M.: 2011: 12).

El principio de autonomía regional, sin embargo, nos habla no solo de la capacidad de los entes sub-estatales de ejercer por sí mismos y sin interferencias las competencias que vienen legalmente otorgadas, sino que también le confiere la legitimidad de ejercer la incidencia necesaria "en ámbitos de los que no gozan de competencias "*strictu sensu*" pero que les afecten y puedan, asimismo, defender sus posiciones" (Beltrán García, S: 2009: 7). Es decir, estamos hablando de un principio que abarca no solo una necesidad funcional sino también una facultad de proyectarse sobre toda la materia que les afecte, sea competencia suya o no, y de defender, ante las instancias judiciales que sea preciso, incluida la jurisdicción europea si es que hablamos de operar a ese nivel institucional, su esfera de actuación y afectación.

Que trate de un aspecto parcial de la autonomía regional no quita que nos hallemos ante un principio de especial importancia para el derecho europeo por cuanto predica el mayor acercamiento de la administración al ciudadano, facilitando así la materialización del principio de proximidad institucional. "El principio de subsidiariedad implica, de acuerdo con su significación histórico-política, que sólo aquellas funciones que no puedan ser eficazmente ejercidas por niveles inferiores deben ser asumidas por el nivel de gobierno superior. O dicho de otra manera más general, las decisiones deben ser adoptadas lo más cerca posible de los ciudadanos sin comprometer por ello la eficacia de las acciones públicas" (O'Leary, S. – Fernández Martín, J. Mª: 1995: 303). Formulado de esta forma el principio de subsidiariedad transmite una doble aspiración: acercar el poder de decisión a los administrados, y la asunción de la existencia de diversos niveles efectivos de gobierno, es decir, de una estructura de poder descentralizada (O'Leary, S.– Fernández Martín, J. Mª: 1995: 303). Si bien, aproximaciones doctrinales más recientes, incluso a veces compartidas desde esferas institucionales europeas, nos hablan de la necesidad de dejar de pensar el principio de subsidiariedad "en términos de niveles jerárquicos de competencias y empezar más bien a pensar en un acuerdo de redes, con todos los niveles de gobiernos formando, proponiendo, implementando y supervisando las políticas"[103] , y los que además, guiados por criterios de cooperación, lealtad, eficacia y transparencia deciden en complicidad el actor más eficaz para operar en cada caso concreto. En el fondo, pues, el problema no es tanto la división de poderes, cuanto la mejora de la cooperación y la transparencia necesarias en el proceso del "*policy making*" europeo, respetando las funciones y la representatividad de cada nivel (Morata Tierra, F.: 2006:21).

V.2.- Principio de autonomía regional *versus* principios de solidaridad y de cohesión territorial.

Autonomía regional y solidaridad son principios que no son fáciles de compaginar, como tampoco resulta sencillo conciliar la autonomía regional -financiera- con el principio de unidad del Estado (García Frías, A.: 2006: 261). Es casi una regla general el hecho de que no existe un sistema de financiación perfecto que armonice al cien por cien autonomía regional y solidaridad territorial. En algunas ocasiones, a la vista de los debates que genera este tema en todas partes da la impresión de que se esté intentando lograr la cuadratura del círculo, que se quiera arreglar algo que no tiene solución. Y es que todo sistema de financiación federal -o regional- acaba encontrando una continua tensión entre autonomía regional, en su vertiente financiera, y la solidaridad interterritorial (García Frías, A.: 2006: 261). Ni siquiera en el estado federal alemán, quizás donde este asunto esté mayormente trabajado en todos sus aspectos, se libran de este clima de tensión al tratar el asunto. Acaso la diferencia del sistema alemán con otros sistemas relativamente semejantes, como el español[104], es que la definición de lo que es solidaridad interterritorial (vertical-entre diferentes niveles de administración- y horizontal-entre entes del mismo nivel-) está bastante definido en el plano constitucional, y no como en España, que la discusión todavía se halla en el plano de las competencias sobre las fuentes de financiación (García Frías, A.: 2006: 261).

---

103. *Romano Prodi, ex-Presidente de la Comisión Europea, en la Comparecencia ante el Parlamento Europeo, Estrasburgo, 15 de febrero de 2000. En Morata Tierra, F: 2006: 21)*

104. *El principio de solidaridad interterritorial en el estado español viene reflejado en los artículos 2 y 138 de la Constitución española en donde se dispone, básicamente, que se garantiza la unidad de la nación española y se garantiza el derecho a la autonomía de nacionalidades y regiones y a la solidaridad entre todas ellas, y que el Estado español se encargará de hacer efectiva esa solidaridad a través de procurar un desarrollo económico justo y equilibrado entre los diversos territorios.*

En principio, cabe asegurar que para que se dé un ejercicio adecuado del principio de autonomía regional, este debe estar presidido o incluso limitado por el principio de solidaridad territorial. Estaríamos pues, ante una especie de contrapeso al objeto de que la autonomía regional pueda ser ejercida de forma conveniente en todas las regiones de un Estado. De este modo se garantiza de el mismo nivel de autonomía en todo el territorio nacional, o por lo menos un nivel semejante desde un punto de vista teórico. Pero visto así el principio de solidaridad territorial, pese a su función eminentemente garantista, no dejaría de tener un marcado carácter financiero al versar, más concretamente, sobre los mecanismos de compensación que deben establecerse entre regiones de cara a que sus gobiernos cuenten con ese nivel semejante de recursos a fin de poder provisionar adecuadamente de bienes y servicios públicos a los ciudadanos. Dicho nivel de recursos quedaría establecido también además de los mecanismos de compensación, con las aportaciones que vendrían del Estado central.

La solidaridad interterritorial, o la solidaridad entre diferentes regiones dentro de un mismo Estado, garantiza también un cierto equilibrio en el acceso de los ciudadanos a los bienes y servicios públicos, a través de la dotación financiera suficiente a su gobierno autónomo, en todas las partes del territorio. Por lo tanto, no sólo sería un instrumento corrector del desequilibrio regional sino que también cumpliría funciones de redistribución de bienes y servicios, incluso como guardián de derechos, en el plano individual.

Pero más que la existencia del principio de solidaridad interterritorial, un valor que nadie pone en duda que deba existir al menos en un nivel mínimo, la polémica siempre surge de forma invariable a la hora de establecer el alcance que dicho nivel de solidaridad debe comprender (Vega García, A.: 2014: 233) de cara a no perjudicar seriamente, por su parte, la autonomía financiera de aquellas regiones que muestran un saldo positivo en sus contribuciones al Estado. Este sería el momento adecuado para introducir el debate de las balanzas fiscales, a pesar de toda la carga de controversia que ello comporta. Se trata no obstante de un punto particularmente técnico, complejo y cuya detallada exposición excedería sobradamente los objetivos del presente trabajo de investigación. Baste decir al respecto que los estudios sobre balanzas fiscales responden a la necesidad de determinar y analizar los flujos fiscales entre regiones que se producen como consecuencia de que la distribución territorial de los tributos y de los gastos se rija por criterios diferentes (de forma muy sucinta, los tributos responderían al criterio de capacidad económica mientras que los gastos dependerán de las necesidades de la población) (Vega García, A.: 2014: 219). Habida cuenta la complejidad intrínseca del cálculo de las balanzas fiscales y de los importantes aspectos que a veces quedan fuera de dichos cálculos (como las inversiones directas del Estado en una región o la incidencia del impuesto de sociedades), es necesario ser prudente a la hora de manejar los resultados de las balanzas fiscales para determinar la aplicación del principio de solidaridad territorial en los sistemas de financiación autonómica o regional (Vega García, A.: 2014: 220).

En segundo lugar, la controversia surge igualmente ante la cuestión de que quién es el actor o el ente público más legitimado para marcar esos límites a la solidaridad territorial, ¿el Estado central únicamente, o pueden ser las mismas regiones las que de *motu* propio establezcan los límites de su contribución a los mecanismos de compensación territorial? En principio, y con todas las cautelas que el tema merece, todo parece indicar que es el Estado Central es el que por su posición de preponderancia y su competencia de gestor de la política económica en el territorio nacional, se sitúa en mejores condiciones para modelar los límites adecuados de las contribuciones de las regiones al fondo de compensación, sin que ello signifique que siempre es conveniente que se deje cierto margen a la negociación con las regiones interesadas para que ese nivel marcado se vea reforzado por un acuerdo que dotaría al sistema de más estabilidad en su conjunto.

Este fue el caso sucedido con la reforma de varios Estatutos de Autonomía en España. Primero fue el Estatuto de Autonomía de Cataluña de 2006, al que luego le siguieron otros como el de las Islas Baleares o la Comunidad Valenciana. En nuestro país, aunque tanto doctrina como jurisprudencia del Tribunal Constitucional ven lógico que la solidaridad territorial disponga de ciertos límites, también parece haber una amplia mayoría en ambos sectores jurídicos que consideran que debe ser una ley orgánica estatal y no autonómica la que perfile esos límites, si bien aspectos de menor detalle relacionados sí pudieran figurar en leyes regionales (Vega García, A.: 2014: 232).

Por su parte, el principio de cohesión territorial es de neto origen europeo y se trata de un principio ambicioso que alcanza a más aspectos que la solidaridad territorial. Aparece establecido en el artículo 3 del Tratado de la Unión Europea (antiguo artículo 2), que dispone:

> La Unión Europea fomentará la cohesión económica, social y territorial y la solidaridad entre los Estados miembros.

Por tanto, la cohesión territorial se predica a nivel nacional, pero sobre todo a nivel europeo y básicamente busca que los diversos territorios europeos, naciones y regiones, alcancen un grado de desarrollo armónico y equilibrado a nivel económico, cultural y social. Es decir, va más allá del simple aspecto financiero y busca que territorios y sus ciudadanos logren un óptimo acceso a los beneficios del desarrollo social y económico sostenible, del equilibrio medio ambiental y dispongan de una conectividad óptima entre todas las regiones europeas, independientemente de su concreta situación geográfica.

Bajo estos parámetros, la cohesión territorial podría definirse como un principio por el que las actuaciones públicas han de dirigirse al establecimiento de lazos de unión entre los miembros de una comunidad territorial (cohesión social) y favorecer su acceso equitativo a servicios y equipamientos (equidad/justicia espacial), configurar un auténtico proyecto territorial común (identidad) partiendo del respeto a la diversidad y a las particularidades, articular y comunicar las distintas partes del territorio y romper las actuales tendencias hacia la polarización y desigualdad entre territorios aprovechando las fortalezas y rasgos inherentes de cada uno de ellos. Se trata, además, de buscar la cohesión o coherencia interna del territorio, así como la mejor conectividad de dicho territorio con otros territorios vecinos (Fernández Tabales, A.- Rodríguez Mateos, J. C.: 2009: 2). Desde esta definición las actuaciones de las administraciones públicas de cara al desarrollo territorial abarcarían tres componentes principales:

- La articulación física entre las partes del territorio considerado, en este caso la UE.

- La equidad territorial, entendida como la igualdad de oportunidades para alcanzar el desarrollo de la persona en todas las partes de un territorio.

- La identificación de la comunidad que puebla un territorio con un proyecto de vida en común.

Es importante poner de manifiesto, por tanto, que la cohesión territorial va más allá de la solidaridad territorial y no ya porque solo no se quede en el estricto terreno económico y social, sino que persigue también que el territorio considerado logre una conciencia común, una identidad común de la población que integra el territorio, en este caso el territorio de la Unión. Pero no lo hace a base de la homogeneización o la asimilación de unos estándares nacionales, sino que tiene muy en cuenta la diversidad cultural, lingüística y social de los pueblos y regiones de Europa, se sabe que solo a través de la comprensión de la diversidad del territorio y sus múltiples regiones el proyecto de integración será al fin posible. De ahí que hable de "convertir la diversidad en un punto fuerte". En este sentido se tiene en cuenta, a través de la propia experiencia adquirida en los muchos vaivenes del proceso de integración, que el diseño de una política de integración solo puede pasar

Diversos documentos de la Unión Europea se han ocupado de desarrollar los objetivos del principios de cohesión territorial en el territorio de la Unión. Uno de ellos, acaso el principal es el Libro Verde de la Cohesión Territorial, del 6 de octubre de 2008, de la Comisión Europea (COM (2008) 616 Final), y que sintomáticamente, decíamos, viene sub-titulado como "Convertir la diversidad en un punto fuerte". En dicho documento se establece con claridad que:

> "el concepto de cohesión territorial tiende puentes entre la eficacia económica, la cohesión social y el equilibrio ecológico, situando el desarrollo sostenible en el centro de la formulación de las políticas.
>
> Reconocer la importancia de la dimensión territorial no es algo nuevo, ya que constituye un elemento fundamental de las políticas estructurales de la UE desde sus orígenes. Diversas políticas sectoriales influyen también de manera específica desde el punto de vista territorial y determinados elementos de dichas políticas se ocupan de problemas territoriales concretos".

Y algo más adelante añade:

> "...para la profundización de la cohesión territorial convendría que se aclarasen las numerosas cuestiones que plantea. Una comprensión común de las mismas podría ayudar a mejorar la gobernanza de la política de cohesión, hacerla más flexible, más capaz de adaptarse al nivel territorial más apropiado, más receptiva a las preferencias y necesidades locales y mejor coordinada con otras políticas, a todos los niveles, de conformidad con el principio de subsidiariedad".

Desde el punto de vista práctico, el concepto de cohesión territorial significa lo siguiente (Camacho Ballesta, J. A.- Melikhova, Y.178) :

– Centrar las políticas territoriales regionales y nacionales en un mejor aprovechamiento del potencial regional y del capital territorial —diversidad territorial y cultural de Europa.

– Posicionar mejor las regiones en Europa, a través del fortaleciendo de su perfil y de la cooperación transfronteriza que tiene como objetivo facilitar su conectividad e integración territorial.

– Promover la coherencia de las políticas de la UE en relación con el impacto territorial, tanto horizontalmente como verticalmente, para que apoyen el desarrollo sostenible a nivel nacional y regional.

Es decir, la cohesión territorial a nivel europeo requiere de la perfecta articulación de los principios de autonomía regional y de subsidiariedad para poderse llevar a la práctica. Se debe contar con las regiones autónomas, en plena capacidad de su autogobierno y convenientemente incardinadas en el esquema de poder político, a la hora de ejecutar las políticas europeas con el objetivo de lograr un desarrollo sostenible.

El principio de cohesión territorial sugiere de esta forma un clima de cooperación y lealtad institucional entre los diversos niveles de gobierno, nacionales y supra-nacionales, a la hora de lograr los fines que marca aquel principio, el desarrollo social y económico equilibrado y sostenido, como uno de los fundamentales dentro de la Unión Europea. Sugiere igualmente un trabajo de colaboración y un correcto ejercicio del principio de autonomía regional y el de subsidiariedad. De alguna forma, principio de autonomía regional, principio de subsidiariedad, principio de solidaridad y principio de cohesión territorial se desarrollan y requieren el marco normativo normalizado del Estado. Cosa muy distinta de lo que sucede ante la irrupción de los derechos de libre determinación y el derecho a decidir, en los que una parte del territorio nacional pone en tela de juicio su vínculo con el Estado que lo acoge.

V.3.- Principio de autonomía regional *versus* el principio de igualdad de derechos y de la libre determinación de los pueblos.

En anteriores capítulos quedó dicho que el principio de autonomía regional "se fundamenta en la organización político-territorial del Estado. Por tanto, en ninguno de los casos cabe asimilar autonomía con autodeterminación, y por consiguiente, posible transformación en sujetos soberanos e independientes" (Beltrán García, S.: 2010:18). Es decir, el principio de autonomía regional se debe conceptuar, de forma estricta, como el principio que deriva del justo y leal ejercicio de una herramienta político-administrativa que parte de la estructura general del Estado, como método y forma de gobierno que pretende una mejor gestión del territorio, una manera más óptima de implantar las políticas públicas sobre áreas geográficas organizadas según elementos comunes y propios, y sobre todo, una herramienta guiada por los principios de eficacia y de beneficio para la ciudadanía.

El principio de autonomía regional, tal y como viene reconocido en el artículo 4.2 del Tratado de la Unión Europea, se concibe como un principio estructural del ordenamiento jurídico europeo y de esa forma incardinado en el conjunto de valores superiores que informan dicho sistema normativo. Es decir, se entiende que el principio de autonomía regional forma parte del conjunto de valores y normas que configuran el bloque democrático tal y como se entiende en el espacio político europeo. En otras palabras, vendría a ser un principio rector o fundamental, y los principios contenidos en el artículo 4.2 encajan en la clasificación de los principios rectores de la Unión (Beltrán García, S.: 2010: 14). De hecho, no en vano se ha señalado que "la evolución del proceso de integración europeo y las sucesivas reformas de los Tratados, tienden a una identificación del contenido del principio de autonomía institucional con el principio de autonomía regional y local" (Huici Sancho, L.: 2011: 11). Es decir, que el proceso de integración europeo marca una tendencia de amalgamar el principio de autonomía regional con el resto de principios fundamentales del ordenamiento europeo. Y por otro lado, se trata en efecto de un sistema normativo internacional que pivota enteramente alrededor de los estados y que no entiende otra forma de relación entre los diversos niveles de gobierno que la presidida por la lealtad y por el imperio de la ley.

Esa forma de concebir el Estado y las relaciones entre sus diferentes niveles de gobierno que forma parte del bloque normativo europeo se muestra en la letra del artículo citado cuando habla de respetar las funciones esenciales del Estado, en especial las que tienen que ver con "garantizar la integridad territorial del Estado". En el Tratado de Lisboa se incluyen "mecanismos de protección jurídico material de Derecho sustantivo" -en palabras de la Sentencia del Tribunal Federal Alemán de 30 de junio del 2009 , párrafo 309- entre los que se destaca la preservación del Estado y su papel como fundamento irrenunciable de la Unión (Morgades Gil, S.: 2010: 2). Se reconoce el principio de autonomía regional como principio fundamental, es completamente cierto, pero igualmente se le supedita a una forma muy concreta de entender la "estatalidad", que no es otra que la de someter el gobierno autónomo de las regiones al gobierno superior del estado central, único sujeto de soberanía y fundamento irrenunciable de la Unión como organización internacional (Morgades Gil, S.: 2010: 8).

La manera como queda reconocido el principio de autonomía regional dentro del bloque normativo europeo, dijimos ya con anterioridad, no deja en este sentido lugar a ninguna discusión. "El reconocimiento de la autonomía regional y local se encuentran directamente relacionados con la naturaleza de la Unión europea como Organización Internacional (Huici Sancho, L.: 2011: 18)". Si bien, de todas formas, tratar de ver en el ordenamiento europeo a partir de la literalidad del artículo 4.2 del Tratado de la Unión cualquier resquicio para llevar la autonomía de las regiones más allá de lo allí establecido en términos de competencias o soberanía no es posible en ningún caso. El concepto de autonomía regional que debe entenderse parte y viene vinculado a la idea del Estado como único sujeto soberano y garante de la integridad territorial.

Otro factor muy a tener en cuenta es en qué consideración ha de tenerse la actuación de las regiones en el ámbito europeo. Esto viene a colación toda vez que podría argumentarse desde las posiciones más proclives al derecho de autodeterminación, que las entidades sub-estatales ya de hecho actúan por sí mismas en el ámbito exterior, incluso muchas de ellas con representaciones permanente en el extranjero, como de hecho ocurre en Bruselas. Y la verdad es que dichas actuaciones en Europa lo son en virtud de la correcta aplicación del principio de autonomía regional, del derecho europeo y como consecuencia de su pertenencia al Estado que las ampara y no actuaciones por iniciativa propia o por un ejercicio de una soberanía de hecho que no tienen. Las actuaciones de las regiones en el entramado institucional europeo son actos de derecho sometidos a la ley nacional y guiados por los principios de cooperación, lealtad institucional y unidad de actuación en el exterior. Por otro lado, no se puede olvidar que la actuación de las regiones en el plano europeo no responde en realidad a una singladura en el ámbito exterior del Estado, sino que que se corresponde a una actuación en un sistema normativo que en la práctica y para la jurisprudencia ha dejado de ser exterior y ha pasado a ser totalmente de ámbito interno. En efecto, como acabó resolviendo nuestro Tribunal Constitucional en su Sentencia 165/94, que versaba precisamente sobre la apertura de una delegación del Gobierno Vasco en Bruselas, el derecho europeo, justamente informado por los principios señalados anteriormente, ha dejado de ser estrictamente materia de "asuntos exteriores", toda vez que los efectos irradiados por el ordenamiento europeo son directa e inmediatamente absorbidos por nuestro sistema normativo como si fueran – que en realidad lo son- normas propias. "La resolución del Tribunal mencionada consideró que la presencia de la oficina vasca era compatible con la Constitución española y no suponía una vulneración de las competencias exclusivas del Estado central en materia de representación exterior" (Nouvilas Rodrigo, M: 2013:116; Ruiz Robledo, A.: 2006; De la Fuente Cabrero, I: 2005). Por tanto, la actuación de las entidades sub-estatales no se corresponde con un ejercicio de competencias en un ámbito normativo estrictamente internacional, sino que se correspondería ahora más bien con un desarrollo competencial en un ámbito normativo interno.

Pero en efecto, todo lo anterior no obsta para que no dejemos de considerar que, a pesar de ver el principio de autonomía regional como un elemento de gestión político-administrativa esencial que está al servicio del Estado, ello no genere para la regiones una serie de derechos de carácter instrumental que el Comité de las Regiones (Dictamen sobre la "Recomendación del Congreso de Poderes Locales y Regionales de Europa sobre la Carta Europea de Autonomía Regional", DOCE c 144, 16 de mayo de 2001) estructura en cuatro elementos indispensables: las competencias de los entes, los modos y métodos de ejercer esas funciones, los medios financieros para desarrollar adecuadamente sus competencias, y por último la defensa de su autonomía (Beltrán García., S.: 2010: 16). Pero esos derechos no pueden ser confundidos, en ningún caso, con el derecho de autodeterminación o con un germen que desemboque en el mismo.

Derecho de autodeterminación y autonomía regional son de entrada, por tanto, dos conceptos diferentes y no conectados, y entre los que no cabe establecer ninguna vinculación directa como si fuera un proceso de dos fases, una relación de causa-efecto o una consecuencia jurídica ante un hecho reclamable. Es cierto que puntualmente pueden ser relacionados en cuanto que ambos conceptos nos hablan de una forma autónoma de poder ejercer o acceder al autogobierno, aunque es evidente que en muy distinto grado e intensidad. El principio de autonomía regional se desarrolla en el seno de un marco jurídico estatal, el derecho de autodeterminación busca precisamente salir de un marco jurídico nacional previo.

El derecho de autodeterminación procede del principio de igualdad de derechos y libre determinación de los pueblos (tal y como viene enunciado en la Resolución de la Asamblea General de Naciones Unidas 2625 (XXV), de 24 de octubre de 1970), está reconocido por el derecho internacional y básicamente consiste en que un pueblo puede decidir su forma de gobierno, perseguir su desarrollo económico, cultural y social, y dotarse de una estructura política libremente, sin sufrir injerencias externas y de acuerdo con el principio de igualdad soberana[105]. Por tanto, en realidad hablamos de un instrumento jurídico-internacional a través del cual un pueblo se "auto-determina" desde un punto de vista político y accede a la independencia haciendo uso de ese derecho. En otras palabras, se entiende como derecho de autodeterminación "la capacidad reconocida, o exigida, por un pueblo para decidir integrarse o mantenerse dentro de un Estado plurinacional, regional o federal, o bien para independizarse constituyendo un nuevo Estado y, conseguida esa situación, confederarse o no, todo ello basado en el reconocimiento de una soberanía originaria o en unas condiciones acumuladas, de tal entidad, que justifiquen la adquisición de este derecho" (Cavero Lataillade, I.: 1989: 321). Así las cosas, lo fundamental para hallarnos ante un derecho de autodeterminación es, primero, la iniciativa o la capacidad de un pueblo de decidir sobre su propio futuro en términos de comunidad política diferenciada del Estado del que se separa; y segundo, debe determinarse cuál es el sujeto que tiene esa facultad de auto-determinarse, que no es otro que lo que se ha venido en llamar "pueblo".

Y hablamos de "derecho" en cuanto que la autodeterminación se halla positivizada en un texto normativo internacional, en el Pacto Internacional de Derechos Civiles y Políticos y el Pacto Internacional de Derechos sociales, económicos y culturales (Nueva York, 1966, firmados y ratificados por España, y publicados en el BOE de 30 de abril de 1977, con lo que a través del artículo 96 de la Constitución el derecho de autodeterminación formaría parte de nuestro ordenamiento jurídico (Viciano Pastor, R.: 1991: 145), sin que ello signifique un reconocimiento del ordenamiento jurídico español de dicho derecho en toda su extensión y para todos los casos.

Por último merece recordarse que autodeterminación no es sinónimo de independencia, como ya su definición nos apuntaba, de tal forma que incluso accediendo a la autodeterminación una región muy bien puede decidir la forma de integrarse en la unidad descartando su independencia (Veciano Pastor, R.: 1991: 160). En este sentido caben varias posibilidades de unión al resto del

105. *El derecho de autodeterminación está recogido en varios documentos de derecho internacional de primer orden, Como la Carta de Naciones Unidas y varios Pactos Internacionales de Derechos Humanos, como el Pacto Internacional de Derechos Civiles y Políticos (artículo 1) en su Resolución Asamblea General 2200 A XXI, de 16 de diciembre de 1966, y Pacto Internacional de Derechos Económicos, Sociales y Culturales (Artículo 1), Resolución de Asamblea General 2200 A XXI de 16 de diciembre de 1966.También hacen referencia las Resoluciones de la Asamblea General 1515 (XV), 1541 (XV) y la comentada 2625 (XXV).*

territorio nacional considerado, como la posibilidad de federarse o confederarse sin que ello signifique necesariamente, en absoluto, que estemos ante la quiebra de la unidad de la nación. Esto es importante ponerlo de manifiesto porque también es moneda corriente equiparar autodeterminación e independencia y queda claro que no es así, en cuanto el segundo es uno de los posibles resultados del primero, pero no el único.

Asimismo, es importante poner de manifiesto al tratar de este tema que el principio de libre determinación de los pueblos debe modularse convenientemente a través de otras circunstancias que pueden rodear al caso y que en su mayoría aparecen reflejadas en la redacción del principio establecido en la Resolución 2625, por la cual se establece que

> "Ninguna de las disposiciones de los párrafos precedentes se entenderá en el sentido de que autoriza o fomenta cualquier acción encaminada a quebrantar o menospreciar, total o parcialmente, la integridad de Estados soberanos e independientes que se conduzcan de conformidad con el principio de igualdad de derechos y de la libre determinación de los pueblos antes descritos y estén, por tanto, dotados de un gobierno que represente a la totalidad del pueblo perteneciente al territorio, sin distinción por motivo de raza, credo o color".

Es decir, queda claro que, de modo general y para cualquier caso que se pueda presentar, habrá que estar al análisis del caso concreto para saber si estamos ante un correcto ejercicio del derecho a la libre determinación y dilucidar si el territorio que reclama su autodeterminación se halla dentro de un Estado que que se conduce de conformidad con el principio de igualdad de derechos descrito y cuente con un gobierno, libremente elegido, que represente a la totalidad de un pueblo. En esta misma dirección argumental se pronuncia la Resolución de la Asamblea de Naciones Unidas 1514 (XV), de 14 de diciembre de 1960, sobre la "Declaración de la concesión de la independencia al os países y pueblos coloniales", que limitaba en su sexto punto la proclamación del derecho a la libre determinación de todos los pueblos señalando que "todo intento de quebrantar la unidad nacional y la integridad territorial de un país es incompatible con los propósitos y principios de la Carta de las Naciones Unidas". Por lo tanto, desde aquí se puede sostener que el Derecho Internacional ampara el derecho de libre determinación de los pueblos siempre que no se quiebre la integridad territorial de un país legalmente constituido bajo los principios de la Carta de Naciones Unidas.

En cualquier caso, lo que resulta evidente es que la autodeterminación traerá causa de cualquier circunstancia que deba valorarse a la luz del derecho internacional, pero no de un eventual y previo estado de autogobierno regional, dado que dicha capacidad, en el caso de darse, le viene otorgada en virtud de un acto administrativo de delegación de funciones como método y forma de mejor gestionar los intereses propios. En efecto, el derecho de autodeterminación rebasa los objetivos propios de la autonomía regional, ni tampoco se conforma como un acto de delegación o como forma de lo que la doctrina inglesa llama "proceso de devolución" (Bogdanor, V.: 2001; Burrows, N.: 2000).

Desde el punto de vista del objeto, la autodeterminación pasa inevitablemente por la consideración de lo que se denomina un "pueblo", es decir, de un colectivo depositario de una conciencia social y cultural compartida en un ámbito territorial determinado con el objetivo de acceder a la independencia como estado-nación. De tal forma, que el concepto clave para poder hablar del derecho de autodeterminación, más que "autonomía" o "región" es el concepto de "pueblo" - tampoco Estado-, que aunque es un término propio del derecho constitucional, alberga matices más culturales o sociales que propiamente políticos. He aquí precisamente una de las claves más importantes de la controversia, determinar con exactitud si todos los colectivos que reclaman la autodeterminación puede o no ser considerados como "pueblos". Para un importante sector, "pueblo" tiene un significado restrictivo que identifica pueblo con nación o Estado constituido, de tal forma que sólo las naciones, en términos políticos o los pueblos colonizados son susceptibles de acceder a este derecho (Veciana Pastor, R. ; 1991: 149; Ridao Martín, J.: 2014: 97) y no, por ejemplo, la comunidad de habitantes que residen en el territorio de una región. Se estaría entonces por la elaboración de un catálogo de casos individualizados más que ante lo que es una definición genéricamente aceptable de lo que es "pueblo".

Desde la postura doctrinal contraria se mantiene una consideración más amplia del término "pueblo", conforme a un criterio más acorde - según esta opinión- al principio democrático, por el cual no existe restricciones y se trata de toda colectividad que posee las características objetivas y subjetivas que le dan la posibilidad de ser reconocida como nación, es decir, toda colectividad que, especialmente desde un punto de vista subjetivo, se reconozca a sí misma como nación (Veciana Pastor, R.: 1991: 151). El segundo problema pues -el primero sería cuándo se quiebra o no la integridad territorial de un estado-, aparece, ante la indeterminación de la legalidad internacional, especialmente del bloque normativo de Naciones Unidas (Ridao Martín: J.: 2014: 97) y ante las últimas resoluciones del Corte Internacional de Justicia de la Haya, cuando una región acude a la concepción amplia del término "pueblo" y subjetivamente se considera, por tanto, sujeto con capacidad bastante para ejercer el derecho de autodeterminación.

Diremos que hasta la fecha y en el ámbito europeo, el principio de autonomía regional, que se relaciona en el mismo artículo a los principios de unidad e integridad territorial y Estado como único sujeto de soberanía es indudable que no da pie a ningún colectivo regional, con la ley en la mano, a acceder al derecho de autodeterminación. Es evidente que en este caso, el colectivo regional considerado deberá, de perseverar en su intento de autodeterminación, de quebrar el orden legal establecido -nacional y europeo- para tratar de ver progresar sus pretensiones, porque parece claro que por la vía convencional no parece que haya ninguna mínima puerta que le paso para ello. En este sentido, la doctrina internacionalista más autorizada sigue sosteniendo que "en su dimensión jurídica es evidente que la autodeterminación no incorpora hoy, ni lo hará previsiblemente en el futuro, un derecho general de secesión para los grupos infraestatales. Contrariamente, lo que puede extraerse de la experiencia en los últimos años es que el Derecho Internacional se mantiene todavía hostil a la secesión, incluso en el contexto colonial (...) a menos que la muy excepcional teoría de la "secesión remedio" les sea objetivamente aplicable (Cristakis, T.: 1999: 617).

También ha llegado a ser lugar común la confusión que viene implícita en la creencia de que la aceptación política de la autonomía regional implica que dicha autonomía no tiene límites en su autogobierno si no parten de la propia autoridad regional que ejerce dicha autonomía. Sería la consecuencia argumental de la creencia previa que el hecho regional es un fenómeno autónomo anterior al hecho del estado nación, la segunda fase de un proceso de constitución nacional. Y de hecho, la realidad parece indicar que por lo general la reclamación de la autodeterminación surge en aquellos territorios -colonias aparte- que disfrutan de algún tipo de autonomía previa y que luego acaban reclamando como soberanía. Visto así, desde un prisma histórico, desde inicios del siglo XX, efectivamente en Europa se han dado nada menos que catorce casos de secesión a través de la reclamación del derecho de autodeterminación, todos ellos antiguas regiones escindidas de un estado previo: Noruega de Suecia (1905); Finlandia de Rusia (1917); Irlanda del Reino Unido (1922); Islandia de Dinamarca (1944); Lituania, Letonia y Estonia de la URSS (1990-1991); Eslovenia, Croacia y Bosnia de Yugoslavia (1991); Eslovaquia de Checoslovaquia (1992); Montenegro de la Unión de Serbia y Montenegro (2006); y Kósovo de Serbia (2008) (Ocaña Escolar, L.: 2015: 1). A estos casos expuestos cabe oponer que proceden de épocas históricas en que el colonialismo, el belicismo y la ocupación de territorios era una forma casi habitual de relación entre las naciones, y en su mayor parte se tratan de pueblos realmente ocupados y oprimidos que ejercen de forma lícita el derecho de autodeterminación, y no regiones, que disponiendo de autogobierno dentro de un estado, en el marco de una carta constitucional moderna, aspiran a su propia soberanía decidiendo una secesión unilateral.

Esto puede querer decir que, precisamente porque las regiones no cuentan con un derecho a la autodeterminación de forma previa, acaban por quebrar el orden jurídico interno y reclamar dicho derecho como pueblo y no como región, con todas las dificultades inherentes a determinar el alcance cualitativo del término "pueblo" (Viciano Pastor, R.: 1991:143; Ridao Martín, J.: 2014: 97). Pero no debería ser así, la autonomía de un territorio que forma parte de un estado, ni siquiera en su grado competencial más elevado puede derivar en un derecho a la soberanía de ese territorio, ni desde luego a la secesión directa de un Estado, algo que no reconoce legalmente el derecho internacional (Ridao Martín, J.: 2014: 96). Y por mucho que nos esforcemos en ello, difícilmente hallará fundamento jurídico para ese caso si la autodeterminación no viene expresamente regulada en el orden interno como posibilidad para la región de separación del Estado. Los ejemplos por otra parte en que este caso se ha dado, queremos decir, en que la posibilidad de acceder a una autodeterminación esté contemplada por el sistema normativo propio, son escasos y con muy poca posibilidad de influencia exterior. Este sería el caso de la Constitución Confederal de Serbia-Montenegro de 2003, o la Constitución de Etiopía de 1995, en las que efectivamente se reconoce expresamente el derecho a la secesión e imponen el respecto a los acuerdos adoptados (Ridao Martín, J.: 2014: 101). Por tanto, ambos principios, autonomía regional y autodeterminación, se sitúan en esferas de aplicación normativa diferentes, y no yuxtapuestas, que impiden la invocación mutua como fundamento jurídico recíproco.

A nuestro modo de ver, ni siquiera el hecho de que el principio de autonomía regional adquiera un reconocimiento internacional como lo es el artículo 4.2 del Tratado de la Unión Europea puede ser considerado como un elemento de conexión entre autonomía regional y derecho de autodeterminación. "El derecho de autodeterminación debe quedar, entonces, fuera del ámbito de la autonomía regional" (Beltrán García, S.: 2010: 17). Y es difícil que esto fuera de otra forma si como ha quedado dicho ya en numerosas ocasiones y queda claro de la una simple lectura del mismo artículo 4.2 del Tratado de la Unión Europea, el fundamento de la Unión es el Estado y ningún otro sujeto de derecho más. Es decir, sólo el Estado en el derecho europeo es sujeto de soberanía y el único intérprete de la misma, y dispone de su propia autonomía institucional para manejar dicho parámetro libremente y como mejor le convenga en el orden interno, de acuerdo con el principio de legalidad, sin que quepa ninguna interpelación o interrupción indebida por parte de las instituciones europeas en ese sentido.

La posibilidad de confusión entre autodeterminación y autonomía regional está y estará siempre presente a la hora de plantearse la regulación de ésta última. "Because of the confusion of the terms autonomy, self-government and self determination, it's not surprising that many states still have a hostile, or at least reluctant, attitude towards self-government and autonomy regulations..."

(Heintze, H.-J.: 2002: 328; Beltrán García, S.: 2010: 18). De modo que, si los Estados perciben como amenazante dicha conexión entre ambos derechos, auto-gobierno regional y autodeterminación, debe ser que ese peligro ciertamente puede existir. Pero este recelo no perjudica nada más que a la causa de los propios Estados que al no ver bien reguladas estas cuestiones se enfrentan luego a situaciones favorecidas por el halo de ambigüedad que ellos mismos fomentan a base de intransigencia en algunas cuestiones como la autonomía regional. Y desde luego también perjudica a una idea de la democracia más amplia que permitiría, regulada con exactitud la autonomía regional, que la administración realmente estuviera más cerca y tangible para el ciudadano y hubiera mayor seguridad jurídica.

Por otra parte es lógico que el tema preocupe a no pocos gobiernos europeos, teniendo en cuenta que, lejos de remitir, y como en alguno de los informes aludidos del Comité de las Regiones se pone de manifiesto, el resurgimiento de los movimientos independentistas en ciertos países europeos es un hecho y advierte de la posibilidad de quebrar la unidad territorial de los mismos. El referéndum de autodeterminación llevado a cabo en Escocia en 2013, con la derrota del independentismo, y las incesantes reclamaciones en Cataluña de que ese referéndum se lleve a cabo son las pruebas más recientes de ese fenómeno. Estos ejemplos, ya históricos, denotan las disfunciones que se manifiestan en los sistemas políticos afectados por la colisión de dos principios jurídicos que en principio parecen relacionados pero que en realidad no guardan conexión ninguna.

Es precisamente esa ausencia de conexión entre ambos principios y la necesidad de que de alguna forma puedan conjugarse de manera armónica a la hora de su puesta en práctica, por lo que en previsión de mayores tensiones y sobre todo desde una parte de la doctrina constitucionalista española en particular -ante la irrupción de la cuestión en Cataluña-, se demanda que el derecho interno, en este caso la Constitución española, articule el modo reglamentario en el que una comunidad autónoma pueda tener derecho a la secesión sin necesidad de acudir a un pronunciamiento unilateral. En cierta forma sería un sistema análogo al llevado a cabo en el derecho primario europeo (artículo 50 Tratado de la Unión Europea) para la salida de Estados miembros de la organización, estableciendo un periodo de negociación de dos años.

En concreto, en el caso español, se ha llegado a sugerir constitucionalizar el derecho de secesión a través del artículo 168 de la Constitución Española (Aláez Corral, B.: 2015: 1; Bastida Freijedo, F. J.: 2015:1; Albertí Rovira, E.: 2015: 1). De esta forma, la nación española debería dejar de ser el único sujeto soberano para dar cabida a la soberanía de la región considerada en el marco de ciertas garantías, sobre todo el derecho de autodeterminación. Visto así, si una comunidad autónoma planteara el derecho a la secesión obligaría a un pronunciamiento del Parlamento regional a cargo de una mayoría muy cualificada de 2/3, lo que conduciría a la apertura de un proceso negociador con el Estado que culminaría, en caso positivo, en la separación de la Comunidad Autónoma del Estado. Sin embargo, si de esa negociación resultara un fracaso de las conversaciones no desembocaría en una actuación unilateral, sino que por el contrario obligaría a la celebración de un referéndum cuyo resultado positivo debería arrojar una mayoría cualificada para que, por fin, esa secesión se llevara a término. Por último, si esa propuesta de secesión no surtiera las mayorías necesarias para llevarse a cabo, debería esperar dieciséis años para poder activarse de nuevo, un plazo que se corresponde con toda una generación política (Aláez Corral, B.: 2015: 1).

Esta novedosa forma de enfocar el difícil encuadre legal del derecho de autodeterminación que parte de un notable sector de la doctrina constitucionalista, dentro del marco constitucional español, surge como consecuencia del punto de vista vertido por el Tribunal Constitucional en su Sentencia 42/2014 de 25/03/2014, sobre la Declaración de Soberanía del Parlamento Catalán 5/X . En dicha resolución nuestro Tribunal Constitucional, no viendo la meritada declaración acorde a la legalidad constitucional en la actualidad, sí que hace votos porque si surge un acuerdo político en esa dirección y se conduce dentro de esa legalidad, el derecho a la autodeterminación obtenga un abrigo legal de forma ordenada y dentro de nuestro marco jurídico interno.

Desde luego la propuesta que acabamos de exponer no deja de ser encomiable desde varios puntos de vista. Primero, por su esfuerzo de presentar con todo viso de normalidad una cuestión que alberga tanta carga emocional, y precisamente en el estado español. Segundo, por articular un mecanismo concreto, creíble y dentro de la legalidad constitucional que podría representar el intento de una solución a medio/largo plazo. Tercero, por la pedagogía y el atrevimiento que la propuesta encierra en un marco temporal en que la mayor parte de sugerencias de este estilo no son bien recibidas.

Si bien, a pesar del notable esfuerzo doctrinal que supone articular una propuesta de esta naturaleza, hemos de oponer un par de consideraciones en su contra. Una de ellas es el propio mecanismo utilizado, el artículo 168 de la Constitución, que aunque es factible con la ley en la mano, en la realidad luego es muy difícil de poner en práctica; primero, por la mayoría solicitada para su aprobación inicial en ambas Cámaras, y luego, por la posterior ratificación de ambos nuevos hemiciclos una vez disueltas aquellas primeras, y celebradas unas nuevas elecciones generales, de las que resultará una nueva composición y un nuevo texto constitucional. Por fin, presentado el texto con las modificaciones pertinentes, sería el conjunto de la ciudadanía del estado el que en realidad decidiría una cuestión que afecta en realidad al futuro político de una región, con lo que la autodeterminación buscada queda absolutamente diluida por la decisión de todo un Estado en su conjunto. Si esto lo tenemos en cuenta, es sencillo concluir que esa circunstancia es de muy difícil materialización, y que tampoco responde con mucha exactitud a las expectativas de los que demandan la materialización de ese derecho, por lo que también resultaría difícil que incluso los partidarios de articular un proceso en esa dirección pudieran acordar con esta propuesta. Aún así, insistimos, la mayor virtualidad de la propuesta sugerida es desde luego el mérito que supone, por muy difícil que sea su puesta en práctica, intentar buscar las soluciones por la vía de la legalidad y el acuerdo internos, como forma más eficaz, pacífica y duradera de solventar este tipo de controversias.

En este punto y retornando a la órbita europea, es necesario acudir a las tesis esgrimidas al respecto por el citado Dictamen del Comité de las Regiones sobre "La descentralización en la Unión Europea y el lugar del autogobierno local y regional en la elaboración y ejecución de las políticas de la Unión Europea". (2013/C 139/08), D. O. Unión Europea del 17 de mayo de 2013. En este dictamen el Comité de las Regiones, sin duda alguna mirando con suma atención a los procesos de secesión que laten y se desarrollan en el continente europeo, abogando porque esos procesos de autodeterminación sigan cauces de diálogo abierto entre las partes implicadas, no solo introduce en la cuestión su doctrina sobre todo este particular, sino que yendo más allá, trata de reflejar la opinión institucional de la Unión Europea al respecto, según su propia visión del problema, y adelanta en términos de hipótesis, cuál es la situación del nuevo país que nace de la escisión en cuanto a su posición respecto a la Unión Europea.

> "61. (El Comité de las Regiones) sigue muy de cerca de los movimientos independentistas crecientes que se han producido recientemente en regiones de algunos Estados miembros y de países candidatos a la adhesión, así como sus causas, que son muy diferentes desde un punto de vista histórico, político, y económico;
>
> 62. (El Comité de las Regiones) sugiere, en este contexto, analizar las causas de dichos movimientos, para discutir y entender los motivos y las razones, a fin de poder encontrar soluciones coherentes y pacíficas para todas las partes interesadas.
>
> 63. (El Comité de las Regiones) declara que según el artículo 4.2 del Tratado de la Unión Europea el avance de una región hacia la independencia ha de ser considerado fundamentalmente como un asunto interno del país afectado;
>
> 64. (El Comité de las Regiones) recuerda que en el caso de que una región obtuviese la independencia y quisiera integrarse en la Unión Europea, tendría que presentar una candidatura oficial al Consejo y seguir el procedimiento de adhesión del artículo 49 del Tratado de la Unión Europea como cualquier otro Estado miembro de la Unión Europea;"[106]

Por su parte, el Consejo de Europa, a través del Congreso de Poderes locales y Regionales (CLRA), en el citado informe "Democracia local y Regional en España", de febrero de 2013, también se hace eco de las tensiones

106. *El documento, cuya ponencia corre a cargo de Franz Schausberger, Representante en el Comité de las Regiones del Estado Federado de Salzsburgo, viene firmado, en abril de 2013, por el Sr. Ramón L. Valcárcel Siso, a la sazón Presidente de la Comunidad de Murcia, y en la actualidad diputado en el Parlamento Europeo por el Partido Popular.*

independentistas y particularmente las que han surgido en España, recomendando diálogo a las partes implicadas, Gobierno Central y autonómico, teniendo presente el principio de subsidiariedad como telón de fondo y principio rector en el ámbito institucional europeo.

A partir de aquí, buscando los efectos de la difícil relación entre el principio de autonomía regional y el derecho de autodeterminación en el ordenamiento jurídico español, surge una cuestión, casi de forma automática: ¿si nuestro ordenamiento interno permitiera la autodeterminación, sería respetuoso con el principio de autonomía regional y con el espíritu de nuestra constitución? Parece que ser sí, opina la doctrina (Beltrán García, S.: 2010: 18; Tornos Mas, J.: 2014: 1), e incluso nuestro Tribunal Constitucional, que en su Sentencia 42/2014 de 25/03/2014, sobre la Declaración de Soberanía del Parlamento Catalán 5/X, del 23 de enero de 2013, también ha establecido que por un lado, la soberanía del Parlamento de Cataluña es nula e inconstitucional, por cuanto la soberanía pertenece a la Nación española, pero sin embargo, y esto es importante señalarlo, el Tribunal manifiesta, de forma rotunda, que en el marco de la Constitución actual una Comunidad Autónoma no puede unilateralmente convocar un referéndum de autodeterminación para decidir sobre su integración en España. Pero a continuación, afirma con la misma determinación, que la manifestación de una aspiración política contraria a la Constitución puede tener encaje en el sistema constitucional, siempre que su ejercicio se plantee de acuerdo con la propia legalidad constitucional, con respeto a los principios de legitimidad democrática, pluralismo y legalidad.

Es decir, nuestro Tribunal Constitucional, con la celeridad que el tema demandaba y de forma unánime, se pronunció a favor de dar una solución jurídica ajustada a un problema, con más carga política que legal, que se le había planteado. Concretamente, si el derecho de autodeterminación, reclamado desde una región autónoma podía tener encaje constitucional. "De este modo el Tribunal Constitucional ha fijado los límites de lo constitucionalmente admisible y ha devuelto a los políticos, lo que es propio de su función institucional, el diálogo y la búsqueda de soluciones dentro del marco de la legalidad" (Tornos Mas, J.: 2014: 1). Por tanto, el derecho de autodeterminación no cabe, en términos legales, que surja desde una comunidad autónoma, no puede basarse en un hecho regional porque su marco legal no pertenece al ordenamiento constitucional vigente, lo cual no obsta para que, con la ayuda del juego político de los diferentes partidos, el marco constitucional se vea reformado debidamente y dicha aspiración tenga posterior cabida.

Fuera del terreno estrictamente jurisdiccional, deberíamos preguntarnos si esa posibilidad, la de que un ordenamiento jurídico interno permitiera el derecho a la autodeterminación, sería igualmente respetuosa con la autonomía regional, pero en el marco de las instituciones europeas. No parece que esa posibilidad, la de ejercer el derecho de autodeterminación, desde la autonomía regional y en instituciones europeas, entre dentro del ejercicio de la autonomía regional (Beltrán García, S.: 2010: 18). Aún así, en el caso de Cataluña la posibilidad se ha formulado, aunque todavía en términos de hipótesis, en un caso en el que la letra del artículo 4.2 del Tratado de la Unión Europea es llevada al límite de su interpretación, encontrando de por medio un serio conflicto entre un Estado miembro, España, y una comunidad autónoma. España elevó una comunicación oficial, en octubre de 2012, a la Comisaria de Justicia y Vicepresidente de la Comisión Europea, Vivienne Redding, por la que se solicitaba se pronunciase sobre el dictamen del Secretario de Estado de Exteriores, Sr. Iñigo Menéndez Vigo, según el cual "el artículo 4.2 del Tratado de la Unión Europea es terminante cuando establece que la Unión Europea debe respetar las estructuras fundamentales constitucionales y políticas y la unidad territorial de los Estados miembros, cuya determinación es exclusiva de éstos. En consecuencia, la Unión Europea no puede reconocer una declaración unilateral de independencia de una parte de un Estado miembro". Más adelante, el Secretario de Estado, en esa misma comunicación, continúa argumentando que "a efectos puramente dialécticos, si la Constitución Española fuera efectivamente modificada, para permitir un tal referéndum, y si a resultas del mismo surgiera un Estado independiente, éste no podría formar parte de la Unión Europea". Tras haber declarado cosa distinta en semanas anteriores, cuando dijo que ninguna norma internacional refrendaba la imposibilidad de que una Cataluña independiente formara parte de la Unión Europea, la Comisaria Redding, respondió estando conforme con la respuesta del Secretario de Estado español, confiando en que dicha controversia se acabara encauzando en trámite interno[107]. En este caso, pues, entran en colisión la posibilidad del reconocimiento oficial de las instituciones europeas de una declaración de independencia, por parte de una región que forma parte de un Estado miembro, y el derecho del Estado miembro a no verse interferido en su identidad nacional. En principio, tanto Estado como Unión Europea, parecen compartir la misma visión, si bien en momentos iniciales no parecía que hubiera la misma idéntica óptica por parte de ambos actores, y la falta de concreción por parte de algunos miembros de la Comisión fue la nota más destacada.

Es difícil hablar de derecho de autodeterminación y autonomía regional y no referirse a la doctrina jurisprudencial internacional al respecto, aunque solo sea para certificar el estado de la cuestión. Cabe preguntarse al respecto si por encima de la normativa europea y concretamente por encima de la letra del artículo 4.2 de Tratado de la Unión Europea, cabría invocar por parte de los partidarios del derecho de autodeterminación la doctrina jurisprudencial del derecho internacional. El pronunciamiento más relevante en este sentido, y precedente más inmediato en el seno de la Corte Internacional de Justicia, principal órgano jurisdiccional de las NU, es la Opinión Consultiva de 22 de julio de 2010 sobre la proclamación de independencia de Kosovo. Se trata, en efecto, de una opinión consultiva que respondía a una consulta formulada desde la Asamblea General de Naciones Unidas, solicitud formulada en su Resolución 63/3 -"la Corte no se da a los Estados sino al órgano de UN que solicitó su intervención" OC C.I.J 22/07/10, Punto B, pfo. 32-. La decisión de la consulta se adoptó por 77 votos a favor, 6 en contra y 74 abstenciones, sobre la base de una propuesta de Serbia (Escobar Hernández., C.: 2011:12). En dicha consulta a la Corte Internacional se le plantea la siguiente pregunta:

> "¿Se ajusta al Derecho internacional la declaración unilateral de independencia formulada por las instituciones provisionales de autogobierno de Kosovo?"

El fallo del dictamen jurídico, que fue reclamado a la Corte de Justicia Internacional por la Asamblea General, no dispone en ningún caso de efectos

107. *Diario El País, 31/10/2012.*

jurídicos vinculantes, pero sí de enormes consecuencias políticas y no menores precisamente, como reconocen todas las partes y el propio Tribunal, y entiendo que es necesario su reflejo aquí dada la relevancia del órgano que la emite –"principal órgano judicial de las Naciones Unidas" O.C. CIJ 22/07/10, Punto B, pfos. 36 y 48-. Sobre la declaración unilateral de independencia de Kosovo la Corte dictamina –por 10 votos contra 4- que "por los motivos ya expuestos, la Corte considera que el derecho internacional general no contiene ninguna prohibición de las declaraciones de independencia aplicable y llega por tanto a la conclusión de que la declaración de independencia de 17 de febrero de 2008 no vulneró el derecho internacional general" (OC C.I.J. 22/07/10, Punto IV. A, pfo. 84), por lo que la Asamblea de Kosovo no violó ninguna ley al proclamarse como estado independiente. El Alto Tribunal internacional admite que pese a las consecuencias políticas de su decisión, no puede dejar de responder a la solicitud de la Asamblea General, toda vez que, porque un asunto arroje consecuencias políticas no basta para privarle de aspectos jurídicos (Punto I. A. pfo.22). Asimismo, añade que no se le ha interrogado sobre si tal declaración se ajusta a alguna norma de derecho interno, sino solamente si se ajusta al derecho internacional. "La Corte puede responder a esa cuestión haciendo referencia al derecho internacional, sin necesidad de hacer referencia a ningún derecho interno" (Punto I. A. pfo.21).

Por su parte el Reino de España intervino en dos ocasiones en dicho procedimiento: en una primera fase por escrito –en inglés, documentos presentados el 14 de abril, "Exposición escrita" y el 18 de julio de 2008, "Comentarios escritos"- y una segunda mediante defensa oral de sus posiciones ante el pleno del tribunal –en francés- (8 de diciembre de 2009)[108] (Borrás Rodríguez, A.: 2011:10). Posteriormente, tras las audiencias públicas, la delegación española respondió por escrito a preguntas formuladas por los jueces Koroma, Bennouna y Trinidade Cançado.

---

108. *La intervención vino a cargo de la Profesora Dra. Concepción Escobar Hernández, Catedrática de Derecho Internacional Público de la UNED, y Jefa de la Asesoría Jurídica del Ministerio de Asuntos Exteriores y de Cooperación, y Jefa de la Delegación Española que intervino ante La Corte. La intervención escrita intervinieron como consejeros cuatro catedráticos: Profª. Dra. Paz Andrés Sáenz de Santamaría, Catedrática de Dº I. P. de la Universidad de Oviedo, Prof. Dr. Jorge Cardona Llorens, Catedrático de Dº.I.P. de la Universidad de Valencia, Prof. Dr. Carlos Jiménez Piernas, Catedrático de Dº.I.P. de la Universidad de Alcalá de Henares, Prfª. Dra. Araceli Mangas Martín, Catedrática de la Universidad de Salamanca.*

España "manifestó su opinión contraria a la compatibilidad con el Derecho Internacional de la declaración unilateral de Independencia, tanto desde la perspectiva de las normas y principios del derecho internacional general aplicables como desde la perspectiva de las normas específicas del sistema de las Naciones Unidas aplicables a la situación de Kosovo, en especial la Resolución 1244 (1999) del Consejo de Seguridad" (Escobar Hernández, C.: 2011:13). No obstante, eso no fue óbice para que desde un principio la delegación española reconociera la competencia y autoridad del tribunal para emitir el señalado dictamen (Escobar Hernández, C.: 2011:14), basándose en los artículos 96.1 de la Carta de UN y el 65.1 del Estatuto de la Corte Internacional de Justicia, en donde se señala: "la Asamblea General o el consejo de Seguridad de Naciones Unidas podrá solicitar de la Corte Internacional de Justicia que emita una opinión consultiva sobre cualquier cuestión jurídica". Tampoco España ve razones suficientes para que la Corte declinara pronunciarse sobre la cuestión, por circunstancias de naturaleza imperiosa ("*compelling reasons*"), en base a la previsión del artículo 65.1 del Estatuto de la Corte, y ello ni"en base a la dimensión política de los hechos que están en la base de la consulta, ni por la pretendida inutilidad de la respuesta" (Escobar Hernández, C.: 2011:15).

Básicamente, la delegación española entiende que por mucho que se esté analizando por parte del tribunal una cuestión jurídica, no se pueden dejar de lado las manifiestas y poderosas consecuencias políticas que un dictamen favorable a la declaración unilateral de independencia puede acarrear (Escobar Hernández, C.: 2011:16). Tampoco se debe rechazar una adecuada valoración acerca de la circunstancia de que el nuevo estado (Kosovo) se constituye sobre la base de otro preexistente (Serbia), lo cual supondría una violación del principio de integridad territorial. Asimismo, según la posición de la delegación española, además de las normas de derecho internacional referidas al derecho de autodeterminación, el bloque de legalidad de referencia al que la Corte debería igualmente acudir estaría también compuesto por todas aquellas normas de derecho internacional relativas a la soberanía y al derecho a la integridad territorial del Estado, incluida la Carta de las Naciones Unidas y a todas las resoluciones de la Asamblea General que amparan la postura esgrimida, particularmente la Resolución 1514 (XV), de 14 de diciembre de 1960, "Declaración sobre la concesión de la declaración de independencia a los Países y Pueblos Coloniales".

Desde este punto de vista, la posición española pasa por considerar el principio de la integridad territorial del Estado como el primero y preponderante criterio de compatibilidad con el Derecho internacional de la declaración de independencia de las autoridades provisionales de autogobierno de Kosovo, muy por encima del principio de autodeterminación. "Concluyendo que, en virtud del mismo, no es posible sostener que la citada declaración es conforme a derecho" (Escobar Hernández, C.: 2011:17). España, desde esta misma perspectiva, no considera que el derecho de autodeterminación "constituya uno de los elementos centrales que hayan de ser tomados en consideración para determinar la compatibilidad de la declaración con el derecho internacional" (Escobar Hernández, C.: 2011:17).

Desde luego, la opinión consultiva dictada por la Corte Internacional de Justicia, más allá de la cuestión jurídica en sus más estrictos términos, desprendía unas consecuencias políticas de indudable importancia. El reconocimiento del tribunal a la declaración no era vinculante desde un punto de vista jurídico, pero parece obvio que abría la posibilidad de presionar desde un orden meramente político y moral, que no legal, a un posterior reconocimiento oficial, entre otros actores y especialmente por lo que nos interesa a este trabajo, de las instituciones europeas. Y también es cierto, en su momento dicho fallo causó una severa fractura entre los países miembros de la Unión Europea, de los cuales sólo cinco de ellos se declararon abiertamente en contra de dicha resolución. Una fractura que luego se trasladó al resto de la sociedad internacional. En total, 69 países reconocieron la independencia de Kosovo, pero lo que no es tan comentado es que nada menos que 123 países mostraron un "silencio escéptico" (Veiga Rodríguez, A. 2010: 1).

Además de España, Eslovaquia, Rumanía, Grecia y Chipre no reconocieron la independencia de Kosovo por considerarlo un precedente desestabilizador y contrario a la legalidad internacional. Además, debe recordarse que además de la posición de España que hemos reflejado con anterioridad, se emitió ante el Tribunal una opinión fundada en contra de la resolución por parte de Serbia, como principal afectada y origen de la consulta de la Asamblea General, y otros países como China, Rusia, Brasil o la India. En total, treinta países formularon opiniones ante la Corte, incluyendo EEUU, que la formuló a favor de la independencia, así como lo hizo Japón. Los otros veintidós miembros de la Unión, se declararon a favor de la independencia del nuevo Estado. En la lectura del fallo por parte del magistrado Owada, a la sazón presidente del tribunal, se destacó que "la asamblea de Kosovo tenía poder para adoptar decisiones que afectaran a su orden legal y actuó conforme al marco constitucional".

A partir de aquí cabría interrogarse de igual modo si una asamblea parlamentaria regional, como lo era la de Kosovo hasta el momento de su proclamación como soberana, tiene fuerza jurídica y poder soberano para emitir una declaración de semejante consecuencias, una vez ya vista la opinión consultiva de la Corte Internacional de Justicia. O formulado de otra forma, si una región, investida de autonomía regional cuyo derecho al autogobierno dimana del marco legal de un Estado previo –como el de Serbia-, tiene capacidad jurídica de proclamar su autodeterminación y posterior independencia. Se trata de una cuestión ciertamente controvertida sobre las que encontraremos sólidos argumentos a favor y en contra. Como norma general, ha de señalarse de nuevo que la autonomía regional tiene un "límite muy importante en cuanto al techo a alcanzar y es el respeto a la integridad territorial del Estado. Esta limitación está prevista tanto en la Carta europea de la autonomía regional, como en el propio artículo 4.2 del Tratado de Lisboa. De tal manera que el respeto a la soberanía del Estado en relación a la autonomía regional no es una contradicción, como señalan algunos autores, sino que "forma parte de su contenido" (Beltrán García, S.: 2010: 17). Como ya apuntamos anteriormente, el problema reside precisamente en la incapacidad de los Estados de ponerse de acuerdo a la hora de fijar unos límites precisos para el concepto de autonomía regional, con lo cual "el alcance de la autonomía regional sigue abierto", hecho central que provoca, al igual que sucede en gran parte con el propio derecho de autodeterminación, que propios y extraños encuentren suficiente acomodo para argumentos en uno u otro sentido (Beltrán García, S.: 2012: 17).

Ha de subrayarse, no obstante, que la propia Corte Internacional destaca en ese señalado dictamen, que el de Kosovo es un caso en el que "la declaración de independencia de 17 de febrero de 2008, debe ser considerada en el contexto que llevó a ella", lo que debe interpretarse en el sentido de que sin duda nos hallábamos ante un caso muy singular y ante ello se impone la obligación, por tanto, de analizar todos y cada uno de los casos que se planteen de forma individualizada. Este criterio iría en la línea restrictiva que marca la Resolución de la Asamblea General de NU 1514 (XV), de 14 de diciembre de 1960, "Declaración sobre la concesión de la declaración de independencia a los Países y Pueblos Coloniales" que insiste en que no debe quebrarse la integridad territorial de un Estado que viene constituido y desarrollándose conforme a los objetivos y principios de la Carta de las Naciones Unidas. Se tuvo en cuenta además el principio de efectividad, por cuanto se considera que el gobierno de Kosovo estaba actuando de facto tal cual lo hiciera el gobierno de un estado independiente, persiguiendo sus propios objetivos en base al mandato de su población.

Debido a todo ello no ha faltado quien ha llegado a preguntarse en voz alta "qué hubiera ocurrido con una distinta composición de la Corte, que hubiera integrado a personas de otras sensibilidades políticas y jurídicas" (Borrás Rodríguez, A.: 2011: 10). Esto en gran parte es así, claro está, una composición diferente del Tribunal podría –o no- deparar una resolución diversa, pero dicho sea con todos los respetos, este no puede ser un argumento suficiente, pues esa misma interrogante cabría formulársela sobre todos los asuntos controvertidos sometidos a la resolución de un tribunal. Lo que debe llevarse a cabo, aparte de promover una regulación internacional todavía más precisa en esta materia, con una catalogación de casos más detallada, es acudir a los fundamentos jurídicos más acordes con la realidad del caso concreto.

Desde el punto de vista contrario al derecho de autodeterminación y en el seno de los Estados miembros de la organización -al igual que por otra parte ha venido sosteniendo en varios casos anteriores-, no existe margen legal para el ejercicio del derecho de autodeterminación y un posterior reconocimiento internacional, y menos ninguno que venga de la Unión Europea desde ningún punto de vista. Ha de señalarse que la doctrina oficial más reciente desde Bruselas, siguiendo la consigna establecida en la letra del artículo 4.2 -no ha habido en ningún momento gran despliegue de detalle al respecto- ha optado por sostener que la cuestión se trata de un asunto interno, y que en caso de que se diera una eventual secesión de un país miembro, la región escindida pasaría a salir de la Unión y tener que re-negociar sus condiciones de ingreso, en caso de solicitarlo.

Acabando con este epígrafe y con la mirada puesta en experiencias anteriores, la solución, ante la falta de directrices normativas más fiables en el derecho internacional y la existencia en ese sistema normativo global de principios que originan puntos de vista tan contrapuestos, parece desembocar siempre en una salida políticamente negociada en el plano interno, en la que todas las partes puedan sentirse cómodas y representadas de forma suficiente a la hora de negociar un fin para dicha controversia. Las instituciones internacionales deben fomentar y facilitar las circunstancias para que se cristalicen las soluciones cooperativas dentro de los territorios nacionales afectados, una clarificación de los instrumentos legales que dotan de poder al autogobierno regional, y siempre mirando que cualquier tipo de avance se base en normas lo más objetivas y previsibles para todas las partes y, sobre todo, asegurar los consensos más amplios y sólidos en el propio seno de cada uno de los actores políticos.

Esta sería una trayectoria muy recomendable en general pero, mirando de reojo a lo que sucede en nuestro país y como sugerencia de una posible vía de previsión, más que de solución, "resulta absolutamente indispensable mejorar la participación autonómica en Europa, fomentar una cultura política basada en el acuerdo, la cooperación y la lealtad entre los poderes públicos. Asimismo sería conveniente reformar la Constitución y, desde luego, parece imprescindible hacer un fuerte esfuerzo doctrinal para responder al complejo momento actual. Es una exigencia, en definitiva, del principio democrático" (González Pascual, M.: 2015: 1).

En otras palabras, ampliar adecuadamente el elenco de competencias regionales -a nivel interno y a nivel europeo- a partir de una mayor precisión de ese listado en las cartas constitucionales respectivas, profundizar en la cultura del diálogo, del pacto, la cooperación y de la lealtad mutuas entre Estado y regiones y la investigación académica continuada, en busca de soluciones innovadoras, podrían ayudar a prevenir y solventar este tipo de conflictos. Puede que, de esta forma, mirando que el principio de autonomía regional se cumpliera de forma íntegra en toda su amplitud y hasta sus últimas consecuencias, muchas regiones europeas acabaran sintiéndose realmente cómodas en el seno de su propio Estado sin necesidad de llegar a plantearse si acudir o no al derecho de autodeterminación. Al hilo de ello es del todo pertinente reflejar aquí las siguientes palabras: "Los Estados con historia más larga acostumbran a gozar de mayor estabilidad, pero ello no excluye que también sean objeto de demandas de secesión. Muchos Estados, particularmente en el Este, temen que el otorgamiento de autonomía a determinadas minorías étnicas sea el primer paso a la secesión y al desmembramiento del Estado. Sin embargo yo estoy convencido de los contrario. La autonomía es la mejor prevención contra las demandas de secesión" (Mursviek, D.: 1993: 39).

Es bien sabido, ya que el del derecho de autodeterminación y el derecho a decidir son debates que recorren partes importantes del territorio europeo - añadiéndose al entorno de especial complejidad que acompaña al proceso de integración-, que se trata de un tema que preocupa y mucho a no pocos gobiernos. Y preocupa no solo a gobiernos de territorios nacionales afectados por lógicos temores sobre el posible desafío a su integridad territorial, sino también a gobiernos de países no afectados, por la atmósfera de incertidumbre e inestabilidad que algunos de estos procesos comportan a nivel incluso, continental.

V.3.- Principio de autonomía regional y un difuso "derecho a decidir".

Dejando de lado ya el derecho de autodeterminación, aún nos quedaría en este apartado abordar adecuadamente un par de aspectos sobre conceptos relacionados con la autonomía regional. El primero de ellos tiene que ver con la relación entre el principio de autonomía regional y el "derecho a decidir".

El "pretendido derecho a decidir" se vincula de forma argumental al derecho inalienable de todos los pueblos a decidir libremente su futuro y su condición política, económica y social, y, de otra parte, a un también inalienable principio de carácter democrático asociado a la expresión de la voluntad popular (Pons Rafols, X.: 2014: 5). Lo que ocurre es que, desde un estricto punto de vista técnico-jurídico, lo cierto es que el derecho a decidir como tal no dispone de ninguna definición en derecho interno, europeo o internacional (Pons Rafols, X.: 2014: 16). "El denominado derecho a decidir carece, en mi opinión, de contenido jurídico alguno. Se trata claramente, a mi entender, de un neologismo, de un giro o nueva acepción lingüística, con significado y efectos estrictamente políticos" (Pons Rafols, X.: 2014: 16).

Así es, no podemos afirmar que se trate un derecho en sentido estricto, con unos titulares, con unas obligaciones que deban respetar el mandato de los poderes públicos, con unos mecanismos legales de puesta en práctica ni mucho menos de una norma previa que lo sostenga. Se trata en todo caso, de un planteamiento de alcance político (Pons Rafols, X.: 2014: 17), de la manifestación de una postura ideológica sobre la situación política con respecto al Estado. Por tanto, podríamos entrar a valorar su significado o importancia desde un punto de vista político, sus poderosos y evidentes efectos a nivel social, pero difícilmente podremos entrar a establecer juicios estrictamente jurídicos.

Aunque por otro lado si bien es verdad, este derecho no está reconocido en un texto como tal, no puede caber ninguna duda de que "la democracia se basa en la voluntad popular y que el Derecho Internacional está reconocido que es esta voluntad la base de la autoridad del poder público" (Pons Rafols, X.: 2014: 16). Lo cual conlleva que no sería descartable, acudiendo a la perspectiva histórico-dinámica del derecho y particularmente de los derechos humanos, que en un futuro acabara reconociéndose un derecho de esta naturaleza como derivado de otros relacionados al mismo. Sería algo así como un nuevo paradigma que si no desde dentro del derecho acabaría aquí aterrizando, seguramente desde la ciencia política, donde sí es cierto que el concepto encuentra adeptos y teóricos que se ocupan de su construcción doctrinal (Pons Rafols, X.: 2014: 18).

Sin embargo, desde otros ángulos doctrinales sí que dan carta naturaleza a un derecho -a decidir- que distinguen claramente del derecho de autodeterminación, este dirigido, como dijimos a pueblos colonizados u oprimidos reconocidos internacionalmente e inmersos en conflictos igualmente reconocidos a nivel internacional, mientras que el derecho a decidir está destinado a aquellos pueblos o sujetos sub-estatales que aspiran a la secesión o a un estatus jurídico diferenciado (Ridao i Martín , J: 2014: 102), y que vendría fundamentado en el principio democrático y en el principio de efectividad (Ridao i Martín, J.: 2014: 101). Por el principio democrático se trataría de defender la tesis de que el poder debe venir necesariamente basado en el sustento del pueblo o del voto popular, y a través del principio de efectividad se trataría de reconocer en este caso a un gobierno regional que de facto se comporta como el gobierno de un nuevo estado a pesar de que no lo sea -así se estableció en el caso de Kosovo por el famoso dictamen de la Corte Internacional de Justicia de 26 de julio de 2010-, sería algo parecido a dar carta de naturaleza a una situación lograda a partir de hechos consumados (Battaglia, M.: 2010: 1). Este derecho a decidir les valdría como fundamento para entablar negociaciones con el Estado del que forman parte al objeto de establecer las operaciones en el orden interno de reforma constitucional que fueran menester, tal y como ha sucedido en el caso de Quebec en Canadá, "una doctrina que muy pocos niegan ya", en palabras de Rubio Llorente, F. (Ridao i Martín , J: 2014: 102).

Lo que habitualmente no se indica es que en el caso de Canadá (que ha celebrado ya dos referéndum, uno en 1980 y el segundo en 1995), si bien es cierto que finalmente su Corte Suprema Federal (*Reference Secession Quebec, (1998)*2 S.C.R. 217) se pronunció en su dictamen a favor de que los ciudadanos quebequenses tuvieran derecho a decidir sobre su futuro político, en caso de haberse dado un eventual voto positivo del pueblo de Quebec, el resultado del referéndum hubiera llevado a un "proceso reglado" por el que, tras una negociación con el gobierno federal, culminaría en una reforma constitucional, debido a su especial trascendencia. Por lo que, habría que consultar también al resto del pueblo canadiense a través de sus representantes (Ridao Martín, J.: 2014: 99) para que se pronunciara a favor " sean la mayoría que sea" porque según reza el propio Dictamen, "no se puede aceptar que una de las dos mayorías sea más importante que la otra". Es decir, derecho a decidir sí, pero también del conjunto de ciudadanos del Estado que acoge al grupo infraestatal que piensa en autodeterminarse.

Esto llevaría por tanto a un proceso de doble consulta. En una primera fase se plantea el derecho a decidir en el ámbito interno del grupo infraestatal demandante de la autodeterminación, y en una segunda fase, y solo en caso de voto positivo por una amplia mayoría, se trasladaría la consulta por ampliación al conjunto del Estado, a través de sus representantes que deberían votoar una reforma constitucional adecuada que diera validez a todo el proceso. Este mecanismo de doble mayoría consecutiva que se infiere del Dictamen de la Corte Federal de Canadá para el caso de Quebec cubriría la posible carencia de legitimidad ante la propia carta constitucional (Ridao Martín, J.: 2014: 99) y reforzaría la decisión del grupo infraestatal, así como el proceso negociador entre los representantes del Estado y la región.

Podría aducirse perfectamente, por parte de los detractores de una solución negociada al proceso de autodeterminación, la laboriosidad y la complejidad que encierra este proceso de doble consulta (la primera un referéndum, la segunda una votación parlamentaria sobre la reforma constitucional, tras una negociación entre representantes de gobierno y provincia), pero se nos antoja completamente necesario este mecanismo articulado en dos fases teniendo en cuenta, como pone de manifiesto la propia Corte Suprema de Canadá, "la especial trascendencia del proceso, puesto que de todo ello se podía derivar una alteración del *status* político de todo el Estado y a afectar no sólo a la condición civil sino a la también política de muchas personas". Y como decíamos, esta es una nota particularmente característica del referente canadiense que no suele ser subrayada especialmente entre los seguidores del derecho a decidir, por cuanto supedita el resultado del proceso al triunfo de dos, y no sólo de una mayoría, la mayoría regional y la mayoría estatal.

No podemos dejar de preguntarnos, entonces, si la explicitación completa del modelo canadiense no llevaría, habida cuenta su complejidad material a la hora de su puesta en práctica, y la supeditación de la autodeterminación regional a la opinión del conjunto del estado, a través de sus representantes y posterior reforma constitucional, a seguir siendo realmente un modelo válido para los partidarios del derecho a decidir como habitualmente se sostiene. A mi entender es posible que no, toda vez que el modelo que habitualmente se tiene en mente es la consulta popular al grupo infraestatal que demanda la autodeterminación política sin que nada se tenga que consultar con el resto de ciudadanos del Estado a través de sus representantes más la posterior reforma constitucional, que sin quererlo seguramente, vienen muy concernidos con el resultado de la consulta en el nivel regional. Y parece obvio que esto en principio no satisface las expectativas políticas de los partidarios del simple derecho a decidir, sin más consulta que la realizada al grupo demandante.

Y es que realmente, el nudo gordiano de este asunto no deja de pasar por un nuevo choque de legitimidades entre los intereses -cívicos, políticos, económicos,...- del colectivo regional considerado y los intereses de los ciudadanos del conjunto del Estado. Es decir, entre el interés del colectivo regional por decidir su futuro político como comunidad y el interés del conjunto de los ciudadanos del Estado ante el riesgo de ver menoscabados sus derechos cívicos, políticos y económicos con una vez consumada la secesión de la región que se autodetermina. En el caso de Canadá, como precedente más importante y elaborado, más que primar, se trató de equilibrar ambas legitimidades por juzgarlas igualmente importantes, o al menos, una no más importante que la otra.

Quizá sea ésa una guías más adecuadas para calibrar los derechos políticos de una entidad infra-estatal que quiere ejercer su derecho a decidir. Mirar que, por una parte, en virtud del principio democrático esa colectividad tenga acceso a manifestar mediante consulta su derecho a decidir su futuro en términos políticos, siempre y cuando por otra parte se vean salvaguardados los derechos del resto de ciudadanos del estado que, se quiera o no, pueden verse seriamente afectados en el resultado de un proceso de semejante importancia para el futuro del Estado en su conjunto.

No atender a la totalidad de los derechos e intereses afectados en un proceso de tal calibre objetivamente menoscaba la credibilidad y sobre todo la legitimidad de un proceso de esa naturaleza. Parece lógico concluir que, independientemente del sentido y la fundamentación jurídica que queramos otorgar al proceso, solo una solución negociada entre Estado y comunidad demandante en la que se hayan cubierto la totalidad de intereses en juego y salvaguardado los derechos del conjunto de ciudadanos afectados, como sugiere el caso canadiense, enteramente comprendido, podría tener cabida, previas reformas constitucionales realizadas, un proceso de esa naturaleza.

El proceso canadiense ha sido tomado en efecto como una referencia internacional de los partidarios del derecho a decidir sobre la forma en que un estado y una región deben afrontar negociadamente la separación de ese territorio (Ridao Martín, J: 2014: 99), y de hecho así mismo fue visto en el proceso de negociador entre Reino Unido y el gobierno autónomo de Escocia que resultó en el referéndum de 18 de septiembre de 2014 (el "Acuerdo de San Andrés", sobre los términos del referéndum, fue el 15 de octubre de 2012). Pero lo fundamental y la nota en común entre la referencia canadiense y el proceso escocés es la negociación previa entre el Estado y el territorio autónomo de cara a fijar los términos del referéndum, la pregunta y el respeto de los partidarios de uno y otro sentido al resultado de la consulta. La pregunta debía ser clara ("¿Está de acuerdo en que Escocia sea un país independiente?") en los términos que se estableció en el caso quebequés, según la Ley de Claridad (*"Clarity Act"*, en inglés; *"Loi de clarification"*, en francés) de 13 de diciembre de 1999.

La claridad de la pregunta en la consulta que se deba llevar a cabo -siguiendo el modelo canadiense- es de importancia fundamental para dotar de legitimidad al proceso, en caso de que ambos agentes en juego decidan llevar el proceso adelante, habiendo salvaguardado los intereses en juego de todos los ciudadanos y llevando al efecto las reformas legales pertinentes. Una pregunta vidriosa, confusa, que no establezca con claridad meridiana las consecuencias del resultado afirmativo de la consulta popular, que no es otro que la independencia política de la región principalmente, tampoco será de utilidad para los fines del proceso. La Ley de Claridad es taxativa en este punto, la Cámara de los Comunes podrá incluso revocar la pregunta y la validez de la consulta si la pregunta puede llevar a la confusión sobre los objetivos planteados por la consulta.

De todas formas, todo lo referido al "derecho a decidir" no deja de ser una suposición teórica más o menos elaborada sobre la base de la experiencia, canadiense sobre todo, porque siendo estrictos el término de "derecho a decidir" tampoco delimita o encierra *a priori* claramente un catálogo de asuntos sobre los que el colectivo convocado está llamado a decidir.

El derecho a decidir bien puede versar sobre cuestiones que se hallen acogidas dentro del bloque normativo constitucional, sin amenazar en absoluto la integridad territorial del Estado. Pero si ese derecho a decidir versa ya sobre la capacidad de un grupo infraestatal de determinar su futuro político como comunidad, es claro que todo cambia. Se rebosa entonces el límite de la constitucionalidad y se entra en el terreno de las vaguedades y las interpretaciones de principios superiores de todo tipo. Es por eso por lo que concedemos proverbial importancia a realizar de forma previa "las reformas legales pertinentes", pues muy raro es que la carta constitucional considerada incluya en su texto un proceso de este tipo.

En consonancia con todo lo anterior, si hablamos de nuestro entorno más inmediato, el derecho a decidir es completamente viable, en el ámbito de una región o comunidad autónoma, si la cuestión sobre la que se decide entra dentro de la legalidad establecida por la carta constitucional, como pudimos comprobar al analizar la STC 42/2014, de 25 de marzo sobre la Declaración de soberanía y el derecho a decidir de los ciudadanos de Cataluña. Entonces, como poníamos de manifiesto en el punto anterior, lo que verdaderamente es cuestionable sobre el derecho a decidir es su exacerbado alcance por encima de la legalidad constitucional considerada. En ese sentido, lo que deja traslucir la sentencia del Alto Tribunal español es que, tratándose de un problema de enfoque político fundamentalmente, lo necesario sería un acuerdo político previo para reformar la Constitución de forma que el texto comprendiera algún mecanismo que permitiera ese tipo de consulta. Esa y no otra es la consideración de la jurisprudencia constitucional española sobre el derecho a decidir, al que concibe como una capacidad para manifestar "una aspiración política", que si es canalizada "mediante un proceso ajustado a la legalidad constitucional", estima que tiene perfecta cabida en el marco constitucional (Ridao Martín, J.: 2014: 97).

La diferencia de enfoque sobre el asunto, pues, entre el tribunal español y el canadiense es que éste acepta ya de inicio el derecho a decidir del pueblo quebequés -aunque no venga expresamente reconocido en su Carta Magna-, y tras una negociación con los representantes estatales, por entender que el resto de ciudadanos del Estado tienen también un interés legítimo en la posibilidad de la secesión, admite una hipotética separación de la provincia solicitante una vez operados los cambios normativos constitucionales oportunos. El tribunal español de entrada tampoco niega el derecho decidir -entendido como una "aspiración política" y no como capacidad directa de autodeterminación-, pero siempre y cuando que se halle dentro del bloque de constitucionalidad, por lo que a la postre termina exigiendo los cambios constitucionales pertinentes de forma previa, a través de la negociación política correspondiente, para que el derecho a decidir cuente con un referéndum posterior con todas las garantías.

Bien mirado parece lógico la diferencia en la aproximación al derecho a decidir que hace uno y otro tribunal si atendemos a las diferentes tradiciones jurídico que los nutren. La Corte canadiense, fiel a un modelo jurídico anglosajón maneja "principios y fuentes como el federalismo, la democracia, la Constitución, la primacía del derecho y el respeto a las minorías" (Ridao Martín, J.: 2014: 99). Es si acaso una aproximación más pragmática y menos dogmática, no necesitada de una interpretación literal de su norma constitucional y buscando un equilibrio de todos los intereses políticos en juego por encima de la norma ("la Constitución no es sólo lo que está escrito"). Sin embargo, como es bien sabido, nuestro tribunal constitucional sigue la tradición jurídica continental de base romana, más positivista, codificadora y que teniendo en cuenta igualmente aquellos principios, prima el principio de legalidad y la seguridad jurídica por encima de cualquier otra consideración.

Es evidente que, sin que ello suponga llevar a cabo aquí y ahora un recuento de las virtudes de una u otra tradición jurídica, que desde luego ambas las tienen, va más en sintonía de lo que pretendemos en nuestro trabajo la seguridad jurídica que propone el Tribunal Constitucional español en cuanto que se fundamenta en bases jurídicas a priori más sólidas como es demandar de forma previa la observancia del marco constitucional en todo momento como condición *sine qua non* para que cualquier intento de esta naturaleza pueda llegar a ser considerado y, llegado el caso, modificado por el sistema político. Se trata, al menos en este caso, de un modelo más garantista y que sobre la base de la norma constitucional salvaguarda los derechos de todos los ciudadanos del estado, y no sólo los de una parte del mismo. Volviendo sobre las palabras de la Corte Suprema canadiense, no se puede aceptar que una mayoría sea más importante que la otra.

En suma, diálogo, negociación, principio de legalidad y equilibrio de intereses y derechos son los cuatro lados de un cuadrado que encierra la posibilidad de llevar adelante un proceso en el que se quiera ejercer por parte de una colectividad infraestatal su derecho a decidir. No se cuestiona tanto, entonces, la posibilidad de llevarlo a cabo, sino la forma, el método para ponerlo en marcha y la salvaguarda de los intereses en juego de todos los ciudadanos afectados. Cuestión aparte será, si conjugar todos esos parámetros con visos de éxito, sea una tarea factible o no. En nuestra opinión, este último punto no es tan trascendental como guardar escrupulosamente una hoja de ruta que garantice, según criterios de legalidad universalmente aceptables, los derechos de los ciudadanos tanto de la región considerada como los del resto del Estado.

En resumidas cuentas, resulta difícil con estos antecedentes poder establecer una relación sólida, desde un punto de vista jurídico, entre el principio de autonomía regional y el derecho a decidir. Lo único que cabe decir en este sentido es que, si lo que se pretende es dar carta de naturaleza a una aspiración política como es la de poder pronunciarse sobre el futuro político de un territorio dentro de un estado, desde luego la vía no puede ir a través de su fundamento jurídico o político en el principio de autonomía regional, sino a través de otros conceptos jurídicos como quizá el principio democrático o por supuesto el propio derecho de autodeterminación, desde una manifestación interna y vinculada a los derechos humanos (Pons Rafols, X.: 2014: 28). Como ya quedó dicho, la autonomía regional tiene como última frontera, el estado, y el ámbito de decisión de una región debe quedar en todo aquello que quede dentro de sus límites y no mas allá. En suma, querer basamentar el derecho a decidir en el principio de autonomía regional sería una contradicción en sus propios términos y, a decir de algunos, un argumento falaz (Pons Rafols, X.: 2014: 16).

En este sentido, en los últimos meses se han agregado al debate sobre el derecho a decidir en España voces importantes, destacando por su especial significación la opinión del Presidente del Tribunal Constitucional, Sr. Francisco Pérez de los Cobos, reconociendo la necesidad en el estado español de reformar la Constitución. "La parte de la Constitución que ha envejecido peor es el Título VIII. Si uno lee bien constata que la realidad del Estado autonómico lo ha desbordado y, por consiguiente, probablemente abordar su reforma no sería insensato"[109]. Y añade que "la distribución competencial entre el Estado y las comunidades Autónomas se ha manifestado como algo problemático y ha exigido un protagonismo excesivo del Tribunal Constitucional para su definición", algo que el Magistrado no considera lo más apropiado y muy de acuerdo con lo que en esta tesis se viene sosteniendo. Es decir, mayor participación de la clase política a la hora de tejer acuerdos y consensos, y medidas legislativas que aporten mayor precisión y amplitud del elenco de competencias a cargo de las entidades sub-estatales[110].

Con respecto a todo ello, es menester subrayar las siguientes conclusiones en este capítulo a modo de resumen. El reconocimiento de la autonomía regional inmerso en la letra del artículo 4.2 del Tratado de la Unión Europea no habla en absoluto del derecho a la autodeterminación de los pueblos, ni se puede interpretar que dé pie a ello desde ningún prisma, en cuanto que se trata de un

109. *La Vanguardia, 13 de abril de 2015, aludiendo a una entrevista concedida por el Presidente del Tribunal Constitucional al diario ABC del día anterior.*

110. *Muchas de las tensiones territoriales que han sacudido y todavía sacuden el sistema político e institucional español en su conjunto es, precisamente, la mejorable gestión de los conflictos de competencias, especialmente y en los últimos tiempos, en la intromisión que se ejerce desde el gobierno central hacia las autonomías. En este mismo sentido se pronuncia el Dictamen del Comité de las Regiones, de 12 /04/ 2013, "La descentralización en la Unión Europea y el lugar del autogobierno local y regional en la elaboración y ejecución de las políticas de la Unión Europea" (2013/C 139/08), DOUnión Europea del 17 de mayo de 2013. Sobre la manifiestamente mejorable gestión normativa de las competencias territoriales en nuestro país también se pronuncia el Informe de monitorización del Congreso de Poderes Regionales y Locales (CLRA), del Consejo de Europa, de 28 de febrero de 2013, "Democracia local y regional de España" C/G MON 23/5.*

principio que solo cabe considerarlo en el marco estructural de un estado, siendo además que los estados miembros son los "señores" del derecho primario europeo. El mencionado artículo 4.2, por tanto, se limita a hacer referencia y a reconocer el principio por el cual las regiones tienen la facultad de disfrutar y ejercer de forma pacífica su autogobierno dentro de la estructura política fundamental del estado miembro, del cual se respetará su identidad nacional y sus funciones, entre las que se hallan de forma esencial salvaguardar la integridad territorial y la seguridad nacional, sin que puedan darse injerencias en el desempeño exclusivo de esas funciones.

La autonomía regional de la que habla el artículo 4.2 proyectará sus efectos, como máximo, en el ámbito exterior europeo, en base a la mayor implicación de las regiones en la ejecución de sus políticas, pero sin que pueda confundirse con un derecho o facultad de conducirse de forma independiente en el ámbito exterior. Principio de autodeterminación y principio de autonomía regional, son principios diferenciados e inconexos. El primero tampoco derivará jamás del segundo, puesto que tanto el principio de autonomía local como el de autonomía regional se fundamentan en la organización político-territorial del Estado. Hemos visto, en el caso español, como especialmente a partir de la sentencia del Tribunal Constitucional 42/2014 de 25/03/2014, sobre la Declaración de Soberanía del Parlamento Catalán 5/X, no pocos autores tratan de localizar desde el derecho interno diferentes soluciones jurídicas para armonizar ambos principios, autonomía regional y autodeterminación, soluciones desde luego exportables a otros sistemas jurídicos, pero que en todo caso no están exentas de serias dificultades a la hora de su puesta en práctica por la compleja maquinaria de mayorías cualificadas para que una propuesta semejante triunfe con arreglo al derecho interno.

Como se apuntó, el derecho de autodeterminación no se basa en el concepto de autonomía regional o región, sino en el concepto de "pueblo", término más sociológico o político que no jurídico. "Región" y "pueblo" no son términos sinónimos desde un punto de vista jurídico aunque luego puedan coincidir en su territorio de evolución y desarrollo. En realidad, debe afirmarse que al día de hoy todo lo que se perfila en torno al derecho de autodeterminación sigue rodeado de cierto halo de confusión argumental, como demuestra el hecho de que la jurisprudencia internacional de la Corte Internacional de Justicia de La Haya no haya acabado de delimitar el alcance general del derecho de autodeterminación al día de hoy, afirmando por un lado una carencia de prohibición general de auto-proclamación de independencia en el derecho internacional (O. C. Corte Internacional de Justicia de la Haya de 22 de julio de 2010, asunto Kosovo), y por otro la necesidad de analizar el caso concreto para conceder validez a la autodeterminación.

Por su parte, el principio de autonomía regional tampoco puede relacionarse con el llamado "derecho a decidir" toda vez que éste no es un concepto jurídico positivizado en ningún código legal, ni interno ni internacional. Se trata de un concepto que proviene de la ciencia política y que se halla todavía en construcción doctrinal, sin que ello suponga que desde luego pueda hallarse cierta base de reclamación para este tipo de propuestas que podría apoyarse, no sin cierto esfuerzo doctrinal, en otra serie de principios como el principio democrático, pero nunca en el principio de autonomía regional. De todos modos todo esto no impide en absoluto, y esto es importante subrayarlo, que como ha dicho Francesc de Carreras "la Constitución ha dejado de ser un muro en el que indefectiblemente debe estrellarse el llamado "derecho a decidir", para convertirse en un cauce dentro del cual los políticos deben encontrar la solución al problema existente" (Tornos Mas, J.: 2014: 1).

CONCLUSIONES

En este trabajo se sostiene que el concepto de autonomía regional a nivel europeo debe entenderse en los siguientes términos: la capacidad de las autoridades regionales, elegidas democráticamente, de regular, administrar y gestionar bajo su propia responsabilidad, contando con sus propios recursos económicos y con recursos transferidos, una parte de los asuntos públicos en interés de la población de su región, tanto en el orden interno como en el europeo, y todo ello de acuerdo con los principios de legalidad, subsidiariedad, lealtad institucional y solidaridad territorial.

Por tanto, autonomía regional debe contar con cuatro elementos: competencias, formas de ejercicio de esas competencias hacia el exterior, medios financieros y defensa de su autonomía.

En este sentido, el Consejo de Europa es la organización internacional que más ha profundizado en dotar de significado a la autonomía regional. Considera que es uno de los avances más relevantes de la democracia en el siglo XX en cuanto logra acercar la administración al ciudadano e incrementar su participación política.

La Carta Europea de Autonomía Local de 1985 constituye la génesis de la base jurídica de la autonomía regional a nivel europeo. A pesar de que este tratado internacional tiene por objeto y fin el reconocimiento del derecho al autogobierno local, dos de sus preceptos pueden interpretarse de forma que incluya la autonomía de las regiones. El artículo 4, que habla del "alcance de la autonomía local", al referirse en el apartado 3 al ejercicio de las competencias públicas lo hace de "modo general" y sin distinción de niveles de gobierno, posibilitando así su aplicación a los entes regionales. Posteriormente, en su artículo 13, reitera que aquellos estados que así lo decidan podrán designar a las categorías de entidades locales o regionales a las que quieren aplicar los preceptos del convenio. De esta forma, la Carta Europea de Autonomía Local, al extender su ámbito de aplicación se erige en el primer documento jurídico internacional que ha reflejado la autonomía regional como objeto de protección a nivel europeo e internacional.

Sin embargo, a pesar de varios intentos materializados en sendos proyectos de cartas no se ha podido alcanzar un consenso sobre el contenido de la autonomía regional que tenga plasmación en un Tratado tal como sí ha ocurrido con la autonomía local. Los motivos se han derivado principalmente del recelo de los Estados a comprometerse con una definición que pudiera poner en riesgo su soberanía, sobre todo a la hora de poder desarrollar su propio modelo territorial y el temor a que la autonomía regional sea entendida como un derecho de las entidades sub-estatales a la secesión. El resultado es que no existe un concepto europeo de autonomía regional, aunque sí después se ha recogido formalmente y por primera vez en un tratado internacional, el Tratado de la Unión Europea. Esta plasmación, en una norma convencional ratificada por nada menos que 28 Estados, ya produce en si misma consecuencias jurídicas.

La mención a la autonomía regional en el artículo 4.2 del Tratado de la UE, supone el reconocimiento del principio de autonomía regional en el derecho primario europeo. De ello se desprenden consecuencias jurídicas exigibles a todos los poderes públicos europeos.

A nivel institucional, el Comité de las Regiones ha sido el actor más comprometido a la hora de reivindicar un reconocimiento del autogobierno regional, presionando para que ese reconocimiento se plasmara en la letra de los Tratados fundacionales y alcanzara un "rango constitucional". Sus reclamaciones en esa dirección se dejaron sentir ya en el proyecto de tratado constitucional y como resultado de esa presión se logró que por primera vez se hallara, en el entorno de la Unión Europea, una referencia a la autonomía regional como "principio jurídico" dotado de fuerza normativa. Para el Comité dicho reconocimiento supondría, también, la consagración de que los entes sub-estatales son portadores de democracia y vehículos de la más inmediata y directa participación ciudadana.

La redacción del artículo 4.2 del Tratado de la Unión Europea, en su versión actual, se gestó en las negociaciones en el seno de la Convención Europea que preparó el "Proyecto de Tratado por el que se instituye una Constitución para Europa" entre 2001 y 2003. Esa redacción fue el resultado de muchas negociaciones a diferentes niveles: entre estados, representantes de los parlamentos nacionales de estados miembros, países candidatos, movimientos asociativos regionalistas (llamado "Grupo de contacto de Regiones y entes locales", entre los que destaca el Comité de las Regiones), Parlamento Europeo y Comisión Europea. Sin duda, la presión ejercida por el Grupo de Contacto de Regiones y Entes Locales -junto con algunos Estados, especialmente de la República Federal Alemana- fue providencial de cara a que, finalmente, el principio de autonomía regional fuera reconocido expresamente en la letra de los Tratados. Por tanto, la alusión en el artículo 4.2 del Tratado de la Unión Europea -y su colocación sistemática en el texto-, no es una mención sin consecuencias jurídicas, sino una fórmula de consenso lograda como resultado de sucesivas negociaciones entre los múltiples agentes actuantes.

El artículo 4.2 del Tratado de la Unión Europea consagra, entonces, y en primer término, al Estado como actor principal y elemento constitutivo de la Unión Europea, siendo la referencia fundamental de cara a fijar posiciones de cada uno de los miembros en el seno de la organización. Asimismo, dicho precepto preserva la unidad nacional de los estados miembros y su soberanía. Por su parte, la cláusula referida al respeto de la "identidad nacional de los estados miembros" debe ser conectada con la estructura política fundamental de dichos estados, si bien en algunos estados se relacionó más con la idea del ejercicio de la soberanía, como en Francia.

Así, la Unión Europea no podrá interferir en ningún tema referido directa o indirectamente a la soberanía de los estados o a su estructura política territorial. Igualmente, se declara la igualdad jurídica de todos los estados frente al Tratado, independientemente de su forma de gobierno o estructura política.

Sin embargo el reconocimiento de la autonomía regional en el Tratado de la Unión Europea ha supuesto que la Unión, *de facto* y *de iure,* sí intervenga en la estructura político-territorial de los Estados, en la medida que las regiones se han "europeizado" y han pasado a ser también actores del proceso de integración europea, principalmente a través del Comité de las Regiones.

La autonomía regional se halla incardinada en el Título I de "Disposiciones Comunes" junto a otros valores, objetivos y principios fundamentales. En realidad, como expresa reiteradamente la doctrina, los denominados "valores" del Tratado de la Unión son principios jurídicos estructurales en cuanto que igualmente dirigen la actuación institucional en determinado sentido y cohesionan el sistema normativo a través de guiar la interpretación y la aplicación de las normas en esa orientación.

Por su parte los objetivos del artículo 3 son los fines que se establecen para la organización y que llevaron a la firma del Tratado: la paz, los valores de la organización y el bienestar de los pueblos de Europa. De especial interés para la autonomía regional son los objetivos de solidaridad entre los Estados miembros y la cohesión social y económica entre los diferentes territorios europeos. Se busca un equilibrio económico territorial y un desarrollo sostenibles. Así, el ejercicio de la autonomía regional deberá conjugar el autogobierno de la región, primero, con la contribución solidaria al crecimiento económico de las regiones menos favorecidas, y segundo, con el objetivo común de promover un desarrollo equilibrado a nivel social, cultural y de infraestructuras entre los diferentes territorios europeos, así como colaborar en el fomento de una identidad común.

Otros preceptos que relacionados con el 4.2 del Tratado de la Unión Europea nos siguen conduciendo por esa linea argumental son sus precedentes los artículos 1 y 2. El primero, en su segundo párrafo, nos dice con rotundidad que todas "las decisiones deben serán tomadas de la forma más abierta y posible al ciudadano", aludiendo al principio de proximidad institucional al ciudadano y al principio de subsidiariedad, sobre todo éste último refiriéndose al modo de ejercicio de las competencias y no como un método de atribución de las mismas. El artículo 2 invoca los valores tradicionales de la democracia, incluyendo la igualdad y el respeto a las minorías.

Desde este ángulo, los efectos jurídicos del artículo 4.2 del Tratado de la Unión Europea que se desplegarán en la legislación y la administración europea, con todo lo que tenga que ver con las regiones, deberían ser de hondo calado, no sólo en términos de presencia institucional, sino en una consideración general como sujetos autónomos y activos que se guían a partir de sus propios intereses, siempre dentro de las coordenadas del lógico respeto y lealtad institucional hacia el Estado. Esa nueva forma autónoma de conducirse institucionalmente debería tener un lógico correlato en su capacidad de defenderse ante la jurisdicción europea, con la posibilidad de actuar en nombre propio, y no bajo el manto del Estado, ante el Tribunal de Justicia de la Unión Europea. En el terreno procesal, de todas formas, ha de admitirse que incluso después de la entrada en vigor del Tratado de la Unión Europea, el estado de cosas, en cuanto a la capacidad de las regiones de defenderse ante el Tribunal de Justicia de la Unión Europea no ha cambiado en gran medida. Sería adecuado que, en consonancia con todo ello, las regiones dispusieran de legitimidad activa ante la Sala del Tribunal europeo para defender correctamente sus intereses en el ámbito de la organización, de acuerdo con las directrices marcadas desde la Comisión Europea en diversos documentos, como su Libro Blanco para la Gobernanza

Europea, así como el nuevo espíritu inmerso en la letra de los Tratados y a un concepto histórico-dinámico del derecho que indica la necesidad de ver recompensado el esfuerzo administrativo de las regiones en la política europea y en proporción a su cuota de legitimidad democrática.

La referencia a la autonomía regional en el artículo 4.2 del Tratado de la Unión Europea la consagra definitivamente como un principio jurídico de carácter fundamental – o estructural- en favor de las regiones que deberá ser respetado y que informará y dará cohesión a toda la legislación de la Unión Europea así como a su actuación institucional. La autonomía regional es un principio jurídico en cuanto se erige en un estándar de legalidad por sí mismo, genera comprensión por su capacidad de ordenar y proporciona argumentos para la aplicación creativa del derecho. A través suyo, el sistema normativo adquiere coherencia interna y marcará la dirección a la cual debe dirigirse el conjunto de la legislación en dicho terreno. Su vaguedad a la hora de su formulación, lejos de ser un inconveniente resulta ser una nota distintiva más, propia de los principios jurídicos, y debido a ello es difícil que pueda responder a la legalidad o ilegalidad del caso concreto, porque en realidad lo que busca es informar al sistema en su conjunto. Por último, se trata de un principio jurídico por venir revestido de "objetividad", su obligatoriedad como norma jurídica no parte de la creación de ningún sujeto, sino de una realidad independiente. Y es que desde el momento en que un principio jurídico es expresado normativamente, el ordenamiento jurídico europeo debe respetar el contenido esencial de dicho principio.

Por tanto, cuando hablamos de la irrupción de la autonomía regional en el artículo 4.2 del Tratado de la Unión, estamos hablando del reconocimiento de un principio de carácter fundamental que desprende efectos normativos. No solo los argumentos desgranados paso a paso como el curso de las negociaciones y sus resultados, el reconocimiento admitido y celebrado por varios estados tras su entrada en vigor, la colocación sistemática del precepto, la redacción precisa en los términos en los que aparece, sino que además, otros alegatos de mucho peso nos llevan finalmente a concluir ese reconocimiento con efectos normativos del principio de autonomía regional. Esos argumentos definitivos tienen que ver con la aplicación de las reglas interpretativas de la Convención de Viena de 1969 sobre el Derecho de los Tratados, artículos 31 y 32. Y si además, por último, ponemos el artículo 4.2 del Tratado de la Unión Europea en relación de forma conveniente con otros preceptos conexos cerraremos definitivamente nuestra conclusión. Sin ir más lejos, el artículo 4.3 nos dice que el Tratado es susceptible de crear derechos y obligaciones que deben cumplidas por los Estados y hacer que se cumplan.

En cuanto a los efectos del reconocimiento del principio de autonomía regional ha de concluirse que, en primer lugar, para las instituciones de la Unión el respeto de la autonomía de las regiones es una obligación principal y un valor fundamental a tener en cuenta en la construcción del proceso de integración. Se trata, pues, de un principio jurídico con fuerza normativa que contiene un deber general, transversal, que irradia sus efectos en toda la actuación normativa y ejecutiva de la organización. Es, por tanto, una obligación de hacer, de promover de forma proactiva dicho respeto hasta sus últimas consecuencias. Dicha obligación y respeto se predica también de los Estados. El respeto debido de las instituciones europeas hacia la identidad nacional de los Estados miembros, también en lo que se refiere a la autonomía regional y local, no puede entenderse como una obligación sin límites, una ceguera absoluta de las instituciones europeas a lo que pueda suceder en el seno de un Estado miembro. Por encima de ese respeto está la legalidad internacional, y los principios de primacía y de aplicación uniforme de la normativa europea. No basta la mera invocación del artículo 4.2 del Tratado de la Unión Europea para eludir la normativa comunitaria en base a la identidad nacional, será el caso concreto lo que dictamine el verdadero alcance de dicha identidad y su concordancia con la legalidad europea.

En definitiva, la visión que se propugna en este trabajo, a partir de la constatación del reconocimiento inmerso en el artículo 4.2 del Tratado de la Unión Europea del principio de autonomía regional es contemplar el proceso de integración europeo como el desarrollo de un sistema de "gobierno multi-nivel" en el que las regiones gozan de plena autonomía de actuación en un marco de estructura compuesta protagonizado por el espíritu del "*verbund*", una cooperación leal de todos los niveles de gobierno, en consonancia con el nuevo y verdadero espíritu de la Europa unida que reclama la Comisión Europea. De este modo, el principio de autonomía regional atiende a su fundamento, a que las regiones hagan un ejercicio del autogobierno incardinadas en esa estructura compuesta del poder guiadas por el espíritu de cooperación institucional.

Hay que distinguir y relacionar de forma conveniente el principio de autonomía regional con otros principios conexos. El principio de autonomía regional no es una manifestación del principio de subsidiariedad por mucho que ambos principios guarden íntima relación.

En realidad la autonomía es un concepto más amplio que el de subsidiariedad, ya que comprende las diferentes facetas del autogobierno, mientras que la subsidiariedad es un modo de ejercicio de las competencias persiguiendo básicamente que el ejercicio de la competencia se lleve a cabo por la administración más próxima al ciudadano, bajo criterios de eficacia y proporcionalidad. La consagración del principio de autonomía regional expande de alguna forma los efectos del principio de subsidiariedad en cuanto que hasta su entrada en vigor, la subsidiariedad en la Unión organizaba básicamente las relaciones competenciales entre Estados miembros e instituciones europeas, mientras que ahora esa organización competencial se extenderá también a las relaciones con las entidades infraestatales.

Por su parte el principio de autonomía regional debe ser ejercido teniendo en cuenta algunos límites importantes, como es el principio de legalidad, el de cooperación leal y el de la solidaridad y cohesión territorial. La autonomía se ejerce en el marco de un Estado, y éste debe procurar un equilibrio económico adecuado entre las diversas partes del territorio nacional, por lo que la autonomía de las regiones se deberá someter al criterio de la justa asignación de recursos entre las diferentes regiones del Estado. La solidaridad, por tanto, coadyuva al ejercicio de la autonomía haciendo las veces de un marco de referencia y asegurando los recursos mínimos para que ese autogobierno se lleve a cabo. La cohesión territorial, por su lado, garantiza un nivel de autonomía razonable a las diversas partes del territorio. Pero se trata de un principio más amplio que el de la solidaridad territorial, ya que tal y como está diseñado en el Tratado de la Unión, la cohesión implica también una serie de actuaciones de los poderes públicos dirigidas a que todas las regiones de la Unión guarden un nivel semejante de desarrollo social, cultural, económico y disfruten de una conectividad que asegure ese crecimiento armónico. La cohesión territorial,a diferencia del principio de solidaridad territorial, persigue también la construcción de una identidad común entre los diferentes territorios. Tanto cohesión territorial como solidaridad regional funcionan como principios limitadores al objeto de lograr un correcto ejercicio de la autonomía regional. Finalmente el principio de autonomía regional descansa en el respeto a la integridad territorial de los estados que es donde encuentra su razón de ser. La autonomía regional no puede ser entendida como un derecho que habilite a la región a la secesión, sino todo lo contrario. De tal forma que si no hay Estado tampoco puede haber autonomía regional.

El reconocimiento de la autonomía regional inmerso en la letra del artículo 4.2 del Tratado de la Unión Europea no habla del derecho a la autodeterminación de los pueblos, ni se puede interpretar que lo fomente. La autonomía regional es un principio que solo cabe considerarlo en el marco estructural de un Estado, siendo además que los estados gozan de igualdad soberana. La autonomía regional de la que habla el artículo 4.2 proyectará sus efectos, como máximo, en el ámbito exterior europeo, en base a la mayor implicación de las regiones en la elaboración y ejecución de sus políticas, pero sin que pueda confundirse con un derecho o facultad de conducirse de forma independiente en el ámbito exterior. Es menester también recordar que el derecho de autodeterminación viene señalado por unos límites que son la integridad territorial del Estado, como principio básico del derecho internacional, y el derecho de los diversos territorios del mismo a determinarse de igual forma que el territorio que reclama su autodeterminación. Asimismo, principio de autodeterminación y principio de autonomía regional, son principios diferenciados e inconexos. El primero tampoco derivará jamás del segundo, puesto que tanto el principio de autonomía local como el de autonomía regional se fundamentan en la organización político- territorial del Estado.

Por su lado, el principio de autonomía regional tampoco puede relacionarse con el confusamente llamado "derecho a decidir" toda vez que éste no es un concepto jurídico reconocido ni en los derechos internos ni en el plano jurídico europeo e internacional. Es un concepto que proviene de la ciencia política y que se halla todavía en proceso de construcción doctrinal, sin que ello suponga que desde luego pueda hallarse cierta base de reclamación para este tipo de propuestas que podría apoyarse, no sin cierto esfuerzo doctrinal, en otra serie de principios como el principio democrático, este último no reconocido por el derecho internacional, pero nunca en el principio de autonomía regional.

Por tanto, el principio de autonomía regional se deriva de estos principios: el principio de igualdad soberana (desde el derecho internacional), por el cual todos los Estados, investidos de prerrogativas y responsabilidades, son iguales en derechos y deberes y tienen completa libertad de elegir y desarrollar su sistema político, social, económico y cultural, todo ello en base al respeto al Derecho Internacional; y desde el derecho europeo, por el principio de subsidiariedad, por el que las decisiones gubernativas se deberán de tomar por la administración más cercana al ciudadano, bajo criterios de eficacia y proporcionalidad; y los principios de solidaridad y de cohesión territorial, por el cual el desarrollo económico europeo debe ir presidido bajo criterios de crecimiento armónico y desarrollo sostenible en el conjunto de los estados miembros.

BIBLIOGRAFIA.

1.- **Europa, regionalismo y regiones europeas.**

- Abril Manso, R. "El Comité de las Regiones: Su Reforma". Revista de Derecho de la Unión Europea, nº 3, 2º Semestre 2002. Madrid, 2002.

- Albertí i Rovira, E. "Les regions dins la nova Unión Europea. El llarg camí cap una presencia directa de les regions dins la Unión Europea". Autonomies, nº 29 (2003). Barcelona, 2003.

- Albertí i Rovira, E. "Las regiones en el nuevo Tratado de la Unión Europea". Barcelona 27/28 noviembre de 2008. Universitat Pompeu Fabra. Barcelona, 2008.

- Alli Aranguren, J. C. «Las regiones en la construcción de Europa». Azpilcueta: Cuadernos de Derecho. Nº 16, año 2001. Dedicado a estudios de Regionalismo e Integración Europea. Jornadas sobre Regionalismo e Integración Europea, Donostia, 14 y 15 de febrero de 1998. Sociedad de Estudios Vascos. Donostia-San Sebastián, 2001.

- Antxustegi, B. & Aguirre, A. "¿De qué hablamos cuando hablamos de diversidad lingüística en Europa? La importancia de su definición para determinar el papel de los poderes públicos en su defensa y promoción". Dirección de Coordinación de la Viceconsejería de Política Lingüística del Gobierno del País Vasco, Basque Country. II Mercator International Symposium: Europe 2004: A new framework for all languages? Tarragona – Catalunya, 27/28-2-2004. Tarragona, 2004. (http://www.ciemen.cat/mercator/pdf/simp-antxus-aguirre.pdf).

- Arce Janáriz, A.. "Las regiones legislativas de la Unión Europea". Curso del Instituto Nacional de Administración Pública "Administraciones, Jueces y Unión Europea", Madrid 2002 (Dirección David Ordóñez Solís). Madrid, 2003.

- Bandrés, J. M. "La Carta Europea de Autonomía Local en la Jurisprudencia del Tribunal Supremo". Fundación Democracia y Gobierno Local, págs. 7 a 22. QDL, 20/06/09. Madrid, 2009.

- Bernad, M.; Salinas, S. y Tirado, C. "Instituciones y Derecho de la Unión Europea". Realizaciones, Informes y Ediciones Europa. Zaragoza, 2003.

- Bilancia, P., Palermo, F., Porchia O.: "European fittness of Italian Regions". Perspectives on Federalism. Vol.2., nº 2. Compagnia di San Paolo. Torino, 2010.

- Bogdanor, V. "Devolution in the United Kingdom". Oxford University Press. Oxford, 2001.

- Boixareu Carreras, A. "El principio de subsidiariedad". Revista del Instituto de Derecho Público. Universidad de Barcelona. Barcelona, 1994,

- Burrows, Noreen. "Devolution". Sweet and Maxwell. London, 2000.

- Camacho Ballesta, J. A.- Velikhova, Y. "Perspectiva territorial de la Unión Europea: El largo camino hacia la cohesión Territorial. Cuadrenos geográficos.Nº 47. Madrid, 2010.

- Carmona Contreras, A. M. "La organización territorial de los Estados en el Tratado de Lisboa: ¿Nada nuevo bajo el sol?" Teoría y realidad constitucional, núm. 23, 2009, pp.237-256. UNED. Madrid, 2009.

- Constantinesco, V. "Comunidades Europeas, Estados, regiones: el impacto de las estructuras descentralizadas o federales del Estado en la construcción europea". Revista de Instituciones Europeas, nº 16. Centro de Estudios políticos y constitucionales. CEPC. Madrid, 1989.

- D'Antena, A. "Subsidiarity and division of competencies between European Union, its Members States and their Regions", The European Constitution in the making. Nomos Publ. Berlin, 2003.

- D'Antena, A: "Between Spain and Germany. The historical models of Italian regionalism". Italian Papers on Federalism. Rev, nº 2, ISSIRFA. Roma, 2013.

- D'Antena, A: "Regionalismo e integración supranacional desde una perspectiva europea". Revista de Derecho Constitucional Europeo. Año 4, Nº 7. Instituto Andaluz de Administración Pública. Granada, 2007.

- Deop Madinabeitia, X. "El Proyecto de Carta de Autonomía Regional del Consejo de Europa". Revista Vasca de Administración Pública, nº 52, 1998. Págs. 429-455. Bilbao, 1998.

- Domínguez García, F. "Las regiones con competencias legislativas". Generalitat de Catalunya/Ed. Tirant Lo Blanch. Valencia, 2005.

-Heintze, H-J., "Implementation of Minority Rights through the Devolution of Powers- The concept of Autonomy reconsidered". International Journal on Minority Groups Rights. New York, 2002.

- Huici Sancho, L. "El Comité de las Regiones: su función en el proceso de integración europea". UB Universitat 12. Publicacions Universitat de Barcelona. Generalitat de Catalunya- Institut d'Estudis Autonómics (2003). Barcelona, 2003.

- Keating, M. "A Quarter Century of the Europe of the Regions". Regional and Federal Studies, vol 18. nº 5. Ed. Taylor and Francis. Oxford, 2008.

- Lamassoure Report (A5-0133/2002). "Division of competences between the European Union and the Member States (2001/2024 (INI))". European Parliament. Brussels, 2002.

- Mangas Martín, A. y Liñán Nogueras, D.J.. "Derecho comunitario europeo y Derecho Español", 2ª edición. Editorial Tecnos. Madrid, 1987.

- Mangas Martín, A. "El Tratado de la Unión Europea: Análisis de su estructura general". Gaceta Jurídica de la C.E. y de la Competencia. D-17. Madrid, 1992.

- Mangas Martín, A. y Liñán Nogueras, D. J. "Instituciones y Derecho de la Unión Europea". Editorial Tecnos. Madrid, 2004.

- Mangas Martín, A y Liñán Nogueras, D. J. "Instituciones y Derecho de la Unión Europea". Editorial Tecnos. 7ª Edición. Madrid, 2012.

- Mangas Martín, A. "Los límites del principio de igualdad en los Estados en el marco del sistema institucional". Unión Europea Aranzadi. Madrid, 2007.

-Mangas Martín, A.: "La distribución de competencias en la Unión Europea y el principio de subsidiariedad". Ponencia en la Jornada sobre el Principio de Subsidiariedad en la Unión Europea celebrada el 17 de diciembre de 2008 en el Parlamento de Navarra. Fundación Manuel Giménez Abad. Pamplona, 2008.

- Martín y Pérez de Nanclares, J. "La nueva conferencia intergubernamental: hacia un tratado simplificado muy complicado". Revista Electrónica de Estudios Internacionales. Nº 14. Madrid, 2007.

- Marks, G. et al. "What do national offices think they are doing in Brussels?" Regional and Federal Studies, vol.12, nº 3. Pages 1-23. Ed. Rutledge. New York, 2002.

-Medina, Manuel. "La Comunidad europea y sus principios constitucionales". Editorial Tecnos. Madrid, 1974.

- Morata i Tierra, F. "Subsidiariedad, Regiones y Unión Europea". Cuadernos Europeos de Deusto. Nº 35. Instituto de Estudios Europeos. Bilbao, 2006.

- Morata i Tierra, F. "Gobernanza multinivel entre democracia y eficacia". En Stavridis, S., Cancela Outeda, C., Ponce de León, C., Guardatti, G.A. (Coords.), Gobernanza multi-nivel y multi-actor. Prensas Universitarias de Zaragoza, 2011. Zaragoza, 2011.

- Morata i Tierra, F. "Políticas de cohesión y Gobernanza Europea". Gobernanza Multinivel en la Unión Europea. Ed. Tirant Lo Blanch. Valencia, 2004.

- Morata i Tierra, F. "Gobernanza multinivel en la Unión Europea". Ponencia en el VII Congreso Internacional del CLAD sobre la Reforma del Estado y la Administración Pública. 8/11 de octubre de 2002. Lisboa, 2002.

- Moreiro González, C.J. "La erosión estatal del mercado interior y de la ciudadanía de la Unión". Revista Española de Relaciones Internacionales, nº 5. ISSN 1989-6565. reri.difusionjuridica.es. Madrid, 2013.

- Moreno Molina, A. M. "La ejecución administrativa del Derecho Comunitario". Editorial Marcial Pons. Madrid, 1998.

- Morgades Gil, S. "El principio del respeto a la identidad nacional y de las funciones esenciales de los estados miembros de la Unión Europea". Working Paper Provisional, 17/09/2010. Universitat Pompeu Fabra. Barcelona, 2010.

- Mouton, J.-D. "Vers la reconnaissance de droits fondamentaux aux Etats Dans le système communautaire?». «Les dynamiques de Droit Européen en début du siècle. Etudes de l'honneur de Jean Claude Gautron. Editions Pédone. París, 2004, p. 466.

- O'Leary, S. y Fernández Martín, J. Mª. "¿Hacia la Europa de las Regiones? El principio de Subsidiariedad, la integración europea y el futuro de las entidades subestatales". Revista de Estudios Políticos (Nueva Época). Número 90. Oct.-Dic. 1995. Madrid, 1995.

- Olesti Rayo, A. "Los principios del Tratado de la Unión Europea". Ariel Derecho. Barcelona, 1998.

-Palomares Amat, M. "La participación del Parlamento de Cataluña en la aplicación y el control del principio de subsidiariedad". Revista de Derecho Comunitario Europeo. Número 38. enero/abril. Madrid, 2011.

- Pérez Medina, J.M., "Tratamiento de la cuestión regional en el Proyecto de Tratado Constitucional de la Unión Europea", Revista General de Derecho Europeo, Madrid, 2004.

- Petrisch, B.. "Regions with legislative powers in Europe: role and evolution". Working Group "Regions with legislative powers". 17th Plenary Session. CPR (17) 24 September 2009. Council of Europe. Congress of Local and Regional Authorities. Strasbourg, 2009.

- Piguet, Jean Michel. "The Swiss Tribunal's case-law on local self-government: a praetorian charter of local self-goverment". Council of Europe. Publishing Department Service. Strasbourg, 1993.

- Pliakos, A. "La nature juridique de l'Unnion Europeénne». RTDE nº 2. Abril-junio, 93. París, 1993.

- Prodi, R. Discurso del (ex) Presidente de la Comisión Europea 02/344, en Bellagio, el 15 de julio de 2002. Comisión Europea. Bruselas, 2002.

-Porpartan, L. A. – Solorio Sandoval, I. "Las regiones en la Unión Europea: procesos y paradigmas". Revista CIDOB d'afers internacionals, nº 99 (septiembre 2012). Barcelona, 2012.

- Rabe, P. Draft explanatory report on the draft European charter of regional self-government – CPR (4) 4, Part II. (08/07/1997). Council of Europe. Congress of Local and Regional Authorities. www.coe.int. recommendations. Related documents. Strasbourg, 1997.

-Requejo Coll, F. "El secuestro de Europa". La Vanguardia, 30-09-2013. Pág. 29. Barcelona, 2013.

- Suszyka-Jasch, M.; Jasch H.C. "The participation of the German Länder in Formulating German EU-policy". German Law Journal. Vol. 10. Nº 9.Toronto, 2009.

- Tajadrua Tejada, J.. "El futuro de Europa. Luces y sombras del Tratado de Lisboa". Editorial Comares. Granada, 2010.

- Van Cauwenberghe, J. C. "Study on the current situation of regionalisation and the prospects of development of regional self-government in the Council of Europe member states". Report, Institutional Committee. CLRA, 14 TH Plenary Session. CPR (14) 6 REPADD. 15 May 2007. Bruselas, 2007.

- Van Cauwenberghe, J. C. "Proposal for a European Charter of Regional Democracy". CLRA, 14 TH Explanatory Memorandum, Institutional Committee. CPR (14) 6 REP. 15 May 2007. Brussels, 2007.

- Wahl, R. "Europäisierung: Die Miteniader verbundene Entwiclung von Rechtsordnungen als ganzen". Trute, GroB, Röhl, Möllers (eds.). Allgemeines Verwaltsungsrecht zur Trä-fahigkeit eines Konzepts. p.869. Suhrkamp. Berlin, 2008.

- Von Bogdandy, A. "Los principios fundamentales de la Unión Europea. Aspectos teóricos y doctrinales". Revista General de Derecho Europeo, nº 22 (2010). Madrid, 2010.

- Von Bogdandy, A. (& Bast, J.), Principles of European Constitutional Law. Hart Publishing, 2010, pg. 396. Oxford, 2010.

- Von Bogdandy, A. (& Schill, Stephan). Overcoming absolute primacy: respect for national identity under the Lisbon Treaty. Common Market Law Review, nº 48 (2011). Kluwer Law International. London, 2012.

- Zapater Duque, E. "¿Una nueva política energética común para la Unión Europea? Entre el compromiso y la controversia". El cambio climático en el Derecho Internacional y Comunitario. Pags. 197- 233. Eds. Fernández Egea, R. Mª y Remiro Brotons, A. Ed. Fundación BBVA. Bilbao, 2009.

2.- <u>Comunidades Autónomas, municipios, provincias y Unión Europea</u>.

- Albertí i Rovira, E. "Estatuto y Unión Europea". Seminario Barcelona, 2 de mayo de 2006. Col·lecció Institut d'Estudis Autonòmics. Generalitat de Catalunya. Págs. 79-104. Barcelona, 2006.

- Arias Martínez M.A. "Comunidades Autónomas y elaboración del derecho comunitario europeo. Un estudio sobre el principio de colaboración en este ámbito". Oñati: IVAP. Valencia, 1998.

- Azpitarte Sánchez, M. "El Estado Autonómico Unitario y el Informe del Consejo de Estado sobre la Inserción del Derecho Europeo en el Ordenamiento Jurídico Español". Revista de Estudios autonómicos y federales, págs. 129-164, núm.9, octubre 2009. Barcelona, 2009.

- Ballbé Mallol, M.. "Diez años de Policía y seguridad autonómicas". Autonomías. Revista Catalana de Derecho Público. Nº 12. Barcelona, 1990.

- Badiello, L. "La representación regional en Bruselas: evolución, funciones y perspectivas". En Morata, F. (ed.). "Gobernanza Multinivel en la Unión Europea". Ed. Tirant Lo Blanch. Valencia, 2004.

- Beltrán García, S. "La inclusión de los principios de autonomía regional y local en el Tratado de Lisboa. Incidencia del Tratado de Lisboa en el ejercicio de las competencias autonómicas". Olesti Rayo, A. (coord.) Col·lecció Institut d'Estudis Autonòmics, nº 68. Generalitat de Catalunya. Barcelona, 2010.

- Beltrán García, S. "Una salida para la representación de las comunidades autónomas en el Consejo de la Unión Europea". Revista CIDOB d'Afers Internacionals, nº 99. Pgs. 133-156. Barcelona, 2012.

- Beltrán García, S. "¿Existe un modelo real en España por Comunidades Autónomas para participar en el Consejo de la Unión Europea o es sólo un espejismo?".Revista de Estudios Europeos Contemporáneos. Volumen 20, Issue 4. Págs. 423-440.

- Beltrán García, S. "Los acuerdos exteriores de las Comunidades autónomas desde la óptica de la STC 198/2013, de 5 de diciembre de 2013: una valoración". Revista Catalana de Dret Públic. Escola d'Administració Pública de Catalunya. Generalitat de Catalunya. Barcelona, 2014. http://blocs.gencat.cat/blocs/AppPHP/eapc-rcdp/2014/07/03/los-acuerdos-exteriores-de-las-comunidades-autonomas-desde-la-optica-de-la-stc-1982013-de-5-de-diciembre-de-2013-una-valoracion-susana-beltran-garcia/comment-page-1/#comment-133.

- Biglino Campos, P. "La lealtad constitucional en el Estado de las Autonomías". Revista Jurídica de Castilla y León. Número Extraordinario. Enero de 2004. Consejería de la Presidencia de Castilla y León. Valladolid, 2004.

- Blanco, J.M. "Cisnes negros en la acción exterior autonómica. La acción exterior de las Comunidades Autónomas en las reformas estatutarias". Editorial Tecnos. Madrid, 2009.

- Castells Oliveres, A. "Autonomía y solidaridad en el sistema de financiación autonómica". Papeles de Economía española, nº 83. FUNCAS. Madrid, 2000.

- De la Fuente Cabrero, I. "La participación de las Comunidades Autónomas en la Unión Europea". Revista Jurídica de Castilla y León, nº 7 (octubre 2005), p.81-127. Valladolid, 2005.

- Fernández Tabales, A.- Rodríguez Mateos, J.C. (eds.). Foro de Expertos sobre la cohesión, la diversidad y el desarrollo territorial. Reflexiones en torno al Libro Verde sobre la Cohesión Territorial de la Xomisión Europea. Sevilla, 2009.

- Etherington, J. "Las Comunidades Autónomas y la Unión Europea desde una perspectiva teórica: ¿superando los enfoques existentes?" Revista CIDOB d'afers internacionals, nº 99, septiembre 2012. Barcelona, 2012.

- García Morales, M.J. "Instrumentos y vías de institucionalización de las relaciones intergubernamentales". En: Arbós, X. (Corrd.). "Las relaciones intergubernamentales en el Estado Autonómico. La posición de los actores". Págs. 43-134. IEA, Barcelona, 2009.

- García Pérez, R. (Dir.) "La acción exterior de las Comunidades Autónomas en las reformas estatutarias". Editorial Tecnos, Madrid, 2009.

- García Vega, A. "El principio constitucional de solidaridad interterritorial en Eapaña y Alemania: aplicación y límites. Revista d'Estudis Autonómics I Federals. Nº 20. Octubre 2014. Barcelona, 2014.

- González Pascual, M. "Relaciones Intergubernamentales, Comunidades Autónomas y gobierno local". Crónica de la Mesa II del Congreso de la Asociación de Constitucionalistas Españoles. Zaragoza, 19 y 20 de febrero de 2015. Blog de la Revista Catalana de Derecho Público. www.rcdp.cat; Generalitat de Catalunya. Barcelona, 2015.

- Keating, M. and Wilson, A. "Renegotiating the State of Autonomies: Statute Reform and Multi-Level Politics in Spain". West European Politics. Vol. 32, nº 3, pp- 533-558. Routledge. London, 2009.

- Mangas Martín, A. "La participación directa de las Comunidades Autónomas en la actuación comunitaria: fase preparatoria". La participación europea y la acción exterior de las Comunidades Autónomas. Ed. Marcial Pons, 1998.

- Mangas Martín, A."Comunidades Autónomas e integración europea. Balance general y perspectivas de la presencia directa en las instituciones, en especial en el Consejo". En: Liñán, D.J. (dir.) La reforma competencial en la futura Unión Europea. Universidad de Granada. Granada, 2003.

- Martín y Pérez de Nanclares, J. "Comunidades Autónomas y Unión Europea: hacia una mejora de la participación directa de las Comunidades Autónomas en el proceso decisorio comunitario". RCDE, nº 22. Madrid, 2005.

-Merloni, F. "La Carta Europea de Autonomía Local y su recepción en Italia y España". Anuario de Gobierno Local. Fundación de Democracia y Gobierno Local. Institut de Dret Públic. Barcelona, 2010.

-Morata Tierra, F. "El estado de las autonomías: veinte años de rodaje". En "Política y Gobierno en España". Alcántara M. y Martínez A. (Eds.). Colección Ciencia Política, vol. 2.Ed. Tirant Lo Blanch. Valencia, 2001.

- Nouvilas Rodrigo, M. "Las oficinas regionales españolas en Bruselas: ¿la clave para una participación efectiva en la Unión Europea?". Revista CIDOB d'afers internacionals, nº 99. Págs. 113-131. Barcelona, 2012.

- Ordóñez Solís, D. "Las relaciones entre la Unión Europea y las comunidades autónomas en los nuevos estatutos". Revista de Estudios Autonómicos y Federales. 4/ 2007. Barcelona, 2007.

- Orduña Rebollo, E. "Municipios y Provincias: Historia de la Organización Territorial Española". Ed. FEMP-INAP- CEPC. Madrid, 2003.

- Ortúzar, L.; Gómez E., Hernández, A. "La participación de las Comunidades Autónomas en los asuntos comunitarios europeos". Ministerio de Administraciones Públicas. Madrid, 1995.

- Parejo Luciano, A. (Prólogo). Orduña Rebollo, E. "Municipios y Provincias: Historia de la Organización Territorial Española". Ed. FEMP-INAP- CEPC. Madrid, 2003.

-Pérez Tremps, P.; Cabellos, M.A.; Roig E. (Coord.). "La participación europea y la acción exterior de las Comunidades Autónomas". Editorial Marcial Pons. Madrid, 1998.

-Roig Molés, E. "Las Comunidades Autónomas y la posición española en asuntos europeos". Tirant Lo Blanch. Valencia, 2002.

- Roig Molés, E. "La Conferencia para asuntos relacionados con la Unión Europea en el año 2004". Instituto de Derecho Público. Barcelona, 2005.

- Ugartemendia Eceizabarrena, J. I., 2011. "La participación de las Comunidades Autónomas en el procedimiento Legislativo Europeo". Instituto Vasco de Administración Pública. Bilbao, 2011.

3.- **Parlamentarismo y regiones europeas.**

- Alonso de León, Sergio. "Análisis crítico del papel de los parlamentos regionales en el principio de subsidiariedad en la Unión Europea". REDCE. Granada, 2010. http://www.ugr.es/~redce/REDCE16/articulos/08SAlonso.htm#resumen.

- Ares Castro-Conde, C. "El sistema de alerta temprana para el control del principio de subsidiariedad en la Unión Europea y los parlamentos autonómicos: diagnosis y prognosis". Revista de Estudios Políticos (nueva época), número 136. Págs. 213-250. Madrid, 2007.

- Ares Castro-Conde, C. "La participación de las regiones en el sistema político dela Unión Europea". Ed. Tirant lo Blanch. Valencia, 2010.

- Carmona Contreras, A. M. "¿Hacia la europeización de los Parlamentos autonómicos?" Revista d'Estudis Autonómics i Federals. Nº 16, octubre 2012. Departament de Governació Generalitat de Catalunya. Barcelona, 2012.

- Laprat, G. "Rèforme des traités: le risqué du double déficit démocratique. Les Parlements nationaux et l'élaboration de la norme communautaire ». RMC, nº 351. pgs. 710-721.. París, 1991.

-Linde Panigua, E. "Los parlamentos nacionales y regionales y su implicación en la toma de decisiones de la Unión Europea". Revista de Derecho de la Unión Europea, nº 4. Madrid, 2004.

- Osés Abando, J. "Alerta temprana y parlamentos autonómicos: Fin de ciclo. La experiencia del Parlamento Autonómico Vasco". Corts. Anuario de Derecho Parlamentario. Publicación de las Cortes Valencianas, nº 27. pgs. 55-71. Valencia, 2013.

- Palomares Amat, M. "Parlamentos regionales y procedimiento de adopción de decisiones en la Unión Europea". (La incidencia de la mundialización en los procedimientos de creación y aplicación del Derecho Internacional Público. Investigador Principal: Victoria Abellán Honrrubia). Universidad de Barcelona. Barcelona, 2005.

-Palomares Amat, M. "La participación del Parlamento de Cataluña en la aplicación y el control del principio de subsidiariedad", *Revista de Derecho Comunitario Europeo*,núm. 28, 2011, pp. 24-25. Madrid, 2011.

- Santaló I Burrull, V. M. (Prólogo) "Parlamentos regionales y procedimiento de adopción de decisiones en la Unión Europea". Miquel Palomares Amat. "La incidencia de la mundialización en los procedimientos de creación y aplicación del Derecho Internacional Público". Universidad de Barcelona. Barcelona, 2005.
- Saulnier, E. «La participation des parlements français et britannique aux Communautés Européenne» LGDJ. París, 2002.

4.- **Constitucionalismo, federalismo y regiones europeas.**

- Albertí Rovira, E. (Ed. De Miguel Bárcena, Josu). "Mesa 3. Unidad, Reforma y Ruptura". Crónica de la Mesa 3 del XIII Congreso de la Asociación de Constitucionalistas de España". Zaragoza, 19 y 20 de febrero de 2015. Blog de la Revista Catalana de Dret Públic. Nº 49. www.rcdp.cat .Generalitat de Catalunya. Barcelona, 2015.

- Aldecoa Luzárraga, F. "Constitución española, Constitución europea y Globalización". Cuadernos Constitucionales de la Cátedra Fadrique Furió Ceriol, nº 40. Valencia, 2002.

- Aldecoa Luzárraga, F. "Tratado por el que se establece una constitución para Europa". Biblioteca Nueva Real Instituto Elcano. Madrid, 2004.

- Alonso de Antonio, J. A. "Algunas propuestas para la reforma constitucional del Senado". Foro. Nueva Época, nº 2, 2005. Págs. 359-407. Universidad Complutense de Madrid. Madrid, 2005.

- Balaguer Callejón, F. "El Tratado de Lisboa en el diván. Una reflexión sobre estatalidad, constitucionalidad y Unión Europea". Revista Española de Derecho Constitucional, n.º 83. Madrid, 2008.

- Besselinnk, Leonard F.M. "A Composite European Constitution". Europa Law Publishing. Groningen, 2007.

- Bilbao Arrese, J. M. "La reforma constitucional de la composición del Senado". Matemática aplicada II. Escuela de Ingenieros. Sevilla. *http://www.esi2.us.es/~mbilbao/pdffiles/senado.pdf*

- Caamaño Domínguez, F. "El federalismo asimétrico: la imposible renuncia al equilibrio". Revista de Derecho Constitucional. Año 19, nº 55. Enero- Abril, 1999. Madrid, 1999.

- Cardoen, M. "El sistema constitucional de Bélgica". Revista de Derecho Constitucional Europeo. Año 8. Número 15. Enero de 2011. Granada, 2011. http://www.ugr.es/~redce/REDCE15/articulos/05MCardoen.htm.

- Castellà Andreu, J. Mª. "La sentencia del Tribunal Constitucional 31/2010, sobre el Estatuto de Autonomía de Cataluña y su significado para el futuro del estado autonómico". Fundación Ciudadanía y Valores. Septiembre 2010. www.funciva.org.

- Cullen, R. "El federalismo australiano. Estudio de un caso de federalismo en la Commonwealth". Revista Catalana de Derecho Público. Nº 12. Barcelona, 1990.

- Dann, P. "Thoughts on a Methodology of Europea Constitutional Law". Revista de -derecho alemán, n.º 6. Lexington, 2005.

-De Miguel Bárcena, J. "Mesa 3. Unidad, Reforma y Ruptura". Crónica de la Mesa 3 del XIII Congreso de la Asociación de Constitucionalistas de España". Blog de la Revista Catalana de Dret Públic. Nº 49. Generalitat de Catlaunya. Barcelona, 2015.

- Franchini, C. "Les notions d'administration indirecte et de coadministration". En. Auby, J.B y Dutheil de la Rochère, J. (Eds.). Droi Administratif Europénne. Bruselas, 2007,

- García Pelayo, M. Derecho constitucional comparado. Alianza Universidad. Madrid, 1984.

- Herrero y Rodríguez de Miñón, M. Federalismo Asimétrico: caso español. Homenaje a D. Iñigo Cavero Latallaide/Coord. Por José Peña González, 2005. Madrid, 2005.

-Jáuregui Bereciategui, G.: "Incidencia del Tratado Constitucional sobre la Comunidad Autónoma del País Vasco". La Constitución Europea. Una visión desde Euskadi, Consejo Vasco del Movimiento Europeo, Bilbao, 2005.

- Jáuregui Bereciategui, G.: "La reforma del Senado y la participación de las Comunidades Autónomas en la Unión Europea". Revista Vasca Administración Pública, nº 47. Bilbao, 1997.

-Kelsen, H.. "¿Quién debe ser el defensor de la Constitución?". Guillermo Gasió. Editorial Tecnos. Madrid, 1995.

- Livingstone, W. S. "A note on the nature of federalism". Political Science Quarterly. Vol. 67. N. 1. March, 1952. Columbia University. New York, 1952.

-López Garrido, D. "Hacia un nuevo Senado. Propuesta de Reforma Constitucional". Revista de las Cortes Generales. Págs. 7-25. Congreso de los Diputados. Servicio de Documentación. Madrid, 1994.

- Máiz, R., Caamaño, F. and Azpitarte, M. "The Hidden Counterpoint of Spanish Federalism: Recentralization and Resymmetrization in Spain (1978–2008)". Regional and Federal Studies, Vol.20, No.1, pp.63–82. Reoutledge, 2010.

- Martín y Pérez de Nanclares, J. "Órdago del Tribunal Constitucional Alemán al proceso de integración europea (algo más que una sentencia crítica con el Tratado de Lisboa)". Revista d'Estudis Autonómics i Federals, nº 13. Abril 2011. Generalitat de Catalunya. Barcelona, 2011.

- Peters, A. "Elemente einer Theorie der Verfassung Europas. (Veröffentlichungen des Walther-Schücking-Instituts für Internationales Recht an der Universität Kiel; VIIR 137). Dunckler and Humblot. Berlin, 2001.

- Requejo Coll, F. "Diferencias nacionales y federalismo asimétrico". Rev. Claves de Razón Práctica, nº 59. Madrid, 1996.

- Requejo Coll, F. (ed.). "Asimetría Federal y Estado plurinacional". Editorial Trotta. Madrid, 1999.

- Ridao i Martín, Joan. "La juridificiación del derecho a decidir en España". Revista de Derecho Político. UNED. Septiembre-diciembre, 2104. pags. 91-136. Madrid, 2014.

-Sanz Burgos, R. (coord.) "Teoría del Derecho". Cursos Abiertos de la UNED. http://ocw.innova.uned.es/ocwuniversia/teoria-del-derecho/teoria-del-derecho/equipo-docente/. UNED. Madrid, 2012.

- Snyder, F.: "The Unfinished Constitution of the European Union. En Weiler, J.H.H. y Wind, M. (eds.) European Constitutionalism Beyond the State". Cambridge, 2003,

- Sobrido Prieto, Marta. "El papel de las regiones en la Constitución Europea". Revista General de Derecho Europeo, nº 8. Madrid, 2005.

- Tarlton, Ch. D. "Symmetry and Asymmetry as elements of federalism: A theoretical speculation". The journal of Politics. Vol. 27. November 1965. Cambridge University Press. Cambridge, 1965.

- Tornos Mas, J. "La Sentencia del Tribunal del 25 de marzo de 2014 sobre la Declaración de Soberanía del Parlamento Catalán 5/X, de 23 de enero de 2013". Institut de Dret Públic. http://idpbarcelona.blogspot.com.es/2014/04/la-sentencia-del-tribunal.html. Barcelona, 2013.

- Torrecillas Ramos, D. "O Federalismo Asimétrico". Editorial Plêiade. Sao Paulo, 1998.

- Watts, Ronald L.. "New Federations: Experiments in the Commonwealth". Clarendon Press. Oxford, 1966.

5.- **Tribunales Europeos y regiones.**

- Albertí Rovira, E. "El acceso de las Comunidades Autónomas al Tribunal de Justicia de las Comunidades Europeas". Sainz Arnaiz, A. (Dir.). Integración Europea y Poder Judicial. Instituto Vasco de Administración Pública. Págs. 157-156. Bilbao, 2006.

- Alonso de León, S. "La posición de las Comunidades Autónomas ante el Tribunal de Justicia de la Unión Europea". Revista General de Derecho Europeo 24 (2011). Revistas@iustel.com

- Ferreres Comella, V. "El Tribunal de Justicia de la Unión Europea y el principio constitucional de supletoriedad del derecho estatal: un juicio socrático en Luxemburgo". Revista Española de Derecho Constitucional. Número 103. Enero-abril. Págs. 333-353. Madrid, 2015.

- Huici Sancho, L. "La interpretación del principio de autonomía institucional por el Tribunal de Justicia de la Unión Europea: incidencia en la AR y local". Universitat de Barcelona. Barcelona, 2010.

- Martín Baumeister, B. "El reconocimiento de legitimación activa a las regiones europeas en recursos de anulación bajo el artículo 230.4 CE. El elemento de afectación individual". G.J.U.E. Nº 234. Madrid, 2004.

- Martín Baumeister, B. "Recent developments in Community Case-Law concerning the standing of European regions before the European Courts". Revista d'Estudis Autonòmics i Federals, nº 14. Octubre 2011. Págs. 233-263, Departament de Governació i Relacions Institucionals. Barcelona, 2011.

- Ruiz-Jarabo Colomer, D. "Estudio de la jurisprudencia del Tribunal de Justicia de las Comunidades Europeas". Iniciación al estudio del Derecho Comunitario Europeo. Consejo General del Poder Judicial. Madrid, 1984.

6.- **Corte Internacional de Justicia y Derecho Internacional Público. Derecho de Autodeterminación y Derecho a Decidir.**

- Borrás Rodríguez, A. "La Opinión consultiva de la Corte del Derecho Internacional de Justicia sobre la conformidad con el Derecho Internacional de la declaración unilateral de independencia de Kosovo". Presentación. Número monográfico. Revista Española de Derecho Internacional. Vol. LXIII, nº 1. Madrid, Barcelona, Buenos Aires, 2011.

- Cavero Lataillade, Íñigo. "La Constitución ante la autodeterminación". Revista de la Facultad de Derecho de la Universidad Complutense de Madrid. Ed. Universidad Complutense. Madrid, 1989.

- Cristakis, T., "Le droit à l'autodetermination en dehors de situations de décolonisation". La documentation Française, M. Kohen (edit.), París, 1999.

- Díez de Velasco, M. "Las organizaciones Internacionales". 13ª Edición. Editorial Tecnos. Madrid, 2003.

- Díez de Velasco, M. "Las organizaciones Internacionales". 15ª Edición. Editorial Tecnos. Madrid, 2008.

- Díez de Velasco, M. "Instituciones de Derecho Internacional Público". 16ª Edición. Editorial Tecnos. Madrid, 2008.

- Escobar Hernández, C. "La Opinión consultiva de la Corte del Derecho Internacional de Justicia sobre la conformidad con el Derecho Internacional de la declaración unilateral de independencia de Kosovo". Número monográfico. Revista Española de Derecho Internacional. Vol. LXIII, nº 1. Madrid, Barcelona, Buenos Aires, 2011.

- Espósito Massicci, C.D. "Soberanía e Igualdad en el Derecho Internacional". Publicaciones Facultad de Derecho U.A.M. Madrid, 2009.

- Garduño García, Moisés. "Geoestrategia en el Sahara Occidental. Ponencia en el XII Congreso de ALADAA". Universidad Nacional de La Plata. Buenos Aires, 2013.

- Murswiek, Dieter. "The issue of a right secession reconsidered". Tomuschat C. (Ed.) "Modern Law of Self Determination". Kluewer Academic Publishers. Amsterdam, 1993,

-Ocaña Escolar, L. "Autodeterminación por derecho". Andaluces.es. Periódico Digital de Ideas y noticias. 17/02/2015. http://www.andalucesdiario.es/ocho_puntas/autodeterminacion-por-derecho/;

- Ridao i Martín, Joan. "La juridificiación del derecho a decidir en España". Revista de Derecho Político. UNED. Septiembre-diciembre, 2104. pags. 91-136. Madrid, 2014.

- Santos Vara, J. "El control judicial de las sanciones contra Al- Qaeda y los Talibanes en la Unión Europea: ¿Un desafío a los poderes del Consejo de Seguridad?. Revista de Derecho Comunitario Europeo. n.º 32. Págs. 91-120. Madrid, 2009.

-Veiga Rodríguez, F.: "Kosovo, una opción estratégica". El Periódico de Catalunya., 5 de agosto de 2010. http://elveiga.blogspot.com.es/. Barcelona, 2010.

- Velázquez Elizarrarás, J.C. "El estudio de caso en las relaciones jurídicas internacionales. Modalidades de aplicación del Derecho Internacional". Facultad de Ciencias Políticas y Sociales. Universidad Nacional Autónoma de México. Mésico D.F., 2007.

- Versbeigaité, L. "Remedial Secession as an exercise of the Right to Self-Determination of peoples". Central European University. Budapest, 2011.

- Viciano Pastor, R. "El derecho de autodeterminación en nuestra reciente vida constitucional: análisis y problemática". Revista de Derecho Político. Núm. 34, pp.143-188. UNED. Madrid, 1991.

7.- **Regionalismo y nacionalismos en la era de la Globalización**.

- Bell, D.. "The Future of World Disorder: The Structural Context of Crises". Foreign Policy. Nº 27, Summer 1977 (1980) Washington, 1977.

- Castells, M. "La Era de la Información I, II y III. La Sociedad Red, El Poder de la Identidad, El Fin de Milenio". Siglo XXI Editores. México, Distrito Federal, 2001-2002.

- Castells, M. "¿Hacia el Estado Red? Globalización Económica e Instituciones Políticas en la era de la información". Ponencia presentada en el Seminario "Sociedad y reforma de estado", Ministerio de Administración de Brasil. Sao Paulo, 1998.

- De Blas Guerrero, A. "Nacionalismos y naciones en Europa". Alianza Editorial. Madrid, 1995.

- Held, D. y Mc Grew, A. Globalización y Antiglobalización. Sobre la reconstrucción del orden global. Ediciones Paidós Ibérica. Barcelona, 2003.

- Kennedy, Paul. "Preparing for the Twenty- first Century". Random House. New York, 1993. Traducción al español, Plaza y Janés." Hacia el Siglo XXI". Barcelona, 1993.

- Molina Álvarez de Cienfuegos, I. "Conceptos fundamentales de Ciencia Política". Alianza Editorial. Madrid, 1998.

- Moncayo Jiménez, E. "Nuevos enfoques teóricos, evolución de las políticas regionales e impacto territorial de la globalización". Instituto Latinoamericano del Caribe de Planificación Económica y Social- ILPES. Dirección de Gestión y Desarrollo Local. CEPAL. Naciones Unidas, Santiago de Chile, 2002.

- Olmedo Gómez, J. A. – Parrado Díez, S. "Ciencia de la Administración Vol.1. Teoría de la Organización y Gestión Pública". Ed. Universidad Nacional de Educación a Distancia. Madrid, 1999.

- Ruiz Robledo, A. "Un análisis de las regiones españolas más activas en las políticas mundiales". En: Kölling, M. Stavridis, S. y Fernández sola, N. (eds.). "Las relaciones internacionales de las regiones: actores sub-nacionales, para-diplomacia y gobernanza multinivel". Universidad de Zaragoza. P. 29-54. Zaragoza, 2007.

- Serrano Balaguer, I. «Just a matter of identity? Support for independence in Catalonia». Regional and Federal Studies. Vol. 23. Nº 5. Pgs. 523-545. Routledge. London, 2013.

- Smith, A.D. "Towards a Global Culture?" M. Featherstone (comp.), Global culture: Nationalism, Globalization and Modernity. Sage. London, 1990.

- Tusell Gómez, J. (Director). "Historia política y social moderna y contemporánea" (Tomo I). UNED. Madrid, 1997.

- Zelaia Garagarza, M. El concepto de región (traducción al castellano del original en euskera). www.euskonews.com/0021zbk/gaia2104es.html. Eusko Ikaskuntza. Donostia, 2010.

8.- **Principios y fundamentos de Derecho.**

- Cabezas Salmerón, J. "L'Advocat davant la jurisdicció de menors. L'ètica de l'advocat de menors. Principis d'actuació professional". Curs ICAB d'Especialització Lletrada en la Jurisdicció de Menors. Barcelona, 2013.

- Frontera, J. Carlos. La descodificación como síntoma de la historicidad del derecho. Revista electrónica del Instituto de Investigaciones "Ambrosio L. Gioja". Año I, número 1. www.derecho.uba.ar/revistagioja; Buenos Aires, 2007.

- Lenaerts, K. &- Gutiérrez-Fons, J. A.: "The constitutional allocation of powers and the European Union Law". Common Market Law Review, nº 47. Kluwer Law International. London, 2010.

- Levaggi, A. "Manual de Derecho Argentino".T 1. 3ª Edición. Ed. Lexis Nexis, Buenos Aires, 2004.

- Massini Correas, C I. "Los principios jurídicos y su objetividad. Consideraciones sobre un debate contemporáneo". Anuario de Filosofía del Derecho, Nº XVI. Enero-99. Madrid, 1999.

- Rubio Llorente, F. "Derechos Fundamentales, Principios Estructurales y respeto por la Identidad Nacional de los Estados miembros de la Unión Europea". Anuario Facultad de Derecho. Universidad Autónoma de Madrid. Nº 17. Madrid, 2013.

- Von Bogdandy, A. "Los principios fundamentales de la Unión Europea. Aspectos teóricos y doctrinales" Revista General del Derecho Europeo, nº 22. Iustel. Madrid, 2010.

- Von Bogdandy, A.: "Los principios fundamentales de la Unión Europea". "Hacia un nuevo Derecho Público". UNAM. Méjico, 2012.

TEXTOS LEGALES / DOCUMENTOS OFICIALES

Carta de las Naciones Unidas, 26 de junio de 1945 (San Francisco).

Tratado de la Unión Europea y Tratado de Funcionamiento de la Unión Europea (Tratado Constitutivo de la Comunidad Europea) de 13 de diciembre de 2007. Tratado de Lisboa.

Constitución Española, 27 de diciembre de 1978.

Carta de Derechos Fundamentales de la Unión Europea. D.O. Unión Europea 14.12.2007. Nº 303/2 Y 7 (1-16).

Ley Fundamental de Bonn, Constitución Alemana, 1949.

Comunicación de la Comisión al Consejo. COM (2007) 412 final. Bruselas, 10.7.2007. La reforma de Europa para el siglo XXI.

Convención de Viena de 1969, sobre el Derecho de los Tratados.

Resolución de la Asamblea General de las Naciones Unidas 2625 (XXV), 24 de octubre de 1970, sobre Declaración relativa a los principios del Derecho Internacional referentes a la relaciones de amistad y cooperación entre los Estados de conformidad con la Carta de Naciones Unidas.

Resolución de la Asamblea General de las Naciones Unidas 1514 (XXV), de 14 de diciembre de 1960, sobre la concesión de la independencia a los países y pueblos coloniales.

Estatuto de Autonomía de Catalunya, Ley Orgánica 6/2006, 19 de julio, de Reforma del Estatuto de Autonomía de Catalunya.

Libro Blanco sobre la Gobernanza Europea, COM (2001) 428 Final, de 25 de julio de 2001.

Libro Blanco del Comité de las Regiones sobre la Gobernanza Multinivel (2009/C 211/01).

Dictamen del Comité de las Regiones, de 12 de abril de 2013. La descentralización en la Unión Europea y el lugar del autogobierno local y regional en la elaboración y ejecución de las políticas de la Unión Europea. Ponente: Franz Schausberger, representante de Salzburgo en el CdR (2013/C 139/08), DOUnión Europea del 17 de mayo de 2013.

Dictamen 2006/C 31/01, del Comité de las Regiones sobre "El estado del proceso de descentralización en la Unión Europea y el papel de la autonomía local y regional en el proyecto de Tratado Constitucional"

Dictamen del Comité de las Regiones de 21 de noviembre de 2002, sobre el tema "El papel de las regiones en la construcción europea" (DO C 73 de 26.3.2003)

Dictamen del Comité de las Regiones sobre "Las nuevas formas de gobernanza – Europa: un marco para la iniciativa de los ciudadanos" (2001/C 144/01), de14 de diciembre de 2000 (DOCE 16.5.2001).

Dictamen del Comité de las Regiones de 14 de diciembre de 2000 sobre "Las nuevas formas de Gobernanza: Europa, un marco para la iniciativa de los ciudadanos" (CdR 186/2000).

Subsidiarity Annual Report, 2010. R/CdR 57/2011 item 5 EN/O. European Union. Committee of the Regions. Brussels, 2011.

Informe de Monitorización. Congreso de Poderes Locales y Regionales, Consejo de Europa. "Democracia Local y Regional en España". CG/MON (23) 5, 28 de febrero de 2013. Ponentes: Mark Cools y Leen Verbeck.

Informe PE sobre el Tratado de Lisboa (2007/2286(INI)). Comisión de Asuntos Constitucionales. Ponentes: Richard Corbett e Iñigo Méndez de Vigo. http://www.europarl.europa.eu/sides/getDoc.do?pubRef=-//EP//NONSGML+REPORT+A6-2008-0013+0+DOC+PDF+V0//ES.

Nota Informativa de la Secretaría de la Convención Europea, Bruselas a 31 de enero de 2003 (05.02) (OR.fr) CONV 523/03, Síntesis de los trabajos del Grupo de Contacto "Regiones y entidades locales". http://european-convention.eu.int/pdf/reg/en/03/cv00/cv00523.en03.pdf.

Resolución del Parlamento Europeo de 18 de noviembre de 1988, Carta comunitaria de la Regionalización, DOE 19.12.1988.

Resolución Parlamento Europeo, 6 de Julio sobre la posición del Consejo en primera lectura con vistas a la adopción de una regulación del PE y el Consejo, sobre la provisión de información alimenticia a los consumidores.

Resolución del Parlamento Europeo sobre el papel de los podres regionales y locales en la construcción europea (2002/2141 (INI)). PE 326.557.

Resolución del Parlamento Europeo, de 16 de mayo de 2002, sobre la delimitación de competencias Unión Europea- estados miembros (2001/20024 INI). Final A-5-0133/2002. Comisión Asuntos Constitucionales. Ponente: Alain Lamassoure. 24 de abril de 2002, p.24.

Subsidiarity Annual Report, 2010. R/CdR 57/2011 item 5 EN/o. European Union. Committee of the Regions. Brussels, 2011.

Informe sesión plenaria Convención Europea del 3 y 4 de octubre de 2002. CONV 331/02.

Informe sesión plenaria Convención Europea CONV. 375/02, pars. 10 et seq. "Christophersen clause".

Informe sesión plenaria Convención Europea, para la designación de la cláusula como "Christophersen clause", CONV. 251/02,3.

Informe del Consejo de Estado sobre la inserción del Derecho europeo en el ordenamiento jurídico español, 14 febrero de 2008. www.consejo-estado.es.

Informe del Consejo de Estado sobre Modificaciones de la Constitución Española. Nº E1/2005, de 16 de febrero de 2006. http://www.consejo-estado.es/pdf/MODIFICACIONES%20CONSTITUCION%20ESP.pdf.

- Consell de Garanties Estatutàries de Catalunya. Jover Presa, Pere (Ponente). Dictamen 3/2011, de 24 de marzo, sobre el Real Decreto 1715/2010, de 17 de diciembre, por el que se designa a la Entidad Nacional de Acreditación (ENAC) como organismo nacional de acreditación de acuerdo con lo establecido en el Reglamento (CE) nº 765/2008 del Parlamento Europeo y el Consejo, de 9 de julio de 2008, por el que se establecen los requisitos de acreditación y vigilancia del mercado relativos a la comercialización de los productos y por el que se deroga el Reglamento (CEE) nº 339/93.

- Comisionado del Presidente del Gobierno Vasco para las relaciones exteriores. Munoa Ganuza, José M. (ponente). Proyecto de Dictamen (CDR 222/2004 rev.3) del CDR, aprobado por el 22 de abril de 2005 por la Comisión de Asuntos Constitucionales y de Gobernanza Europea del CDR, Bruselas 2005.

Secretaría General del Consejo de la Unión Europea 11218/07, POLGEN 74, de 26 de junio de 2007. Mandato CIG junio de 2007, sobre el Tratado de Reforma.

R.D. 997/2003, de 25 de Julio, Reglamento del Servicio Jurídico del Estado.

R.D. 1334/1999, 31 de Julio (BOE 202, 24 de agosto), Norma general de etiquetado, presentación, publicidad de los productos alimenticios.

R. D. 1715/2010, de 17 de diciembre, por el que se designa a la Entidad Nacional de Acreditación (ENAC) como organismo nacional de acreditación de acuerdo con lo establecido en el Reglamento (CE) nº 765/2008 del Parlamento Europeo y el Consejo, de 9 de julio de 2008.

R.D. 1715/2010, de 17 de diciembre, de seguridad industrial.

Ley 1/1998, 7 de enero (DOGC 2553, del 9 de enero y BOE 36, del 1 de febrero), de Política Lingüística.

Ley 2/1997, de 13 de marzo por la que se regula la CARCE, y acuerdo de 15 de abril de 2010, cambiando de denominación, "CARUE".

Informe de la Dirección General de Cooperación Autonómica sobre la participación de las comunidades autónomas en el Consejo de la Unión Europea, 2007.

Carta Europea de Autonomía Local, 15 de octubre de 1985.

Carta Europea sobre Democracia Regional, recomendación 240 Congreso de Autoridades Locales y Regionales.

Documento de Oviedo, de 7 de octubre de 1997, Carta Fundacional de la Conferencia de Asambleas Legislativas Regionales Europeas, CALRE.

Declaración de Salzburgo, de 7 de octubre de 1998, de la Conferencia de Asambleas Legislativas Regionales Europeas, CALRE.

Marco de referencia para la Democracia Regional. Congreso de Poderes Locales y Regionales. Consejo de Europa. Junio del 2011.

Declaración de Barcelona, de 15 y 16 de noviembre de 2007, VIIIª Conferencia de Presidentes de Regiones con poderes legislativos (REGLEG).

The British Approach to the European Union Intergovernmental Conference, July 2007 THE REFORM TREATY. Presented to Parliament by the Secretary of State for Foreign and Commonwealth Affairs By Command of Her Majesty. July 2007. http://www.realinstitutoelcano.org/especiales/EspecialFuturoEuropa/docs/British%20position%20on%20the%20IGC%20CM7174_Reform_Treaty.pdf.

JURISPRUDENCIA

STC 165/1994, de 26 de mayo, en cuanto a la consideración como "interna" de la normativa comunitaria.

SSTC 258/1988, 79/1992 en cuanto a la ejecución por razón de la materia de disposiciones comunitarias por las Comunidades Autónomas.

SSTC 4/1981 y 25/1981, en cuanto al interés de las Comunidades Autónomas de las actividades comunitarias por motivo de su autonomía política y la gestión de sus propios intereses;

SSTC 252/1988, de 20 de diciembre, 64/1991, 236/1991, 79/1992, de 28 de mayo, 80/1993, de 8 de marzo; 102/1995, de 26 de junio; 45/2001, de 15 de febrero; 95/2002, de 25 de abril, 33/2005, de 17 de febrero, en cuanto a la no alteración del régimen de competencias en lo que se refiere a la aplicación interna del Derecho comunitario.

SSTC 46/1990 y 64/1990, sobre el concepto de "lealtad constitucional" y el leal ejercicio de competencias entre los diferentes niveles de gobierno.

STC 33/2005, 17 de febrero, en cuanto al etiquetado en idioma catalán de productos alimenticios.

STC 31/2010, de 28 de junio, relativa al recurso de inconstitucionalidad nº 8045-2006, contra diversos preceptos de la L. O. 6/2006, del 19 de julio, de Reforma del Estatuto de Autonomía de Cataluña.

STC 42/2014, 25/03/2014, sobre la declaración de soberanía del Parlamento Catalán 5/X, de 23 de enero de 2013.

S. Tribunal de Justicia de la Unión Europea, de 5 de febrero de 1963, asunto 26/62, Van Gend en Loos contra Agencia Tributaria holandesa, en cuanto consagra el principio de efecto directo del derecho europeo sobre el derecho de los estados.

Sentencia Tribunal de Justicia de la Unión Europea de 15 de julio de 1964, asunto 6/64, Costa contra Enel, consagra el principio de primacía del derecho europeo sobre el derecho de los estados nacionales.

S. Tribunal de Justicia de la Unión Europea International Fruit Company, de 15 de diciembre de 1971, C-61/71, en cuanto consagra la autonomía de los Estados respecto a la Unión, principio por el que la Unión Europea no puede entrar a inmiscuirse en la organización estatal a estos efectos.

S. Tribunal de Justicia de la Unión Europea, de 25 de mayo de 1982, asunto 97/81, por la cual los Estados miembros son libres de repartir las competencias internas y decidir de qué forma y qué autoridades deben ejecutar las directivas comunitarias.

S.Tribunal de Justicia de la Unión Europea 23/04/1986, Les Verts/P.E. (294/83, Rec.1986, p. 1339), ap. 23.

S. Tribunal de Justicia de la Unión Europea sala 6ª, de 8 de marzo de 1988, asuntos acumulados 62 y 72787, Rep. 1988, 1573. Gobierno regional Valón y Graverbel, S.A./Comisión.

S. Tribunal de Justicia de la Unión Europea, de 6 de septiembre de 2006, asunto C 88/03, Portugal-Azores/Comisión, sobre reducción de tipos IRPF.

S. Tribunal de Justicia de la Unión Europea, 11 de septiembre de 2008, asuntos C-428/06 a C-434/06, entre UGT-Rioja, Comunidad Autónoma de Rioja y Comunidad Autónoma de Castilla-León contra Territorios Históricos de Páis Vasco, Diputaciones Forales de Vitoria, Vizcaya y Álava y Cámara deComercio vasca y Confesvask.

S. Tribunal de Justicia de la Unión EuropeaJUE 3 de septiembre de 2008, (Gran Sala) Kadi et Al Barakaat/Consejo y Comisión (nota 14) (apdo. 285). Asuntos acumulados C-402/05 P y C-415/05 P.

S. Tribunal de Justicia de la Unión Europea (Sala 2ª), de 5 de marzo de 2009, Unión de Televisiones Comerciales Asociadas (UTECA) contra Administración General del Estado. Petición de Decisión prejudicial: Tribunal Supremo-España. Asunto C-222/07, párrafo 27.

S. Tribunal de Justicia de la Unión Europea, C-208, Sayn-Wittgenstein, 22/12/2010, (pars.81 y ss).

S. Tribunal de Justicia de la Unión Europea (Sala 5ª) de 24/10/2013. Comisión contra Reino de España, Asunto C-151/12. Recurso de incumplimiento Directiva 200/60/CEE sobre política de Aguas. Sobre la correcta aplicación del derecho supletorio del Estado (artículo 149.3 CE) y su conformidad con el derecho europeo. Lectura de la cláusula de respeto a la identidad nacional de los Estados miembros.

Dictamen Tribunal de Justicia de la Unión Europea 14/12/1991, Espacio Económico Europeo (1/91, Rec. 1991, p.I-6079), apdo.21.

STCFA, 30 de junio de 2009, compatibilidad Tratado de Lisboa con la Ley Fundamental alemana.

STFCA, 12 de octubre de 1993, sobre el Tratado de Maastricht.

DCCF, 2 de octubre de 1997 (nº 1997/394) acerca del Tratado de Ámsterdam.

DCCF, de 20 de diciembre de 2007 (nº 2007/560), sobre la compatibilidad del Tratado de Lisboa con la Constitución francesa.

STIJ de La Haya, 22/07/2010, sobre la declaración unilateral del independencia del Parlamento de Kosovo.

FSC
www.fsc.org
MIX
Papier | Fördert
gute Waldnutzung
FSC® C083411

Kolibri 360 GmbH
Ferdinand-Jühlke-Straße 7
99095 Erfurt, Deutschland
produktsicherheit@kolibri360.de

Druck:
CPI Druckdienstleistungen GmbH
im Auftrag der
Kolibri 360 GmbH
Ferdinand-Jühlke-Str. 7
99095 Erfurt